Peter Wirth
Gärten am Hang

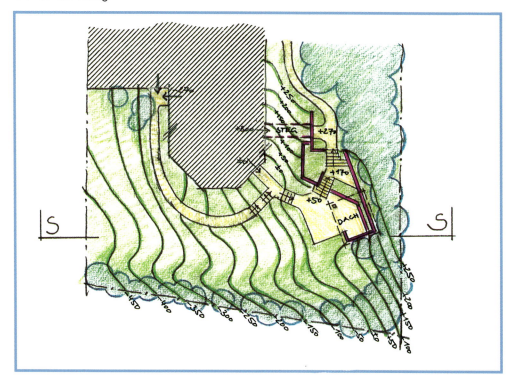

Peter Wirth

Gärten am Hang
Gestaltungsformen – Nutzbarkeit – Materialverwendung

213 Zeichnungen schwarz-weiß
39 Zeichnungen farbig
104 Farbfotos

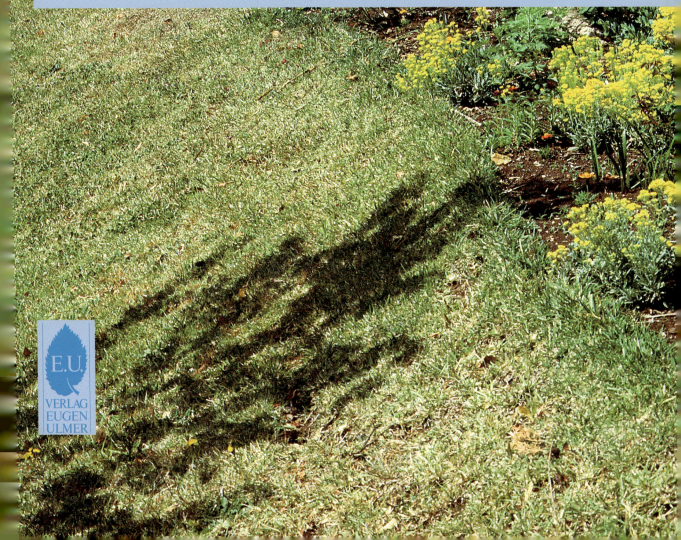

E.U.
VERLAG EUGEN ULMER

Umschlagfotos
Vorderseite: Michael Geipel, Gerlingen.
Rückseite: Peter Wirth
Seite 2: Peter Wirth

Die Deutsche Bibliothek – CIP-Einheitsaufnahme

Wirth, Peter:
Gärten am Hang: Gestaltungsformen - Nutzbarkeit - Materialverwendung/ Peter Wirth. - Stuttgart (Hohenheim): Ulmer, 1999
   ISBN 3-8001-6645-3

Das Werk einschließlich aller seiner Teile ist urheberrechtlich geschützt. Jede Verwertung außerhalb der engen Grenzen des Urheberrechtsgesetzes ist ohne Zustimmung des Verlages unzulässig und strafbar. Das gilt insbesondere für Vervielfältigungen, Übersetzungen, Mikroverfilmungen und die Einspeicherung und Verarbeitung in elektronischen Systemen.

© 1999 Eugen Ulmer GmbH & Co.
Wollgrasweg 41, 70599 Stuttgart (Hohenheim)
Lektorat: Hermine Tasche
Herstellung und DTP: Gabriele Wieczorek
Druck: Georg Appl, Wemding
Bindung: Großbuchbinderei Monheim

Vorwort

> »Vor lauter Versuchen, daß Außerordentliche zu leisten, haben wir verlernt, das Ordentliche zu tun. Gerade darauf aber auf das Selbstverständliche, Unauffällige, lautlos Richtige käme es an.«
> Peter Meyer, Aufsätze 1921 – 1974

Gärten am Hang sind immer eine besondere Herausforderung, denn am Hang ist alles anders als in der Ebene, auch schwieriger und meist kostspieliger.

Das Geländerelief mit seinen Besonderheiten ist hier die Hauptquelle der Inspiration. Dem Plan für einen Hanggarten sieht man das oft nicht an, denn immer sind Eingriffe ins Gelände zu gestalten. Erst wenn der Garten angelegt ist und man in der Kleinräumigkeit verschiedener Geländeebenen umhergehen, verweilen, sitzen oder liegen, aber auch arbeiten kann, erschließt sich einem die Vielgestaltigkeit, aber auch der Reiz, der einem Hanggelände eigen ist. Da alles Wesentliche im Planungsstadium entschieden werden muß, also bevor es gebaut wird, werden erhöhte Ansprüche an die Vorstellungskraft gestellt, um möglichst etwas Neues zu erfinden.

Die topografische Situation eines jeden Grundstücks ist immer einmalig und macht jeden bewußt gestalteten Hanggarten zu einem unverwechselbaren Ort. Jedesmal ist also die Planungsaufgabe ein konzeptioneller Neubeginn, ein schrittweises Herantasten an die Aufgabe, Ausloten der Möglichkeiten und oft langwieriges Ausprobieren von Alternativen, ein ständiges Überprüfen des Planes im Gelände und Einkalkulieren von möglichen Korrekturen während der Realisierung. Wird das »eingespart«, gleitet viel Gutgemeintes bei der Ausführung in hilflose Bastelei ab, die Kosten steigen und die Qualität sinkt!

Neben diesen konzeptionellen Ansätzen ist das Schaffen von möglichst vielen und ausgedehnten, ebenen, terrassenartigen Nutzflächen – zwangsweise auf unterschiedlichen Höhenniveaus – für die Gebrauchsfähigkeit des Gartens ganz entscheidend. Dazu zählt natürlich auch der zweckmäßige und wirtschaftliche Einsatz gärtnerischer Baustoffe und Baumethoden und nicht zuletzt das Wissen und Fühlen, wie alles sinnvoll zusammenzufügen ist.

Dieses Buch vermittelt die Erfahrung aus langjähriger Planungspraxis. Wobei der Landschaftsarchitekt immer nur Mittler, Ratgeber, Aufspürender und im besten Falle Erkennender ist. Andere müssen die Gärten beleben, bewohnen, sich in ihnen entspannen und sich durch sie anregen lassen, sich darin amüsieren oder dort arbeiten und feiern können.

Neben dem Text sollen vor allem Zeichnungen als Medium dienen. Sie umfassen sowohl strukturelle Prinzipien als auch detaillierte Ausarbeitungen. Text und Zeichnungen werden von Fotos begleitet, die wichtige Zusammenhänge und Detailausbildungen verdeutlichen, wobei Hanggärten in ihrer Gesamtheit meist nur eingeschränkt wirkungsvoll zu fotografieren sind: Von vorn und von oben hat der aufgenommene Hang nur selten eine spürbare, räumliche Wirkung, von der Seite ergibt sich meist nie die nötige Distanz, deswegen wird der Detaildarstellung Priorität eingeräumt.

Eines aber soll das Buch in allen Gestaltungsformen erkennen lassen: Wie fast immer im Leben, liegt die gute Lösung im *Einfachen* verborgen – aber genau *das* ist oft *alles andere als einfach!*

Leinfelden-Echterdingen, Herbst 1998
Peter Wirth

Inhalt

Vorwort 5

Einführung: Warum am Hang siedeln? 8
Die Vor- und Nachteile von Hanggärten 10
Grundelemente für Hanggärten 21

»Spielregeln« für das Entwerfen 25
Zeichnerische Hilfsmittel für räumliche Plandarstellung 35
Gebäude und Freiraum einander zuordnen 38
Materialien auswählen 44

Das Geländerelief formen 48
Der Umgang mit dem Boden 48
Bodenarten 48
Oberbodensicherung 50
Erhalten von Vegetationsbeständen 50
Auf- und Abtrag von Unterboden 52
Oberboden auftragen 55
Bodenerosionen vorbeugen 55
Böschungen profilieren und befestigen 57
Die Böschung 57
Bermen einbauen 59
Böschungsverbau 60
Steinschichtungen 61

Der Umgang mit dem Material 66
Mauern errichten 66
Niedrige Stützmauern 67
Hohe Stützmauern 67
Brüstungsmauern 71
Mauerfundamente 73
Baustoffe und Bauverfahren für Stützmauern 74

Verbindungen herstellen 89
Treppen 92
Fahr- und Gehwege 103
Der Bau von Wegen und anderen Belagsflächen am Hang 108
Grenzen ziehen 124
Grenzhecken 125
Zäune 126
Sichtschutzwände 127
Einrichtungen einfügen 129
Fließendes Wasser 130
Aufenthaltsplätze in Nischen und auf Bastionen 130
Die Nische als Kinderspielplatz 136
Nutzpflanzenbeete am Hang 137

Der Umgang mit Vegetation 146
Vegetation ansiedeln 146
Bäume 151
Sträucher 152
Hecken 155
Rosen 156
Bodendeckende Gehölze 156
Stauden 157
Zwiebeln und Knollen 163
Obstbäume 166
Wechselflor 166
»Ritzengrün« 166
Rasen und Wiese 167
Kurzlebige Blütenpflanzen 168

Pflege mit leichter Hand 170
Das erste Pflegejahr 171
Das zweite Pflegejahr 171
Das dritte Pflegejahr 172
Pflege der eingewachsenen Pflanzung 172

Gartenentwürfe für Hanggrundstücke 174
Der weitflächig eingeebnete, leicht geneigte Hang 175
Gartenebenen am halbgeschossig versetzten Haus 176
Das Haus auf halber Hanghöhe 177
Hangebene seitlich am Haus 178
Garten am Hangfuß 179
Gartenebene in den Hang hineingeschoben 180
Gartenebene aus dem Hang hinausgeschoben 181
Kleine Gartenebenen von Geschoß zu Geschoß 182
Der Hang »wandert« ums Haus 183
Viele Ebenen auf verschiedenen Höhen am Haus 184
Künstlich vertiefte Hanggärten 185
Der Hang »verschwindet« im Haus 186

Verzeichnisse 187
Literaturverzeichnis 187
Bildquellen 187
Register 188

Einführung: Warum am Hang siedeln ?

Ein Hang kann ohne menschliche Eingriffe kaum genutzt werden. Will der Mensch sich dort ansiedeln und hat dafür keine Ebene zur Verfügung, müssen in Berghängen Terrassen eingeschnitten werden, die durch Stufen miteinander verbunden sind. Je nach Hangneigung, Nutzungsart und Erschließungstechnik wurden so – zu allen Zeiten – aus den natürlichen Gegebenheiten menschliche Lebensräume entwickelt, die zu hochdifferenzierten und dauerhaft prägenden Landschaftsmerkmalen führten. Zur Nahrungsmittelerzeugung war das in Gebirgsgegenden oft die einzige Produktionsbasis. Denken wir nur an die Reisterrassen Asiens mit ihren Wasserflächen, die schmal-parzelligen Hangstufungen mediterraner Länder oder in kleinem Umfang die Weinberge Südwestdeutschlands. Je nach Abstützungstechnik wurden die natürlichen Hänge geringfügig oder stärker verändert. So konnten die Lehmböschungen der Reisanbauflächen nicht besonders hoch aufgebaut werden, während Weinberge und Zitronenhaine an den Steilhängen Italiens bereits recht hohe Mauern mit stärkeren Geländeeingriffen aufweisen. Immer folgen die Mauern oder Steilböschungen prinzipiell den Hangkonturen: bei flachem Hang weiter auseinander, beim steilen Hang enger beisammen.

Ein weiterer Grund früher Besiedlung von Hängen und Bergen lag im Sicherheitsbedürfnis, wie Schutz vor Überschwemmungen und Verteidigung der Siedlungsplätze gegen Feinde. Hinzu traten militärstrategische Einrichtungen in Form von Burgen auf Berggipfeln. Immer ging es um das Überleben der Menschen. Erst später entstanden auf erhöhten Plätzen freiwillige Ansiedlungen von Schlössern und Palästen an landschaftlich markanten, von fern gut sichtbaren Hängen, die eine weite Aussicht erlauben, mit dem Ziel von Machtdemonstration und Prestige.

Aus der bisherigen lebensnotwendigen, durch menschliche Eingriffe geformten Produktions- und Verteidigungslandschaft, entstanden im Europa des 16. Jahrhunderts Italiens Terrassengärten der Renaissance. Die berühmte Villa d'Este (Tivoli, Italien) oder die Villa Lante (Bagnaia, Italien) verfügen über bewußt künstlerisch gestaltete Anlagen nach den ästhetischen und humanistischen Idealen ihrer Zeit. Für den deutschsprachigen Raum kann der Pomeranzengarten von Heinrich Schickardt in Leonberg genannt werden, der um 1609 auf einer großen Terrasse angelegt wurde. Er gehört zu den wenigen Gärten dieser Epoche, die nördlich der Alpen rekonstruiert werden konnten.

Terrassen, Stützmauern, Treppen und Wasserkaskaden wurden in dieser Zeit zu einer sich abhebenden, streng geometrischen Gegenwelt zur "wilden" Umgebung komponiert. Im Barock verfeinerte sich die Gartenkunst weiter. Vaux-le-Vicomte (Maincy, Frankreich), Sanssouci (Potsdam, Deutschland) und der Peterhof (St.Petersburg, Russland) bilden beeindruckende Beispiele hierfür. Die Anlagen wurden großflächiger, perspektivische Verkürzungen, Wasserspiegelungen und anderes bereichern die Parkanlagen. Kosten und Mühen spielten dabei keine Rolle. Was diese historischen Gärten heute noch so anziehend macht, ist die unverändert erhalte-

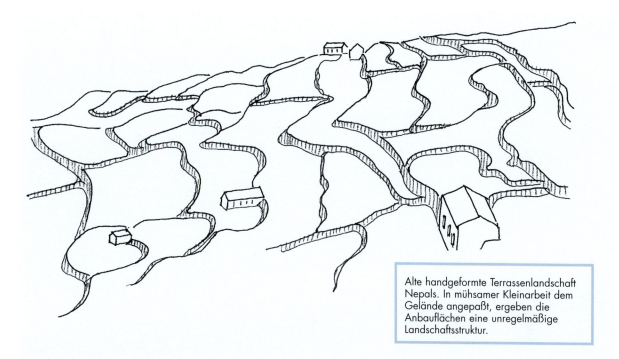

Alte handgeformte Terrassenlandschaft Nepals. In mühsamer Kleinarbeit dem Gelände angepaßt, ergeben die Anbauflächen eine unregelmäßige Landschaftsstruktur.

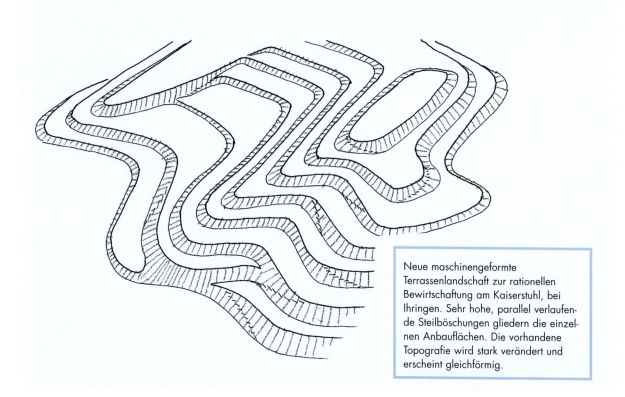

Neue maschinengeformte Terrassenlandschaft zur rationellen Bewirtschaftung am Kaiserstuhl, bei Ihringen. Sehr hohe, parallel verlaufende Steilböschungen gliedern die einzelnen Anbauflächen. Die vorhandene Topografie wird stark verändert und erscheint gleichförmig.

Vor- und Nachteile am Hang

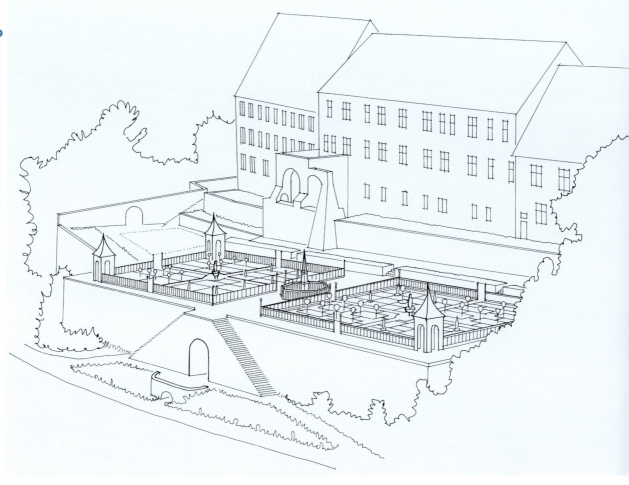

Pomeranzengarten Leonberg. Wiederhergestellter Terrassengarten aus der Renaissancezeit, nach einem Entwurf von Heinrich Schickardt.

ne Reliefenergie, das bedeutet, eine fühl- und nachvollziehbare, kraftvolle Horizontal- und Vertikalgestaltung.

Wir können aus den historischen Anlagen ablesen, daß ein überlegt strukturiertes Geländeprofil nahezu zeitlos ist und als dauerhaftes Element die qualitative Basis eines kultivierten Hanges darstellt. Unabhängig davon, ob das Gelände üppig ausgedehnt, wie in der Renaissance oder klein, wie beim heutigen Wohngarten, ausfällt: Immer sind selbst für die einfachsten Gebäude und Freiflächen Einebnungen, Einschnitte, Auffüllungen, Steilböschungen oder Stützmauern – also Geländeveränderungen – erforderlich. Dabei gilt immer ein Gesetz für jede Hangerschließung: Je breiter die Terrasse, um so höher die Stützmauern; je steiler der Hang, desto schmaler die Terrasse.

Die Vor- und Nachteile von Hanggärten

Zunächst ist die Frage zu stellen: Wann spricht man eigentlich vom Garten am Hang? Nicht jede geneigte Gartenfläche ist ein Hang. Nach meiner Einschätzung ist es dann der Fall, wenn Nutzungsebenen nur durch Geländeeinschnitte und Aufschüttun-

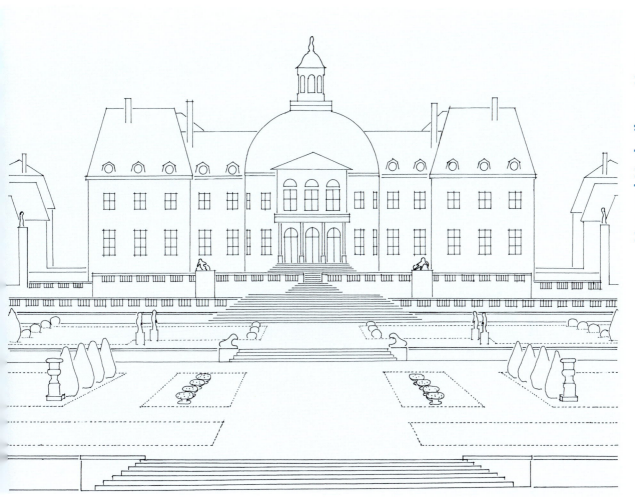

Vaux-le-Vicomte. Mehrere weitgespannte, axial angelegte Geländeterrassen mit klar gefaßten Höhendifferenzen charakterisieren diese französische Barockanlage.

Vor- und Nachteile am Hang

gen entstehen können und für die Erschließung eine größere Anzahl von Stufen erforderlich werden, denn Stufen sind eigentlich kleine, auf Schritthöhe gebrachte Terrassen. Anstelle von Gartentreppen können auch in Serpentinen geführte Wege diese Erschließungsfunktion übernehmen. Außerdem ergibt sich am Hang stets ein Oben und Unten, das schafft eine zusätzliche Dimension gegenüber der Ebene.

Durch Veränderungen des Geländereliefs und sinnvolle Hangerschließung bieten sich individuelle Chancen für die Gestaltung, die es aufzuspüren und zu nutzen gilt. Nicht nur das Gelände herzurichten und zu verbessern, sondern etwas Neues zu erfinden ist da die naheliegende Aufgabe. Selbstverständlich stehen den Gestaltungs- und Nutzungsvorteilen eines Gartens am Hang auch Nachteile gegenüber, die durch entsprechende Lösungsansätze von Gestaltung und Nutzung, nach Möglichkeit zu minimieren sind.

Gestaltungsvorteile am Hang

Betrachten wir zuerst die Gestaltungsspielräume, die ein Hang bietet, wenn wir ihn zu einem Garten entwickeln wollen.

Strukturierung des Geländes. Durch Einschneiden und Aufschütten wird ein Gelän-

Vor- und Nachteile am Hang

Geländestrukturierung in die Höhe. Der aufgeschüttete Rasenhang wird mit parallel zu den Höhenlinien angelegten Steinbändern gegliedert. Uferkante und Weg ergänzen diese Struktur. Es entsteht eine für das Auge leicht erfaßbare und nachvollziehbare, den besonderen Ort charakterisierende Höhenentwicklung mit auffallender optischer Fernwirkung.

de nirgends so kräftig verändert wie am Hang. Es können sowohl lange und fließende, den Höhenlinien folgende, weiche Böschungskanten entstehen als auch lebhafte Wechsel harter, scharfkantiger Mauern. Ein Hanggelände verliert seine ursprüngliche Struktur kaum, wenn die Eingriffe gering sind. Es kann aber genauso gut etwas völlig Neues entstehen. Auf keinen Fall darf man sich dazu verleiten lassen, alles fantasielos einzuebnen, um schnell fertig zu werden. Vielmehr sind alle Möglichkeiten der Strukturierung zu bedenken und zu nutzen.

Gestaffelte Kleinräumigkeit. Die Gliederung in verschiedene Ebenen kann sowohl zu größeren zusammenhängenden Erdterrassen als auch zu vielen kleinen Höhensprüngen genutzt werden. Damit werden perspektivische Wechsel erzeugt, die je nach Standort oder Bewegungsrichtung im Garten räumlich spürbare Empfindungen auslösen.

Vor- und Rücksprünge im Gelände. Vorgeschobene Öffnungen des Hangs lösen, kombiniert mit in den Berg gegrabenen Nischen, hangparallele Mauer- und Böschungsverläufe angenehm auf, schaffen geräumigere Nutzflächen am Hang und erhöhen im Wechsel von »vorgewölbt« und »eingezogen« das Spannungsmoment der Topografie.

Zusätzliche Mauerflächen. Unterschiedliche Materialien für Stützmauern mit besonderen natürlichen oder künstlichen Strukturen, rauhe oder glatte Oberflächen und lebendigen Fugenbildern bringen ein neues Element in den Hanggarten, auf das ebene Gärten verzichten müssen.

Kleinteilige Flächengliederung. Eine ausgeprägte Höhenstaffelung ergibt kleinteilige Ebenen und Böschungen. Das erlaubt unterschiedliche – nicht zwangsläufig zusammenhängende – Gestaltungsthemen.

Anregende Unübersichtlichkeit. Ein Hanggarten ist nicht mit einem Blick und

von einem Standort aus zu erfassen. Kleinteilige Höhen- und Flächengliederungen erzeugen Neugierde und ermuntern zum Umhergehen im Garten, da es stets etwas zu entdecken gibt.

Ablösung vom Gebäude durch Geländeabgrabung oder Geländeanschüttung. Änderungen des Höhenniveaus unmittelbar am Gebäude können für den Garten eine formale Unabhängigkeit vom Bauwerk bringen, die zu gestalterischer Eigenständigkeit genutzt werden kann.

Besondere Pflanzenstandorte. Hangsituationen schaffen oft überhaupt erst die Standortvoraussetzungen für spezielle Pflanzengruppen. Der Spielraum ist hier größer als allgemein angenommen wird. Wird dieses Potential ausgeschöpft, kann getrost auf die schnellen "Einheitsbegrüner" verzichtet werden, deren stupide Anwendung aus einem Hang noch lange keinen Garten macht.

Gestaltungsnachteile am Hang

Diesen vorgenannten Gestaltungsmöglichkeiten stehen aber, wie sollte es anders sein, Beeinträchtigungen gegenüber, die aber die Chance bieten, andere Gestaltungslösungen zu suchen.

Mangelnde Großräumigkeit bei ungünstigen Flächenverhältnissen. Der räumliche Zusammenhang eines Hanggartens ist stark von der Geländeneigung abhängig. Ein großes Grundstück mit flacher Hangneigung ist großzügiger zu gestalten als ein steiles auf kleiner Parzelle.

Nicht immer ist eine formale Einheit des Gartens erreichbar und auch nicht erstrebenswert. Bei wechselnder Hangneigung und verschiedenem Zuschnitt der herstellbaren Ebenen sind formal strengere mit weicheren, dem Gelände angepaßten Gestaltungsformen miteinander in Einklang zu bringen. Das sieht auf dem Plan oft

> Geländestrukturierung in die Tiefe. Der Hanggarten ist aus dem Fels herausgearbeitet. Stützmauer mit Pergola, Terrassierungen und eine Wasserkaskade aus gleichem Gestein verbinden bearbeitetes und natürliches Steinmaterial mit einigen Bäumen zu einem kleinen aber wertvollen Aufenthaltsbereich. Das Ganze liegt innerhalb eines lärmumtosten Straßendreiecks. Nur mit der Geländeabsenkung ergab sich optisch und akustisch eine Ruhezone.

Anregend unübersichtlich wirken die gebauten Hangabstufungen aus bearbeiteten und naturbelassenem Steinmaterial. Da die Pflanzung nicht auf getrennten Beeten sondern zwischen den Steinen angesiedelt ist, entsteht eine lebhafte Flächenstruktur, bei der sich nichts wiederholt.

eigenartig und unzusammenhängend aus, aber gebaut wirkt es selbstverständlich.

Nur selten sind große, zusammenhängende Ebenen erreichbar. Die Ausdehnung der Terrassen hängt sehr stark von den Anschlüssen am Gebäude und den Nachbargrenzen ab. Mit geringen Flächenneigungen der Erdterrassen sind aber oft erhebliche Verbesserungen möglich. Hier kann ein optischer Effekt gut genutzt werden: Genau waagrecht verlaufende Terrassen wirken oft unnatürlich in den Hang absinkend. Geneigte Flächen, die dem Hangverlauf entsprechen, empfinden wir dagegen als selbstverständlich und natürlicher.

Vom Gebäude aus ist die Garteneinsicht sehr eingeschränkt. Steht das Haus beispielsweise auf dem Hang, dann ist der Garten nur bis zur oberen Hangkante spürbar. Der nach der Kante abwärts gerichtete »Rest« gehört nicht mehr so richtig dazu. Hier ist eine Hangbegehbarkeit beziehungsweise Betrachtung vom Hangfuß aus besonders wichtig. Steigt der Hang vom Haus aus an, so wirkt das Grundstück oft einengend und der gesamte Hang ist voll einsehbar. Er muß folglich als Garten durchgestaltet sein, will man sich nicht mit der mageren Ebene am Haus begnügen.

Sichtschutz. Ist der Hanggarten von mitunter noch höher stehenden Nachbarhäusern umgeben, so wirft vor allem am ansteigenden Hang der Sichtschutz an den Grundstücksgrenzen Probleme auf. Eine wirksame Realisisierung ist sehr schwierig. Der Schutz darf ja nicht zu hoch sein, sonst wird der Garten völlig »erdrückt«. Hier

Vor- und Nachteile am Hang

Oben: Durch Ablösung der Terrasse vom Haus entfällt der Zwang, der durch Gebäudeanschlüsse oft entsteht. Damit wird ein Einsenken der großen ebenen Terrasse in den Hangverlauf mit besseren höhenmäßigen Umgebungsangleichungen möglich. Eine vergleichbar große Terrassenfläche direkt am Haus hätte dagegen eine ungünstige, hohe Aufschüttung mit schlechten Anschlüssen an den Restgarten nach sich gezogen.

Rechts: Zwischen Gebäude und vorbeiführender Straße ist bei großer Höhendifferenz nur wenig Fläche verfügbar. Das Haus steht folglich »im Loch«. Da galt es vor allem, die Aussicht auf den Hang ansehnlich zu gestalten. Mit abgestuften Natursteinterrassen, üppig bepflanzt, und einer Hecke gegen die Straße gelang es, die Situation zu verbessern.

Ganz oben: Wenn der Garten vom Gebäude aus stark geneigt abfällt, ist der Blick auf die Vegetation, aus dem Haus hinaus sehr eingeschränkt. In solchen Situationen ist es sinnvoll, für die »Betrachtung von unten« eine gut zugängliche, ebene Fläche zu schaffen.

Oben: Steigt der Hang aus dem Haus gesehen an, liegt meist der gesamte Garten im Blickfeld. Folglich erscheint es sinnvoll, das »Bild« vorwiegend aus dieser Betrachtungsrichtung zu gestalten.

müssen die sich bietenden kleinräumigen Chancen voll genutzt werden. Auch Pergolen und Dächer sind dazu brauchbare Lösungen.

Große Wasserflächen sind nur eingeschränkt realisierbar. Ebene Flächen stehen auf terrassiertem Gelände nur in geringem Umfang zur Verfügung. Lange, schmale Wasserbecken können hier verwendet werden. Reizvoll ist das Spiel mit dem Gefälle: Rinnsale, Wasserkaskaden und Wasserfälle bringen an solchen Stellen wirkungsvoll das feuchte Element in den Garten.

Hohe Herstellungskosten für Erdbewegungen, Mauern und Treppen. Das Herstellen ebener Flächen durch Abstützungseinrichtungen erfordert einen höheren Aufwand in zeitlicher und finanzieller Hinsicht. Wo Wege in der Ebene ausreichen, sind Treppen am Hang unumgänglich. Für die Stabilität des Bodens sind Mehraufwendun-

Links: Das beste am Hanggarten ist eine ungehinderte, schöne Aussicht. Ergibt sich diese seltene Situation, kann durch fensterartige »Ausschnitte« das Erlebnis gesteigert werden.

Unten: Nischen, die mit Mauern in das Gelände gebaut wurden, sind ein wichtiges Merkmal der Hanggärten. Der im Rücken und seitlich ansteigende Hang bietet Schutz gegen Einblick und Störungen.

Vor- und Nachteile am Hang

gen notwendig. Die geneigten Oberflächen erfordern wirksamen Schutz gegen Erosion.

Zu den bisher beschriebenen Gestaltungsvor- und -nachteilen treten die ebenfalls wesentlichen Gesichtspunkte der Nutzung eines Hanggartens, erfolgen doch die erheblichen Aufwendungen im Hinblick auf einen schönen sowie gut nutzbaren Garten. Wie in jeder Kulturlandschaft hängen Erschließung und Nutzflächen eng zusammen. Die Aufwendungen und Kosten für Treppen, Mauern und Wege müssen in einem angemessenen Verhältnis zum späteren Nutzen des Gartens stehen. Der Ertrag spielt bei Hanggärten eine eher untergeordnete Rolle. Wichtige Faktoren, die in die Bewertung des Nutzens mit einfließen sollten, sind eng mit der Gestaltungsqualität verbunden und werden im folgenden Abschnitt vorgestellt.

Oben links: Hangabstützende Mauern erlauben Pflanzungen vor und auf der Mauer, bei Trockenmauern auch in der Mauer. Damit rückt die Vegetation auf verschiedenen Höhen vorteilhaft an den Betrachter und den Pflegenden heran.

Oben: Die Hanggartentopografie mit Ebene, Böschung, Stützmauern ergibt unterschiedliche Pflanzenstandorte, die es zu nutzen gilt. Unterschiedliche Standhöhen der Pflanzen schaffen außerdem räumlich wirksame Gartenbilder von hohem Erlebniswert, die ebene Gärten in dieser Vielfalt nicht bieten können.

Nutzungsvorteile am Hang

Im Vergleich zum flachen Garten bieten sich eine Reihe von Vorteilen aus räumlicher topografischer Sicht aber auch aus dem Blickwinkel der Pflanzenansiedlung an:

Eingegrabene Geländenischen sind ideale Aufenthaltsorte. Mit dem Hang im Rücken und seitlich durch das Gelände abgeschirmt, vor neugierigen Blicken und Störungen geschützt, kann der Einzelne sich zurückziehen.

Ausblickpunkte. Mitunter ergeben sich bei entsprechender Grundstückslage Ausblickpunkte. Diese gilt es herauszuarbeiten und gestalterisch zu betonen.

Häufige Wechsel von Bewegungsebenen und Gehrichtungen. Serpentinen, gerade Wege, Treppen und Plätze erschließen den Hang. Der Wegeverlauf zwingt den Gehenden zum häufigen Richtungswechsel; sein Blick wird dabei immer wieder in andere Richtungen geführt.

Naher Kontakt mit den Pflanzen. Bei hangparallelen Wegen ist man den Pflanzen auf der Bergseite besonders nah. Durch Mauern wird dieser Kontakt noch intensiver. Viele Pflanzen können noch besser erreicht, beobachtet und gepflegt werden.

Vielgestaltige Pflanzenauswahl. Die verschiedenen topografischen Ausprägungen des Hanggartens – Ebene, Böschung und Stützmauer – bieten einer reichen Pflanzenpalette vielfältige Wuchsstandorte, z.B. hängend über Mauern, kletternd an Mauern, in Mauerfugen wachsend oder sich flächig ausbreitend. Der traditionelle Steingarten hat hier seine bevorzugte Heimat. Er braucht den Hang und wirkt dort am wenigsten gekünstelt.

Für trocken-heiße Böschungen finden sich genauso Pflanzen wie für schattigfeuchte Hänge. Deshalb können Hanggär-

ten, wegen der wechselnden Bodenfeuchtigkeit (am Fuß mehr, auf der Krone weniger) und den Expositionsverhältnissen zu abwechslungsreichen und vielfältigen Pflanzenteppichen entwickelt werden, die einmal eingewachsen, die Erde stabilisieren und Gartenatmosphäre im besten Sinne schaffen.

Nutzungsnachteile am Hang

Dem positiven Aspekt stehen Nutzungsnachteile gegenüber. Diese können sogar recht erheblich sein, wenn beispielsweise der Hang steil und eng ist. Die häufigsten Probleme erwachsen aus Bewirtschaftung und Pflege des Gartens.

Nutzpflanzenbeete bleiben auf horizontale oder flach geneigte Flächen beschränkt. Da diese Flächen regelmäßig bearbeitet werden, kann sich keine ausdauernde, den Boden schützende Vegetation entwickeln. Auf stark geneigten Flächen ist deshalb die Gefahr der Bodenerosion besonders hoch. Eine dauerhafte Pflanzendecke ist auf solch hängigem Gelände vorzuziehen.

Eingeschränkte Flächennutzung. Das gesamte Gartengrundstück ist auf den nicht zu stark geneigten Teilflächen als Sitz-, Liege- oder Spielfläche nutzbar. Dies kann im ungünstigsten Fall nur ein sehr geringer Flächenanteil sein.

Reduzierte Befahrbarkeit des Grundstückes. Alle Materialien und Baustoffe müssen über Böschungen und Treppen transportiert werden. Spätere Umbauten und Ergänzungen im Garten sind mühsam und kostspielig.

Erosionsgefahr auf den stark geneigten Flächen. Von Beginn an muß eine stabile, ausdauernde Pflanzendecke dafür sorgen, daß der Boden nicht ungeschützt den erodierenden Kräften ausgesetzt wird. Das hat zur Folge, daß nicht beliebig gegraben, umgepflanzt und experimentiert werden kann, wenn dabei kahle, offene Stellen entstehen.

Mühsame Pflegearbeiten. Es dominiert die Handarbeit. Erleichternde Technik ist nur eingeschränkt einsetzbar. Bodenbearbeitungen unterbleiben zwar, um Erosion zu verhindern, aber Jäten und Schneiden sind unumgängliche Arbeiten. Bei entsprechender Gestaltung und Erschließung von Hanglagen können solche Pflegemühen erleichtert beziehungsweise auf ein Mindestmaß begrenzt werden.

Probleme bei nachlassenden Kräften der

> Oben: Um einen Hanggarten optimal zu nutzen, sind die horizontalen Flächen möglichst weit auszudehnen. Die raumbegrenzenden Böschungen und Stützmauern sollten, je enger es zugeht, um so sorgfältiger gestaltet werden, um den Nachteil der geringen Flächenausdehnung auszugleichen.
>
> Unten links: Eine intensive Nutzgartenbewirtschaftung ist im steilen Hanggelände nur durch Terrassierungen möglich. Je steiler der Hang, um so schmaler werden die Terrassen und um so höher die Stützvorrichtungen.

Vor- und Nachteile am Hang

Hanggärten sind im Extremfall eine Folge von Treppen und Mauern. Alles Material für Bau und Pflege muß getragen werden. Dieser Nutzungsnachteil ist nicht immer durch technische Geräte auszugleichen.

Die Pflege am Hang ist stets mühsam und kräftezehrend. Wenn, wie in diesem Beispiel, großflächige, anspruchsvolle Staudenpflanzungen das Bild bestimmen, muß mit fachkundiger Fremdhilfe das Gleichgewicht der Pflanzung gehalten werden.

Gartenbetreuer im Alter. Viele Stufen, mangelnde Standsicherheit im Hang, die Bewässerung oder das Bücken können zu erheblichen Schwierigkeiten führen. Ist keine Hilfe in Aussicht, müssen unter Umständen ungünstige Hangneigungen pflegerisch stillgelegt werden. Die Kontrolle über das Stück Land verliert man damit. Von vornherein alles mit *Cotoneaster* zu bepflanzen, ist im Sinne eines vielgestaltigen Gartens nicht ratsam. Hier müssen individuelle Lösungen gefunden werden.

Planerische Schlußfolgerungen
Nach Abwägen der beschriebenen Vor- und Nachteile, kann man durchaus einige der nebenstehenden prinzipiellen Vorgehensweisen ableiten.

Auch das ist einzukalkulieren: An nahezu jedem Hanggarten ist zu beobachten, daß alle nicht tief verankerten Bauteile mit den Jahren allmählich hangabwärts »wandern«. Wege, Treppen, niedrige Mauerkanten verschieben sich ungleichmäßig, werden schief und uneben. Das muß, wenn die Begehbarkeit nicht stark behindert oder die Mauerstabilität nicht gefährdet ist, kein großes Unglück sein, man kann es zu den Alterungserscheinungen eines Gartens zählen.

Meist werden Reparaturarbeiten nach 15 oder 20 Jahren nicht zu umgehen sein. Deshalb können flexible Bauweisen, die eine Wiederverwendbarkeit der Materialien erlauben, wirtschaftlich sinnvoll sein: Es wird alles einfach wieder nach oben geschoben.

Selbst wenn aus Kostengründen nicht alles sofort realisierbar ist, gibt es auch noch beim Hanggarten Spielräume, die Ausführung zeitlich zu differenzieren. Es muß nur eine richtige, ökonomisch vertretbare Reihenfolge der Einzelschritte gefunden werden, die eine spätere Realisierung des Gartenentwurfes Schritt für Schritt ermöglichen. An einem Planbeispiel auf der folgenden Seite ist das dargestellt. Die Logik der Reihenfolgen wird sichtbar.

Grundelemente für Hanggärten

Prinzipielle Vorgehensweise bei der Anlage von Hanggärten
Keine Chance darf verspielt werden! Es gilt mehr zu überlegen als im ebenen Gartengelände. Eine ausgereifte Planung ist unentbehrlich.
Wenn immer möglich, ist die Gebäudeplanung im Sinne einer *optimalen* Gartengestaltung und -nutzung zu beeinflussen.
Das Gelände muß in *einem* Zug profiliert werden, da spätere Geländeeingriffe immer kostspielig sind und durch eingeschränkte Zugänglichkeit oft nicht mehr realisiert werden können.
Eine *zweckmäßige* Erschließung für Pflegegänge ist anzustreben.
Es sollen möglichst *wenig* »Restflächen« übrig bleiben.

Die grundsätzliche Gliederung eines Hanggartens in Ebenen (voll nutzbar) und Höhendifferenzen (bedingt nutzbar) ist eine Besonderheit, die außer den üblichen Grundelementen ebener Gärten, wie Wege, Plätze, Vegetation und Einfriedungen, die hier ebenfalls gebraucht werden, zusätzliche planerische Grundbegriffe für Geländeveränderungen sowie weitere topografiebedingte Bauelemente erfordern.

In der Regel finden wir in jedem Hanggarten:
Eingeschnittene Ebenen. Durch Einschnitte im Hangrelief werden prinzipiell horizontale Ebenen gewonnen, die an der meist steilen Einschnittstelle in der Regel als Böschung oder Stützmauer stabilisiert werden müssen. Die so gewonnenen Ebenen sind, ohne zusätzliche Maßnahmen, setzungsfreie Bodenflächen.
Aufgeschüttete Ebenen. Der beim Ein-

Elemente für Hanggärten

Wie ein Garten in der richtigen Reihenfolge entsteht
Jeweils Grundrißdarstellung

Oben links:
Vorgefundene Situation

Oben rechts:
Erster Schritt: Geländeprofilierung in zwei Ebenen

Mitte links:
Zweiter Schritt: Erschließung mit Plätzen, Wegen, Treppen

Mitte rechts:
Dritter Schritt: Raumbildende Bäume und Sträucher sowie Böschungsbepflanzungen

Unten links:
Vierter Schritt: Rasen und ergänzende Staudenpflanzungen auf ebenen Flächen

Unten rechts:
Fünfter Schritt: Einrichtungen einfügen

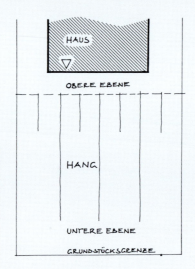
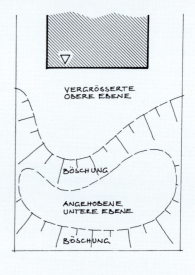
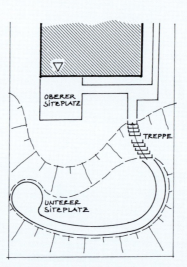
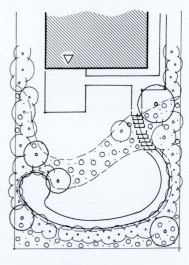
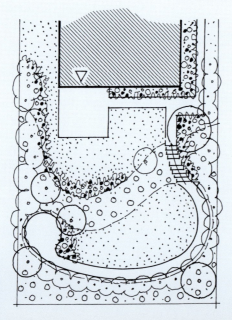
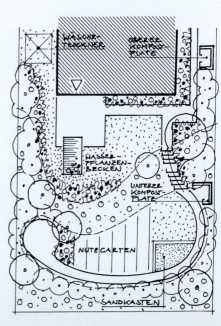

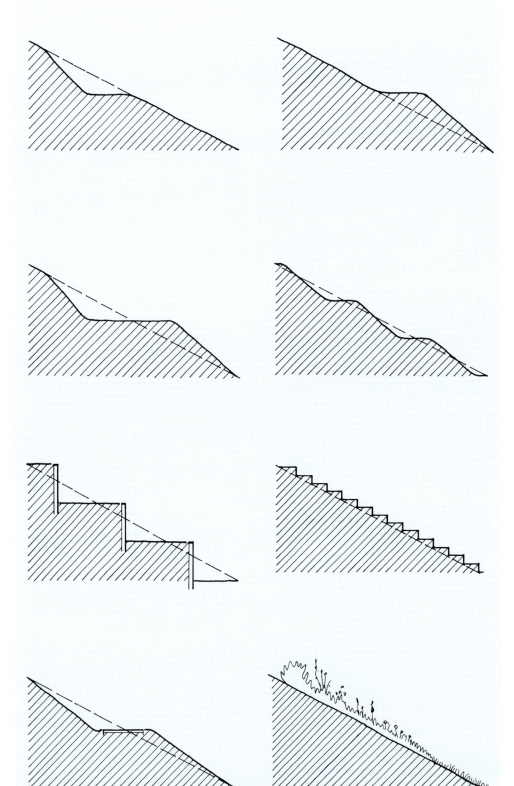

Oben links:
Eingeschnittene Ebene.
Schemaschnitt

Oben rechts:
Aufgeschüttete Ebene.
Schemaschnitt

Mitte oben links:
Einschnitt + Aufschüttung = maximale Ebene.
Schemaschnitt

Mitte oben rechts:
Böschungen zwischen Ebenen.
Schemaschnitt

Mitte unten links:
Stützmauern.
Schemaschnitt

Mitte unten rechts:
Treppen.
Schemaschnitt

Unten links:
Wege.
Schemaschnitt

Unten rechts:
Vegetation.
Schemaschnitt

Elemente für Hanggärten

schnitt gewonnene oder angelieferte Boden wird am Hang aufgeschüttet, um ebene Flächen herzustellen. Je nach Bodenart entsteht ein natürlicher Schüttwinkel, der bei steiler Ausbildung, wie beim Einschnitt, zusätzlich stabilisiert werden muß. Der Boden der so gewonnenen Fläche setzt sich noch. Deswegen bedarf es einer sorgfältigen, zusätzlichen Verdichtung des Schüttmaterials.

Eingeschnittene und aufgeschüttete Ebenen. Sie ergeben in der Kombination die maximale Ausdehnung einer Nutzfläche. Stützmauern anstelle von Böschungen können die Ebenen nochmals erweitern.

Böschungen. Sie beanspruchen im Verhältnis zur Neigung stets eine bestimmte Grundfläche. Die Bodenarten bestimmen die maximale Böschungsneigung, wobei abgegrabene Böschungen steiler als aufgeschüttete sein können.

Mauern. Stützmauern schaffen als vertikale Bauteile gegenüber der Böschung einen Zugewinn an horizontaler Fläche. Sie gehören zu den kostspieligen Bauten im Hanggarten, unabhängig von der Bautechnik.

Treppen. Ohne Gartentreppen kommt kein Hanggarten aus. Sie bilden das wichtigste Erschließungselement. Ihre Baukosten nehmen den Rang nach den Stützmauern ein.

Wege. Wege am Hang unterscheiden sich von Wegen in der Ebene durch schmalere Querschnitte. Bei unsachgemäßer Bauweise können sie leicht den Hang hinunterrutschen. Einer sicheren Ausführung (Randstabilität, größere Belagsformate) wird deswegen große Aufmerksamkeit geschenkt. Als Ersatz für Treppen können Wege auch als schwingende Serpentinen geführt werden, wenn Hangneigung und Grundstücksgröße dies zulassen.

Vegetation. Die vorwiegend geneigten Pflanzflächen erfordern eine ausdauernde, die Bodenabschwemmung verhindernde Vegetation aus Stauden und Gehölzen. Eine gelungene, vielfältig differenzierte, gartengemäße und funktionierende Pflanzung gehört zu den schwierigsten gärtnerischen Planungsaufgaben und erfordert viel Erfahrung. Geschnittene Pflanzenformationen sind am Hang, wegen der erschwerten Pflege, ungünstig.

»Spielregeln« für das Entwerfen

Nur in seltenen Fällen ist der natürliche Bestand des Grundstücks so wertvoll, daß man ihn unverändert erhalten möchte. Beispiele hierfür gibt es in Kalifornien, wo Häuser am Hang auf Stützen stehend, von einer natürlichen, unangetastet bleibenden Vegetation umschlossen werden und nur über eine Brücke erreichbar sind. Bei uns hinterläßt jeder Hausbau am Hang ein zerwühltes Gelände. Die Planung der Außenanlage ist also unumgänglich.

Die einfache Lösung, ein glatt gezogener Hang, mit einer Pflanzenart bewachsen, die vor Erosion schützen soll, führt immer zu einer gestaltlosen, langweiligen Anlage. In Anbetracht dieser monotonen Hänge wird die Schwierigkeit deutlich, sich eine komplexe Gestaltung für einen Hanggarten vorzustellen.

Eine sorgfältig durchdachte und nachvollziehbare, realisierbare Planung ist beim Garten am Hang noch wichtiger als beim ebenen, gut zugänglichen Garten. Da kann nicht einfach bei der Ausführung etwas weggelassen oder hinzugebaut werden, ohne das topografische Gefüge durcheinander zu bringen. Neben der Gesamtkonzeption sind es auch die Realisierungsschritte, Herstellungskosten und Pflegeaufwendungen, die damit zusammenhängen. Was werden soll, muß man bei der Planung sehr genau im voraus wissen, weil eben manches hinterher nicht mehr möglich ist. Planen heißt: Das Nach-Denken wird zum Voraus-Denken.

Und warum das alles?
Ein Garten kann nur dort entstehen, wo unsere Phantasie am Werke ist. Sie wird bei der Hanggarten-Planung besonders gefordert, denn man muß sich das künftige Resultat im Geländerelief aus dem noch Unsichtbaren zu Bildern formen können und ein räumliches Gespür entwickeln, das im Ergebnis zu einem zusammenhängenden Ganzen führt. Und dies wiederum kann nur innerhalb der unveränderlichen Grenzen (Nachbargrundstücke, Gebäudeanschlüsse) realisiert werden.

Somit begleiten diszipliniertes Entwerfen, ständige rechnerische Kontrollen der Höhenentwicklung und funktionalen Verknüpfungen im Großen und Kleinen die gestaltende Planungsarbeit. Oft sieht auf dem Grundrißplan manches seltsam und unlogisch aus, weil die Geländestruktur auf dem Plan nicht ohne weiteres augenfällig ist. Formale und räumliche Zusammenhänge des Planes sind wegen der Höhendifferenzen oft nur undeutlich oder gar nicht ablesbar. Erst durch die gebaute Realität offenbart sich der Plan. Theoretische Grundsätze der Gestaltung, flexibel auf das jeweilige Objekt angewandt, sind deshalb unverzichtbar für die Planungsarbeit. Spielerisch, ideenreich und prozeßhaft ist der Weg, der zu einer Lösung führt. Der »große Wurf« oder ein Geniestreich führen meist nie zu einem befriedigendem Ergebnis. Stück für Stück wird der Entwurf verfeinert und differenziert, wobei das Gesamtkonzept nicht verlassen oder gar permanent erneuert, sondern gestärkt werden muß. Es sind die kleinen, wohl durchdachten Schritte, die hier zählen.

Mit welchen »Spielregeln« läßt sich nun ein Entwurf entwickeln? Am besten läßt sich die Vorgehensweise an einem durchge-

»Spielregeln« zum Entwurf

Links, zu Regel 1: Das Baugrundstück mit der Umgebung.

Rechts, zu Regel 2: Das Haus wird eingesetzt. Vom Erdgeschoß aus ergibt sich eine weite Aussicht, das Untergeschoß führt in den Garten.

henden Gartenbeispiel zeigen, das die Regeln, da wo es möglich ist, visuell dokumentiert (Darstellung jeweils als Grundrißzeichnung mit Schnitt).

Regel 1: Vorgefundenes erfassen und bewerten.
Wenn wir für den spezifischen Ort eine prägende, eigenständige Gestalt entwickeln wollen, ist die Auseinandersetzung mit dem, was da ist, eine absolute Voraussetzung für die Entwurfsplanung. Der **Bestand** wird z.B. durch Nachbarbebauungen und -gärten, Grundstücksgrenzen und deren Geländehöhen, Gebäudeanschlüsse, vorhandene Bäume, Bodenverhältnisse, Sonnenexposition und hydrologische Bedingungen gebildet. Aber auch die persönlichen Ansprüche und Anforderungen anderer sowie deren und unsere Gedanken, Vorstellungen und Wünsche müssen erfaßt

und bewertet werden. Bezieht man das Vorhandene auf die zukünftige Nutzung, so ergibt sich daraus die **Ausgangslage**. Bestehendes und Neues zusammen liefern *immer* die Grundidee zur Gestaltungscharakteristik.

Alle diese Abhängigkeiten müssen nach ihrer **Priorität** bewertet werden, denn sie sind nicht alle gleich wichtig und im Extremfall können es so viele sein, daß eine Entwurfsentwicklung blockiert wird. Viele dieser Randbedingungen können auch, wenn wir sie richtig einschätzen, in der Planung positiv umgesetzt werden, wie nachbarliche Topografie und Vegetationsbestände oder bestimmte Aussichtslagen. Damit kann die Entwurfsidee gestärkt werden. Wir erkennen, was als vorrangig einzuordnen ist und was sich unterordnen muß.

Regel 2: Architekt und Landschaftsarchitekt müssen zusammenarbeiten.

Hanggestaltungsaufgaben sind nahezu immer die Folge von vorausgegangenen baulichen Eingriffen, gleich ob Verkehrswege oder Gebäude aller Art. Nur bei wenigen Aufgaben, wie Sporteinrichtungen oder Friedhöfen, ordnen sich die Bauten den Freianlagen unter. Entsteht das Gebäude zuerst, stellt sich die Frage, wieweit der Architekt mitüberlegen soll, damit ein sinnvolles Hangrelief als Voraussetzung für einen **adäquaten Freiraum** zur Architektur entwickelt werden kann. Soviel steht allerdings fest: Ohne Vorüberlegungen zum Freiraum seitens des Architekten geht es nicht und der Landschaftsarchitekt kann umgekehrt auch nicht ein zum Hang **passendes Gebäude** entwerfen. Am besten ist es stets, wenn die ersten Gebäudevorstellungen bereits zwischen Architekt und Landschaftsarchitekt diskutiert werden. Das ist insofern günstig, weil beide in der Regel nach unterschiedlichen Ansätzen arbeiten: Der Architekt mit seinem Blick für das Gebäude, seiner Lage, seinem Aussehen, seiner Einbindung, seiner funktionalen Erschließung innen und nach außen.

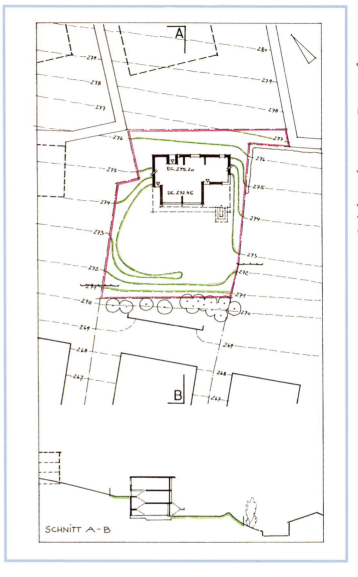

Oben, zu Regel 3: Um das Haus ist eine neue, noch grobe Topografie zu entwickeln, die das ursprüngliche Gelände stark verändert.

Der Landschaftsarchitekt von außen kommend, die Umgebung analysierend, Einbindung prüfend, gegebenenfalls verbessernd, nutzbare Außenbereiche aufspürend, die Vegetation der Umgebung einbeziehend, flexibel darauf reagierend, Bau- und Grünstruktur zu einer freiräumlichen bildhaften Gesamtordnung zusammenfassend. Diese **interdisziplinäre Zusammenarbeit** wächst mit steigenden gestalterischen

»Spielregeln« zum Entwurf

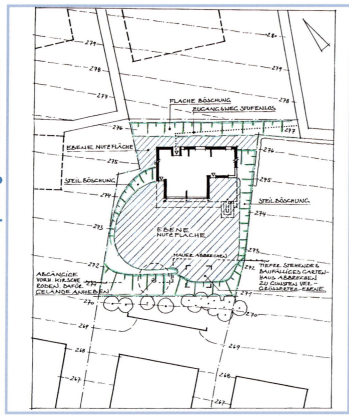

Oben, zu Regel 4: Aus der neuen Topografie kristallisieren sich ebene Nutzflächen, steile und flache Böschungen heraus.

Anforderungen und topografischen Schwierigkeiten. Das beste Ergebnis ist immer erreicht, wenn man nicht mehr sieht, wo der eine aufgehört und der andere weitergemacht hat. Besonders bei den heute üblichen großen Häusern auf kleinen Grundstücken sollte die gemeinsame Arbeitsweise selbstverständlich sein. Es *spart* auch Geld, besonders am Hang, wenn es um Erdbewegungen geht, die zugleich mit dem Bau des Gebäudes durchgeführt werden können.

Auch für Hanggartenplanungen sollte der Grundsatz unserer Zeit gelten: Da wir nicht mehr im Geniezeitalter leben, sondern im Kooperationszeitalter angekommen sind, müssen Kreativität und technisch-konstruktives Denken und Handeln im Sinne des Gesamtwerkes zusammen gehen, um die vielfältigen Probleme bei Planung und Ausführung gestalterisch gut und wirtschaftlich sinnvoll zu lösen.

Regel 3: Eine topografische Grundstruktur entwickeln.

Aus dem vorgefundenen Gelände mit seinen meist unveränderbaren Anschlüssen an den Nachbargrenzen, Gebäudegegebenheiten, Bodenverhältnissen und Nutzungsvorstellungen ist ein neues Geländerelief zu entwerfen, das als Ergebnis zunächst horizontale und geneigte Flächen ausweist.

Dies geschieht mit dem zeichnerisch, technischen Hilfsmittel der Höhenlinie. Im Grundrißbild läßt sich damit der Grad der Geländeneigung ablesen. Höhenlinien verbinden gleiche Höhenpunkte miteinander und kennzeichnen damit den horizontalen Verlauf. Der Abstand von Linie zu Linie läßt im Grundriß erkennen, ob das Gelände flach oder steil ist. Höhenlinien schaffen eine plastische Vorstellung der geplanten Geländeform. Gleichzeitig ist eine unbestechliche Kontrolle der realisierbaren Lösungsansätze anhand der möglichen Geländeneigungen möglich (siehe Zeichnung Seite 27).

Ein bewegtes Geländerelief läßt sich nur durch Höhenlinien darstellen. Böschungskanten sind ungenau, weil keine kontinuierlichen Höhenverläufe ablesbar und die Höhendifferenzen nicht spürbar sind. Stets müssen die Höhenüberlegungen an den Festpunkten, wie Gebäude oder Grenzen, mit einer zunächst ganz pragmatischen Vorgehensweise ansetzen: Was geht überhaupt? Aus Irrungen und Wirrungen und wiederholten Anläufen entsteht dann allmählich eine machbare Grundstruktur, aus der sich »oben« und »unten«, Hochpunkte, Ebenen, Mulden und der Verlauf der Hangneigung ablesen lassen.

Regel 4: Nutzflächen und Erschließung ermitteln.

Anhand der aufgezeichneten **topografischen Grundstruktur** wird deutlich, welche ebenen oder schwach geneigten, somit beliebig nutzbaren Flächen möglich und wo

Hangneigungen nur eingeschränkt nutzbar sind. Das ist der große Unterschied zur Ebene, wo die Fläche beliebig aufteilbar ist.

Wir sehen außerdem, an welchen Geländestellen die Erschließung, also Verbindungswege und Treppen, sinnvoll eingefügt werden können. Die Treppenlänge resultiert aus der erforderlichen Stufenanzahl. Wird der Hang zu steil, sind Kunstgriffe, wie Wendelungen oder Abwinkelungen mit Podesten vorzusehen.

Jedenfalls muß am Hang der Entwurfsprozeß von ständiger rechnerischer Kontrolle begleitet werden. Dieser Arbeitsschritt läßt im Ergebnis erkennen, wieviel ebene Nutzfläche beziehungsweise Hangfläche im Verhältnis zur Gartenfläche entstehen kann, und welche Wünsche und Vorstellungen bei weitgehendem Verzicht auf teure Stützmauern unterzubringen sind. Im flachen Hang mag dieses Ergebnis als ökonomisches Prinzip bereits ausreichen, weil das Flächenverhältnis Ebene zu Böschung günstiger ausfällt. Jedoch am Steilhang kann – nur um den Preis geringer ebener Nutzflächen – auf zusätzliche Stützmauern verzichtet werden. Ob so oder so: Gestaltet ist damit noch nichts! Dem Ganzen fehlt noch eine bewußte, künstlerische Form: Es muß spürbar sein, daß etwas gestaltet wurde.

Bei **Geländeveränderungen** ergibt sich auch oft die Frage, wie mit vorhandenen Bäumen oder Sträuchern umzugehen ist, wenn diese eigentlich einer großzügigen Lösung im Wege stehen. Langfristig gesehen ist es sinnvoller, das Gehölz zu beseitigen, als eine verkrampfte Lösung zu suchen, oder Abgrabungen des Wurzelbereiches oder Stammanfüllungen vorzusehen. Selten überstehen die malträtierten Gehölze solche Maßnahmen. Besser ist in solch einem Fall eine standortbezogene Neupflanzung.

Regel 5: Eine räumliche und formale Grundordnung suchen.
Eine lebhafte und vielgestaltige Topografie ist ohne **formale Gegensatzpaare**, wie beispielsweise weich – hart, eng – weit, hoch – niedrig, gerade – geschwungen oder eckig – rund in der Regel nicht zu erzielen. Hier setzt die Entwicklung eines Raumgefüges durch Integration der verschiedenen Teilflächen zu einem stabilen und langfristig angelegtem **Grundgerüst** des Gesamtgeländes an. Das Grundkonzept ist belastbar und variabel: Änderungen und noch nicht erkennbare Entwicklungen fließen in die Konzeption mit ein, ohne dessen Grundaussage zu verändern. Um das sicherzustellen, kann es für das Ergebnis besser sein, Geländeeingriffe umfangreicher vorzunehmen als nur eine Angleichung an das Bestandsgelände zu suchen.

Für die Ausarbeitung des **Raumgefüges** sind die »harten« Materialien (Mauern, Treppen, Wege, Plätze) mit den »weichen« Materialien (Erde, Vegetation, Wasser) in spannungsvolle Beziehung zu setzen. Ein

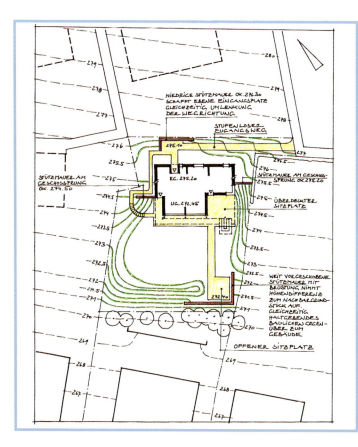

Oben, zu Regel 5: Gegensätze von weich (Geländemodellierung) und hart (Stützmauern mit Wegen und Plätzen) sind in einfacher geometrischer Anordnung spannungsvoll sowohl räumlich als auch formal aufeinander bezogen.

»Spielregeln« zum Entwurf

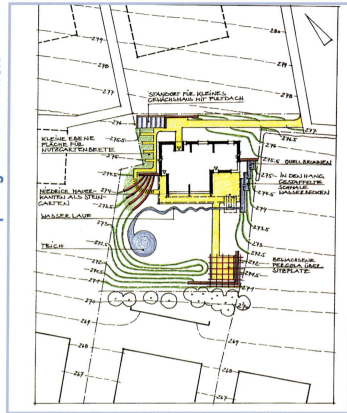

Oben, zu Regel 6: Die topografische Grundordnung kann inhaltlich vielfältig differenziert ausgestattet werden. Hier bieten sich Wasseranlage, Steingarten und Gewächshaus an, um die Hangneigungen zu nutzen.

gewisses Maß an Mauern ist darum immer zu empfehlen, damit gebaute Linien dem Gelände bei Flächenaufweitungen optischen Halt geben. Bei der Formgebung ist grundsätzlich mit *einfachen* geometrischen Grundformen zu arbeiten, die immer neu kombiniert eine durchgängige bauliche Struktur bilden. Aus dem anfänglichen Durcheinander von Gedanken und Einzelideen müssen sich allmählich klare Linien und gut proportionierte Flächen herausformen. Modisch-aktuelle Formen erzeugen leicht Überfrachtung, auch der vermeintliche »Pfiff« einer Gestaltung ist entbehrlich.

Die topografische Grundstruktur und das formale Konzept müssen stets zugleich gedacht und ihre gegenseitige Abhängigkeit aufgespürt sowie zeichnerisch und rechnerisch ausprobiert werden. Hier kommt das **Spiel mit Varianten** in die Planung.

Es wurde bereits angesprochen: Nicht der »Geniestreich« ergibt die gute Lösung, sondern der experimentelle Prozeßcharakter führt zur allmählichen Entfaltung einer räumlichen und formalen Gestalt. Dabei darf die geometrische Ordnung nie aufgegeben werden, denn eine »natürliche Ursprünglichkeit mimen« führt zu keiner ablesbaren Gestalt.

Konstruktive Bauelemente sind als straffe Gestaltungsform am Hang wichtig. Die gewünschte, ungebundene Lockerheit kann dagegen die Vegetation übernehmen, wobei Überlagerungen von Pflanzen und Steinen zu selbstverständlichen Bildern führen. Wir können Voraussetzungen schaffen, daß Natur »mitmachen kann«, dagegen ist nichts einzuwenden, ganz im Gegenteil, denn es bildet sich damit auch ein Stück Gartenatmosphäre. Der Entwerfer weiß ohnehin nie genau, was durch die Pflege im Laufe der Zeit wirklich entsteht. Das bleibt stets ein Risiko bei geplanter Vegetation.

Regel 6: Teilflächen inhaltlich differenziert ausgestalten.

Ist die neue Topografie bestimmt, die wichtigen Stützmauern und Verbindungen festgelegt, so stellt sich die Frage, wie die Ebenen und schrägen Flächen im Einzelnen zu gestalten sind. Die Arbeitsgrundlage ist die zuvor bestimmte Grundordnung, die konsequent weiterzuführen ist. Das bedeutet sparsamer Umgang mit Formen und Materialien, kein modernistisches Formengeplänkel und kein »unverdauliches« Materialpotpourri, aber handwerklich gut zu verarbeitende Details. Denn das Detail präzisiert vor allem die Übergänge am Gebauten, wenn Materialien wechseln.

Für die **ebenen Flächen** ergeben sich Formen und Proportionen, die für befestigte Terrassen, Wege, Spieleinrichtungen oder Wasserbecken, Rasenflächen und flächige oder punktuelle sowie begrenzende Pflanzungen geeignet sind. Linien und Kanten des Planes erscheinen in Theorie und später in Realität prinzipiell im gleichen Blickwinkel des Betrachters.

Der in **Höhenabschnitte** gegliederte Hang jedoch bietet neuen Gartenmotiven Chancen, die bei ebenen Flächen wenig sinnvoll oder aufwendig sind. Ihr Erlebniswert liegt in der Betrachtung von oben oder unten und vor allem in wechselnder Perspektive und Blickrichtung beim Umhergehen im Gelände. Für die Pflege kann auch ein Netz schmaler Pfade und kleiner Treppen ein nicht zu unterschätzendes Gestaltungsmotiv sein. Oder denken wir nur an den Einsatz fließenden Wassers: Ein schmaler Wasserlauf, ausgehend von einem Brunnen, durchfließt schmale Becken und mündet auf einer unteren Ebene in einem größeren Teich. Das effektvoll rieselnde Wasser kann leicht mit einer Umwälzpumpe betrieben werden. Hier liegen weitgefächerte Gestaltungsspielräume.

Der klassische **Steingarten** kann nur am Hang selbstverständlich wirken. Wer den hohen Pflegeaufwand nicht scheut, dem eröffnen sich Möglichkeiten, Pflanzen anzusiedeln, die nur dort dauerhaft und wirkungsvoll sind. Der Steingartenhang kann mittels Steinsetzungen in unterschiedlichen Folgen von Böschungsneigungen und Kleinebenen – und damit in wechselnde Besonnungs- und Feuchtigkeitsverhältnisse – differenziert werden. Der Hang wird so auf überzeugende Weise stabilisiert. Selbst bei nicht vollständig deckendem Bodenbewuchs sind Erosionserscheinungen durch die vielfältigen Kleinflächen vermeidbar, zumal die Böden meist ohnehin recht wasserdurchlässig aufzubereiten sind.

Die eingegrabene **Nische** oder sogar leichte Aushöhlung des Hanges kann ein Motiv bilden, das vielfältig gestaltet ein bevorzugter und schützender Aufenthaltsplatz sein kann. Im Renaissancegarten wurden dort gerne Brunnen und Steinbänke aufgestellt.

Gewächshäuser am Hang sind, wenn wir keine ausreichende Ebene dafür herstellen können, sehr schwierig aufzustellen. Am Fuße hoher Stützmauern lassen sie sich jedoch gut als Anlehnhäuser flächensparend installieren.

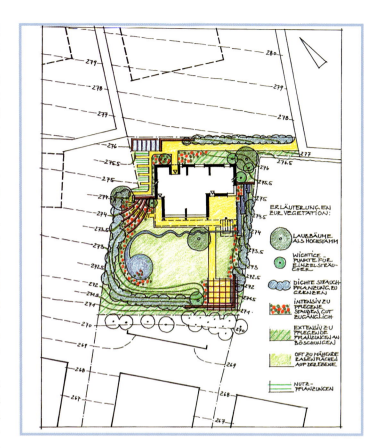

Oben, zu Regel 7: Frühzeitiges Festlegen der grundsätzlichen Vegetationsstruktur bereits im Entwurfsstadium ist wichtig. Es schafft Planungssicherheit bezogen auf besondere Pflanzenstandorte sowie verfügbaren Wurzel- und Luftraum von Gehölzen. Für die spätere Detailbearbeitung von Mauern, Wegekanten, Wasseranlage ist das nützlich.

Regel 7: Die Vegetationsstruktur frühzeitig mit entwerfen.

Auf Architektenplänen steht meist bei nicht bebauten oder unbefestigten Flächen das Wort »Grünfläche«. Für einen Gartenentwurf – und noch dazu am Hang – reicht das nicht aus, selbst wenn im späteren Pflanzplan alles differenzierter ausgearbeitet wird. Im Rahmen des Entwurfes muß bereits klar sein, wo Rasenflächen, eventuell Hangwiesen, intensiv zu pflegende Pflanzungen und weniger oft zu betreuende Pflanzflächen angeordnet werden sollen.

Die **Baumstandorte** müssen in diesem frühen Planungsstadium festgelegt werden. Sie haben Einfluß auf die spätere Schattenwirkung und ihr Pflanzplatz ist von nachbarrechtlichen Grenzabständen abhängig (siehe Regel 8). Auch ist es nicht sinnvoll, Obstbäume oder Nutzpflanzungen an Steilhängen vorzusehen, wenn die spätere Ernte dadurch sehr schwierig wird.

Es ist ebenfalls frühzeitig zu überlegen, ob Pflanzplätze für Kletterpflanzen an Mauern vorzusehen sind, um vorspringende Mauerfundamente zu vermeiden oder Wege von Mauern abzurücken.

Für die Ausführung von **Mauerkronen** ist es wichtig zu wissen, ob diese überhängend bepflanzt oder sichtbar bleiben sollen. Im ersten Fall verwandeln sie sich zu undeutlichen Linien, im anderen bleiben sie markante, lineare Strukturen.

Generell wird im Entwurfsplan auch bestimmt, an welchen Stellen intensiv blühende Pflanzungen vorgesehen sind, und wo die Vegetation ein eher gründifferenziertes Erscheinungsbild ergeben soll.

Bau- und Grünstruktur eines Gartens gehören von Anfang an zusammen bedacht und entwickelt. Beide Strukturen prägen das Erscheinungsbild und den unwiederholbaren Charakter eines Hanggartens.

Regel 8: Rechtliche Einschränkungen beachten.
Dieser Aspekt wird leider nicht immer bedacht, weil Freianlagen in der Regel nicht baugenehmigungspflichtig sind. So ist es empfehlenswert, Gemeindeämter (z.B. Tiefbauamt) oder Energieversorgungsunternehmen, die für unterirdische Leitungen zuständig sind und möglicherweise Leitungsrechte auf dem Grundstück besitzen, von den geplanten Erdbewegungen zu unterrichten, damit unbekannte Leitungen nicht freigelegt oder gar zerstört werden beziehungsweise überfüllt und damit zukünftig erschwert zugänglich sind.

In manchen **Landesbauordnungen (LBO)** besteht für bestimmte Baumaßnahmen bei Freianlagen eine Genehmigungspflicht. Bei der Landesbauordnung Baden-Württembergs sind beispielsweise Erdbewegungen von mehr als 3 m Höhenunterschied gegenüber dem ursprünglichen Gelände und Stützmauern ab 2 m Bauhöhe genehmigungspflichtig. Für solche Mauern wird in der Regel von der Behörde eine statische Berechnung verlangt, die automatisch eine Prüfstatik nach sich zieht. Nachbarn können auf den Forderungen der jeweiligen Landesbauordnung beharren.

Da Freianlagen als Gesamtheit baurechtlich nur in besonderen Fällen genehmigungspflichtig sind, beschränken sich **Baueingabepläne** meist auf Mauern. Stehen diese im Zusammenhang mit der Gebäudeplanung, werden sie folglich mit dieser automatisch mitgenehmigt. Es empfiehlt sich in jedem Fall, frühzeitigen Kontakt zur zuständigen Behörde aufzunehmen.

Bekannter sind dagegen die **Vorschriften des Nachbarrechtes** der einzelnen Bundesländer. Dies betrifft vor allem Abgrabungen und Aufschüttungen, Abstände von Mauern und Pflanzungen an Grundstücksgrenzen. Ebenso kann nach dem Bürgerlichen Gesetzbuch (BGB) der Nachbar den Schutz seiner Eigentumsrechte verlangen, wenn er meint, von seinem Grundstück durch vorgesehene Geländeveränderungen Gefahr abwehren zu müssen (z.B. durch Abgrabungen, § 909 BGB).

Es ist immer ärgerlich und kostspielig, wenn die begonnene Ausführung der Arbeiten wegen solcher Einwendungen unterbrochen, eingestellt und rückgängig gemacht werden muß, weil die nötigen Informationen nicht eingeholt wurden.

Regel 9: Zuverlässige Abschätzung der zu erwartenden Kosten.
Als Landschaftsarchitekt wird man immer zuerst gefragt, was etwas kostet, bevor er weiß, wie es aussehen wird. Jedoch nach der **Gebührenordnung (HOAI)** darf der Landschaftsarchitekt nichts ohne Auftrag planen. Ein eigentlich unauflösbarer Kon-

flikt! Selbstverständlich ist die Frage des Auftraggebers berechtigt. Kein Mensch verpflichtet sich heute zu einem Geschäftsvertrag, wenn er nicht vorher weiß, was es ihn kosten wird. Der Auftraggeber sollte daher wenigstens den ersten Schritt (Grundlagenermittlung, Vorplanung) beauftragen, damit grob entworfen und die Kosten geschätzt werden können, denn Quadratmeter-Preise für Hanggärten können auch bei entsprechend fachlicher Erfahrung falsch ermittelt werden: Die Aufwendungen für Erdbewegungen, Stützmauern und Treppen sind an jedem Hang anders und folglich nicht überschlägig zu ermitteln. Ohne eine einfache Vorentwurfszeichnung, aus der die Massen- und Einzelansätze berechnet werden können, ist deshalb keine einigermaßen zuverlässige finanzielle Größenordnung zu erzielen.

Meistens liegen die Kosten ohnehin zu hoch. Für das Haus mußte ja schon mehr als geplant ausgegeben werden. Deshalb muß man abwägen und notfalls »umschichten«. Eine Stützmauer und der damit erzielte Gewinn an ebener Nutzfläche kann wertvoller sein als ein teurer Teppich im Haus. Letzteren kann man »nachrüsten«, aber eine Stützmauer ist nicht mehr ohne erhebliche Geländeeingriffe möglich. Auch die frühzeitige enge Zusammenarbeit von Architekt und Landschaftsarchitekt kann Kosten für Erdbewegungen sparen (siehe Regel 2), weil der Boden gleich richtig eingebaut wird und nicht erst zwischengelagert oder gar teuer abgefahren werden muß.

Manchmal ist es auch sinnvoll, Gebäudeteile, zum Beispiel Garagen, zurückzustellen, bis Stützmauern und Erdbewegungen im Garten fertiggestellt sind, weil später die Zugänglichkeit verbaut ist. Vorhandene Hebegeräte (Kran) können ebenfalls noch für schwere Bauteile mitgenutzt werden. Diese Kostenspareffekte werden leider noch viel zu selten genutzt, weil der Auftrag für die Gartenplanung nicht früh genug erteilt

> Oben, zu Regel 10: Beispiel eines Geländemodells mit geplantem Gebäude. Die Zusammenhänge von Topografie und Geschoßstaffelung des Gebäudes werden auf einfache Weise deutlich. An einem solchen Modell läßt sich ebenso die Entwicklung der Freianlagen nachvollziehen.

wird. Auch an Material kann gespart werden. Es muß nicht immer Naturstein sein! Berührungsängste bei Betonerzeugnissen sind unbegründet. Maßverhältnisse, Oberflächenbearbeitung und die Einbindung durch Vegetation entscheiden wesentlich mehr die Gestaltqualität. Klarheit und Einfachheit sind nur bedingt materialabhängig. Ein Hanggarten kostet natürlich immer mehr Geld als eine Anlage in der Ebene, aber die Vorteile können auch beträchtlich sein (siehe vorherigen Abschnitt »Vor- und Nachteile«, Seite 11ff.). Unter einer bestimmten Kostengrenze geht nichts, das muß jeder wissen, der sich mit dem Hang einläßt und nicht nur eine große Cotoneasterböschung will.

Regel 10: Die Ausnahme von der Regel, ein Modell bauen.
Architekten entwickeln ihre Gebäude üblicherweise mittels Zeichnung, aber noch mehr am Modell. Mit der dreidimensionalen Darstellung, entsteht eine sichtbare Räumlichkeit. Diese ist so für den Auftraggeber besser nachvollziehbar als mehrere voneinander getrennte Grundrißpläne, Ansichten und Schnitte. Man unterscheidet Arbeitsmodelle und Präsentationsmodelle. Erstere sind für die Entwicklung einer Aufgabe wichtig. Sie entstehen parallel zur Zeichnung, sind veränderbar, zeigen Korrekturspuren, es kommt etwas hinzu oder wird weggenommen. Letztere dagegen zeigen das fertige Werk für den Laien erfaßbar aufbereitet im verkleinerten Maßstab.

Für Gärten sind Modelle nicht üblich, obwohl sie bei Wettbewerben von Freianlagen mit Gebäuden verlangt werden. In der traditionellen Landschaftsarchitektur wurde das Problem mit perspektivischen Gartenansichten gelöst, um die Ideen dem Bauherrn nahezubringen. Heute sind es teure Computersimulationen.

Allerdings kann es für den Hanggarten sinnvoll sein, ein maßstabsgerechtes Arbeitsmodell herzustellen. Am wichtigsten ist natürlich das Gelände: dargestellt entweder in Holz- oder Pappschichten, entsprechend den Höhenliniensprüngen oder als Gipsmodell mit kontinuierlichem Geländeverlauf. Diese Grundlage wird meist von speziellen Modellbauern hergestellt. Das geplante Haus kann eingesetzt werden. Das Gipsmodell läßt sich am leichtesten bearbeiten, Geländeaufschüttungen und -einschnitte können hier gut simuliert werden.

Selbstverständlich ist das Ergebnis niemals eine »naturgetreue« Darstellung, aber Form und Maße können abgelesen und in Beziehung zueinander gebracht werden. Wichtige strukturelle Teile des Entwurfes nehmen plastische Gestalt an, die für die spätere Wirklichkeit entscheidend sind. Einzelheiten sind noch unwichtig. Der Differenzierung sind auch vom Maßstab her Grenzen gesetzt. Aber Ebene, Höhendimensionen, räumliche Struktur des Gebauten und der Pflanzungen sind ablesbar und Korrekturen problemlos möglich und auf jeden Fall billiger als auf der Baustelle. Die Erkenntnisse des Arbeitsmodells fließen wiederum in die weitere Planung ein. Also eigentlich nur Vorteile! Ein Modell ist aber immer ein gesonderter Auftrag mit Kosten und erfordert viel Zeitaufwand. Deshalb wird es nur bei umfangreichen Freianlagen mit kompliziertem Geländerelief praktiziert. Bei den üblichen, kleinen Gärten unserer Tage sind die meisten mit dem Gelände verbundenen Probleme bereits sichtbar, wenn das Haus entsteht.

Zusammenfassung der »Spielregeln« für das Entwerfen
Selbstverständlich ist keine Regel ohne Ausnahme, manchmal sind sie auch unterschiedlich wichtig oder andere Probleme tauchen auf. Es hat sich aber in meiner bisherigen Arbeit immer als hilfreich erwiesen, solche »Eckdaten« anzuvisieren und von einem zum anderen gedankliche Verbindungslinien herzustellen. Nur so gewinnt man Planungssicherheit sowohl für Maßstä-

be und Proportionen als auch für eine richtige Einschätzung von Kosten und Ausführung. Denn fast immer heißt die Aufgabe, das anscheinend Unvereinbare zusammenzubringen.

Da Planung als Vorwegnahme der Wirklichkeit immer ein Versprechen gegenüber dem Bauherrn ist, das Werk auch wie vereinbart abzuliefern und dazu mängelfrei, muß man sich als Planer seiner Sache soweit als möglich sicher sein. Ein Planungsauftrag ist immer ein Werkvertrag, da gelten nicht die guten Absichten der Leistung, sondern der Landschaftsarchitekt wird am Ergebnis gemessen. Damit das für beide Seiten gut wird, ist nicht nur fundiertes Wissen, sondern genauso dessen Vermittlung und Überzeugungskraft durch die Planung unentbehrlich.

Zeichnerische Hilfsmittel für räumliche Plandarstellung

Zeichnen ist eine das Denken begleitende Tätigkeit. Über erste Skizzen, noch unscharf, beim Entstehen kritisch bestätigt oder verworfen, bildet sich die Lösung der Entwurfsaufgabe mit immer genaueren Vorstellungen heraus. Mit der Entwurfszeichnung wird das strukturelle Gestaltungsprinzip, die Lösung einer Situation, zunächst ohne durch Details abgelenkt zu werden, wiedergegeben. Die in der Zeichnung enthaltenen Grundsätze sollen so verständlich wie möglich vermittelbar sein. Da jeder Strich oder Punkt eine andere Bedeutung hat, ist es wichtig, zu differenzieren und die Lesbarkeit zu verbessern.

Im Zeitalter des computergestützten Zeichnens (CAD) erscheint es manchem vielleicht seltsam, auf Differenzierungen der Zeichentechnik einzugehen. Solche Unterscheidungen verdeutlichen aber auch ohne Modell mit einem Blick, wo es eben ist oder das Gelände von oben nach unten beziehungsweise umgekehrt verläuft. Das hat den Vorteil, daß die Höhenzahlen nicht mühsam miteinander verglichen werden müssen, um den Geländeverlauf zu erkennen. Da in der Objektplanung nach meiner Einschätzung noch lange Zeit sowohl das konventionelle Zeichnen, vor allem bis zum Entwurfsstadium, als auch die CAD-Technik nebeneinander existieren werden, soll dieser Aspekt der Darstellung deshalb nicht unerwähnt bleiben.

Höhenschichtlinien verbinden Punkte gleicher Höhenlage im Gelände horizontal miteinander. Sie können als theoretische, im Gelände nicht sichtbare Linien durchgezogen oder gestrichelt, aber auch wechselnd dargestellt werden. Bei Unterteilungen der Höhensprünge sorgen beispielsweise durchgezogene Meterlinien und gestrichelte Halbmeterlinien für eine gute Lesbarkeit. Anschlüsse, Übergänge und Einbindelängen von Stützmauern, aber auch der Flächenbedarf für Hangneigungen werden auf dem Plan mit Höhenlinien ablesbar.

Je nach Planmaßstab werden Höhensprünge dargestellt (siehe Tabelle Seite 35).

Je größer der Maßstab, um so kleiner können Höhensprünge dargestellt werden. Ohne eingesetzte Höhenzahl, meist ist es die Meereshöhe, ist eine Höhenlinie wertlos. Jede Höhenlinie zeigt nur den Wechselpunkt von einer Höhenebene zur Neigung. Durch eine absolute Ebene verläuft diese daher niemals. Die Berg- und Tal-Seite jeder

Höhensprünge, die üblicherweise dargestellt werden:

für Maßstab	1 : 200	Höhensprünge	100 cm
für Maßstab	1 : 100	Höhensprünge	50 cm
für Maßstab	1 : 50	Höhensprünge	25 cm.

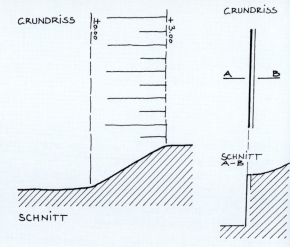
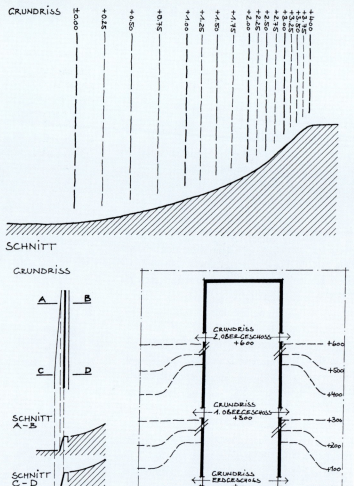
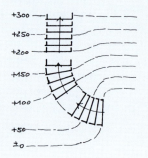

Oben links: Darstellung eines kontinuierlich ansteigenden Hangprofiles mit Höhenlinien im 25 cm Abstand.

Oben mitte: Übliche Böschungsdarstellung.

Oben rechts: Darstellung senkrechter Stützmauern. Auch bei unterschiedlichen Geländehöhen auf der Talseite bleibt die Grundrißfigur immer gleich.

Unten links: Darstellung von Stützmauern mit Anlauf. Beispiel für ein parallel zur Mauer steigendes Gelände auf der Talseite.

Unten mitte: Grundrißdarstellung von Nahtstellen der Geschoßwechsel bei Gebäuden im Hang durch Schrägstrichunterbrechungen der Fassade.

Unten rechts: Treppen im Gelände. Bessere Ablesbarkeit der Steigungsrichtung durch unterbrochene Seitenlinienbegrenzung der Einzelstufen im Grundriß.

Höhenlinie bleibt stets gleich. Diese Seiten lassen sich nicht »umdrehen«. Aus dem gleichen Grund ist auch eine Aufspaltung einer Höhenlinie ausgeschlossen.

Höhenlinienabstände lassen, mit der jeweiligen Höhenzahl auf dem Grundriß, den Grad einer Geländeneigung unmittelbar erkennen, vorausgesetzt, es werden die gleichen Höhenzahlenabstände eingehalten. Höhenzahlen werden üblicherweise so an die Höhenlinie geschrieben, daß die Bergseite immer über der Zahl liegt, das erleichtert sehr die Orientierung am Plan. Auch ist es sinnvoll, die Höhenzahlen in die Linie zu schreiben, besonders wenn Höhenlinien eng aufeinander folgen. Das ergibt eine bessere Übersichtlichkeit und keine Verwechslung der Linien mit den Zahlen.

Böschungen werden durch Begrenzungen der oberen Hangkante und durch dort angehängte, kammartige, im Wechsel erscheinende kurze und lange Striche dargestellt. Manchmal ist auch der Böschungsfuß durch eine Linie begrenzt. Diese Darstellungsweise ist nur bei gleichbleibenden Geländeneigungen (z.b. bei Dämmen, Wällen, Gräben) sinnvoll. Um die Höhendifferenz ablesen zu können, müssen Höhenzahlen an Böschungskrone und Böschungsfuß stehen. Auf dem Grundrißplan ist allerdings der Neigungsgrad im Vergleich zur Höhenlinie optisch nicht erkennbar; Übergänge in andere Neigungen können auch nicht abgelesen werden. Deshalb sind Böschungsdarstellungen im Hanggarten keine brauchbare Lösung.

Senkrechte Stützmauern werden in der Regel durch zwei Begrenzungslinien dargestellt. Am Hanggelände erleichtert es die Ablesbarkeit der Maueranfüllungsseite oder Maueransichtsfläche, wenn die Hanglinie einen dünnen und die freie Seite (Maueransichtsfläche) einen dicken Strich erhält. Damit wird auch die Plastizität der senkrechten Fläche deutlicher im Grundriß ablesbar.

Stützmauern mit Anlauf sind zumeist trocken aufgesetzte Natursteinmauern, die *stets* mit Schräglage (Anlauf) zum Hang gebaut werden. Das erhöht die Stabilität und läßt hohe Terrassen optisch nicht so erdrückend erscheinen. Dieser Effekt wirkt sich positiv auch auf andere Mauerbauweisen aus, für die ein Anlauf konstruktiv nicht zwingend wäre. Im Grundriß muß der Anlauf – meist 20 % – dargestellt werden: Während die Oberkante der Mauer maßlich fest fixiert ist, verändert sich durch die Schräglage der Fuß des Bauwerks in Abhängigkeit der Mauerhöhe. So entsteht eine Fußlinie, deren Verlauf im Plan eingezeichnet wird. Damit ist die jeweilige Tal- und Hangseite der Stützmauer im Grundriß klar erkennbar.

Treppen verlaufen immer so wie der hangaufwärts führende Richtungspfeil angibt, der im Plan eingezeichnet wurde. Manchmal fehlt er oder ist unklar dargestellt. Durch kurze Unterbrechungen der seitlichen Begrenzungsstriche einer Treppe – bei

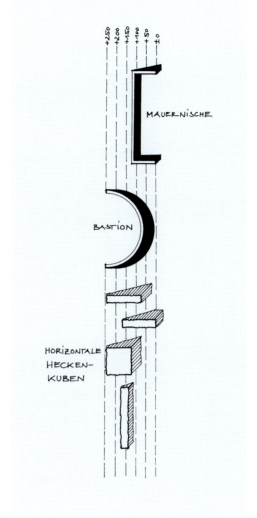

> Schattendarstellungen im Hang unterstützen die Lesbarkeit körperhafter Bau- und Pflanzenteile im Grundriß.

jeder Stufe an der Bergseite – läßt sich jedoch sofort optisch leicht erfassen, wo oben und wo unten ist. Außerdem wird gleichzeitig die Verzahnung mit dem seitlichen Gelände spürbar.

Geschoßwechsel bei Gebäuden am Hang können nur über die Begrenzungsflächen (Wände, Fenster, Türen) dargestellt werden, die direkt am Gelände anschließen. Architekten zeichnen jedes Geschoß für sich allein. Der Landschaftsarchitekt braucht aber, falls verschiedene Stockwerke am Gelände anschließen – was am Hang üblich ist – nur die jeweils mit dem Gelände zusammentreffenden Geschoßteile. Er zeichnet sozusagen ein »neues Gebäude«, zusammengesetzt aus unterschiedlichen

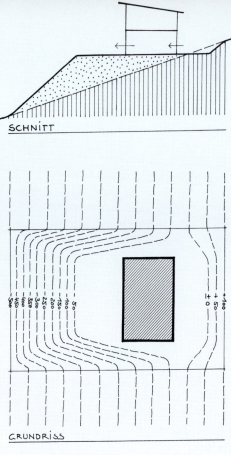

Rechts, **Standdardsituation A:**
Das Haus steht oben, mit einer kleinen Ebene vor und einer größeren hinter dem Haus. Das restliche Gelände ist eine Steilböschung, hangabwärts orientiert. Hier wird deutlich, daß die neue Anlage kaum gestalterische und nutzbare Ansätze bietet. Vielleicht ergibt sich eine schöne Aussicht, sie bleibt aber fremd und isoliert in der Hangtopografie.

Links, **das gebaute Beispiel:**
Das Haus steht oberhalb des steilabfallenden Hangs. Außer einer erosionsverhindernden, monotonen Bepflanzung ist dazu niemandem etwas eingefallen.

Stockwerken der Architektengrundrisse. Weil das mitunter, beispielsweise bei teilweiser Darstellung der Innenräume, unverständlich wirkt, müssen die Trennstellen der Geschoßsprünge gekennzeichnet werden. Dazu unterbricht man zeichnerisch einfach die Hausbegrenzung mit zwei parallelen, kurzen Schrägstrichen.

Schattenwürfe ermöglichen eine herausragende, körperhafte, plastische Plandarstellung von Bauteilen und kompakt geformten Hecken. Vergleicht man die unterschiedlichen Schattenlängen, so ist auch das Höhenverhältnis untereinander beziehungs- weise die aus dem Hang herauswachsende Höhe abschätzbar. Der Schatten kann entsprechend dem Sonnenstand konstruiert sein oder nur prinzipiell gezeichnet werden. Letzteres genügt den meisten Anforderungen. Die Palette reicht von transparenten Schattenschraffuren bis zu tiefschwarzen Flächen. Die voll angelegten Schattensignaturen wirken sich eher nachteilig aus, weil Planinformationen an dieser Stelle nicht mehr lesbar sind.

Gebäude und Freiraum einander zuordnen

Man kann davon ausgehen, daß die meisten Hanggärten einem Gebäude zugeordnet sind, beide bedingen einander: Das Gebäude löst den Geländeeingriff aus, deshalb ist seine architektonische Qualität und Lage ausschlaggebend für die spätere Gartenan-

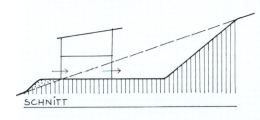

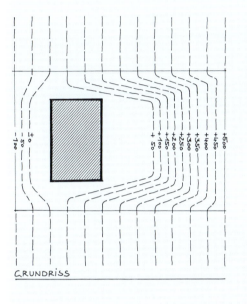

lage. Allzuoft ist aber der verbleibende Freiraum leider ein »eingeklemmter Rest«, das übrig gebliebene Stück zwischen Haus- und Nachbargrenze. Diese Situation ergibt sich leider auch durch Vorgaben des Bebauungsplanes, wie festgelegtes Baufenster und Baulinie oder vorgeschriebene Erdgeschoßhöhe. Damit auch hier der Außenraum zur Qualitätssteigerung des Wohnens dienen kann, muß durch logisches und konzeptionelles Denken möglichst frühzeitig eine räumliche Organisation für die nutzungsorientierte Haus-Garten-Beziehung geschaffen werden.

Im besten Fall, und das erfordert die enge Zusammenarbeit zwischen Architekt und Landschaftsarchitekt, sollen so wenig wie möglich »Restflächen« entstehen, und auf das spätere »Garnieren« und »Verschönern« verzichtet werden. Eine echte Integration von Bauwerk und Freiraum muß das Ziel sein und nicht das spätere »Verstecken« mißratener, baulicher Ergebnisse am Gebäude und im Garten hinter viel Grün. Haus und Garten müssen gleichwertig sein, die Brauchbarkeit ist ein unverzichtbares Kriterium für Qualität. Da Häuser stets horizontale Innenebenen und vertikale Geschoßsprünge aufweisen, das Hanggelände jedoch kontinuierlich verläuft, sollten sehr frühzeitig die Höhenwechsel an der Nahtstelle Haus – Garten bestimmt werden. Gestaffelte Höhenversätze am Gebäude bilden im Zusammenhang mit Gebäudevor- und -rücksprüngen sowie hausnahen Überdachungen wesentliche Voraussetzungen für Freiraumqualität und hohen Gebrauchswert. Deshalb ist es unbe-

Links, **Standardsituation B:**
Das Haus steht unten, mit einer ebenfalls kleinen Ebene vor und einer größeren hinter dem Haus. Es ist im Prinzip das Gleiche wie bei Situation A. Jetzt »sitzt« das Haus im »Loch«, bedrängt vom Steilhang, der sich wie eine Wand aufbaut, wenn man aus dem Haus blickt.

Rechts, **ein realisiertes Beispiel:**
Das Haus steht am Fuß eines steil ansteigenden Hangs. Immerhin wurde mit einer flächendeckenden Staudenpflanzung die Sicht aus dem Gebäude berücksichtigt.

Haus und Freiraum zuordnen

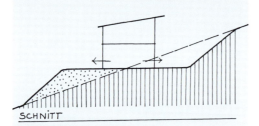
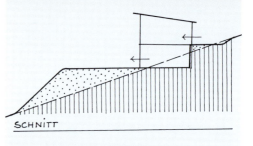

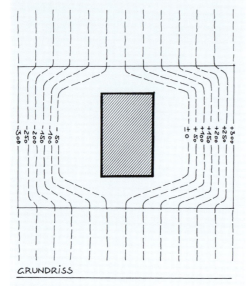
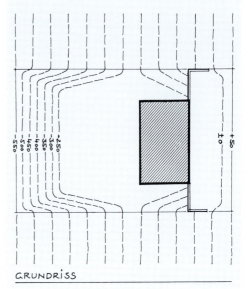

Oben links, **Standardsituation C:** Das Haus steht in der Mitte, die Ebenen vor und hinter dem Haus sind nahezu gleich groß, die verbleibenden Steilböschungen ebenfalls. Mit dieser Gebäudelage ist auch nicht viel gewonnen, allenfalls positiv zu werten sind die nicht so hohen und langen Böschungen an einem Stück.

Oben rechts, **die bessere Lösung:** Eine kleinere Ebene liegt vor dem Haus, die größere zweite hinter und neben dem Haus. Der Geschoßsprung wird durch seitliche Stützmauern abgefangen. Das Ergebnis ist ein deutlicher Gewinn an ebener Fläche. Gleichzeitig ist das Haus durch die Stützmauern besser in das Gelände eingebunden.

Unten rechts: Die positive Grunddisposition von Zeichnung oben rechts läßt sich problemlos weiterentwickeln. Mit mehreren Stützmauern sind die Böschungen vor und hinter dem Haus terrassiert. Lediglich die Randflächen an den Geschoßsprüngen müssen als Böschungen ausgeglichen werden. Das Ergebnis bringt eine fast ebene Gartennutzfläche am abfallenden Hang.

Unten links, **eine sinngemäße Realisierung:** Der Geschoßversatz ergibt neben jeweils zugeordneten Flächenebenen ebenso sinnvoll zugeordnete Stützmauern.

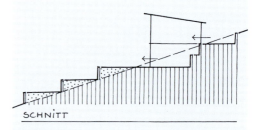

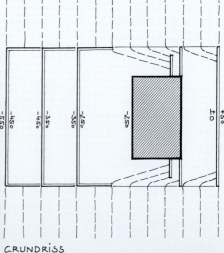

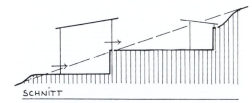

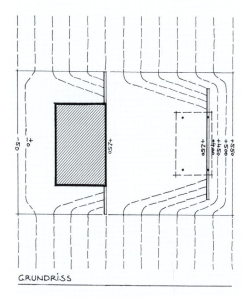

Links: Die zuvor gezeigten Prinzipien sind selbstverständlich genauso hangaufwärts anwendbar mit den annähernd gleichen Gestaltungs- und Nutzungsvorteilen. Die größte verbleibende Böschung hinter dem Haus kann zusätzlich durch eine Stützmauer zugunsten der ebenen Fläche reduziert werden. Diese Mauer ist gleichzeitig als Auflager für ein Dach oder eine Pergola nutzbar.

Unten links: Hang- und Gebäudeverhältnisse wie im vorigen Beispiel. Anstelle der Stützmauer und Restböschung hinter dem Haus ist jedoch die gesamte Böschung mit Mauern terrassiert. Die Böschungsanteile verkleinern sich nochmals auf die unumgänglichen seitlichen Geländeanschlüsse. Gleichzeitig ergibt die Mauerstufung eine gut proportionierte Gliederung der ansteigenden Böschung. Das ist für den Blick aus dem Haus hinaus in den Garten ein wichtiger Gestaltungsansatz.

Unten rechts, so kann eine im vorgenannten Sinne gebaute Lösung aussehen: Ein Haus am sehr steilen Hang. Bereits der Hauseingang liegt einige Stufen höher. Die hohe Stützmauer mit Geländer, sinngemäß aus der Architektur entwickelt, beherbergt die Wohnterrasse. Auf einfache Weise wird die Höhendifferenz genutzt. Gleichzeitig entsteht ein wirkungsvoller Schutz gegenüber Straße und Eingangsbereich ohne zusätzliche Einrichtungen.

Haus und Freiraum zuordnen

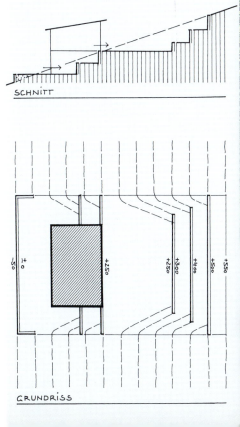

Haus und Freiraum zuordnen

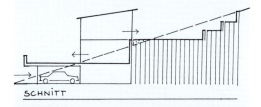

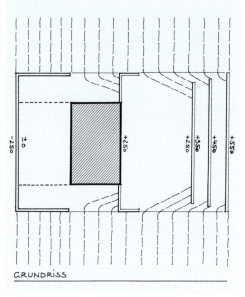

Oben: Manchmal bietet das Geländerelief sogar drei übereinanderliegende nutzbare Ebenen an:
1. Ebene: Die vorgelagerte Garage.
2. Ebene: Der Dachgarten des Erdgeschosses auf der Garage.
3. Ebene: Die weit vorgeschobene Gartenfläche des Obergeschosses.
In Kombination mit zusätzlichen Stützmauern eröffnet sich eine maximale Geländeausnutzung mit entsprechenden Gestaltungsspielräumen.

greiflich, wie nebensächlich wertvolle Hanglagen oft behandelt werden. Da wird möglichst schnell abgegraben, Boden weggefahren, rasch und primitiv geebnet oder gar unüberlegt den Hang hinuntergekippt.

Der Ansatz, bei dem *nur* das Haus für die Ebene vorgesehen wird, ist zu kurz gedacht! Dieser Gedanke liegt beispielsweise oft der Planung bei Fertighaus-Bauweisen zu Grunde. Die Folge ist, daß am Hang nur *eine* Ebene geschaffen wird, die etwas größer ausfällt als die Grundfläche des Hauses; der Rest kann nur nach unten oder oben abgeböscht werden und stellt deswegen ein schwieriges Gartenterrain dar. Das Ergebnis sind die leider häufig anzutreffenden, prinzipiellen Standartsituationen A, B oder C (siehe Seite 38-40).

Besser ist es, bereits die Hanganschlüsse vor und hinter dem Haus, je nach Hangneigung halb- oder ganzgeschossig versetzt anzuordne (siehe Seite 40, 41): Somit läßt sich die ebene Fläche vorne oder hinten ausweiten. Diese Lösung ist von der Gebäudeplanung abhängig.

Rechts: Gelegentlich erwacht im ebenen Gelände der Wunsch nach einem Hanggarten. Auch da kann geholfen werden. Es wird das Untergeschoß zu einem Gartengeschoß am Haus ausgegraben, und der entstehende Hang so gelassen oder terrassiert. Darüber kann ein Steg das Erdgeschoß mit dem ursprünglichen Gelände verbinden.

Unten: Beispiel für das eingegrabene Haus auf ebenem Gelände. Das Grundstück erlaubt glücklicherweise eine weitgeschwungene Rasenmulde, die kein Gefühl der Einengung erzeugt, vielmehr entsteht ein geschützter Aufenthaltsbereich.

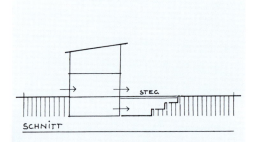

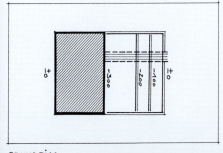

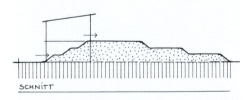

SCHNITT

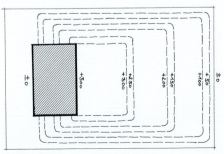

GRUNDRISS

Oben: Eine Anschüttung verbindet hier das Haus teilweise mit dem Garten. Bei großzügiger Ausformung und darauf abgestimmter Wegeführung lassen sich brauchbare Ergebnisse erzielen. Der »Maulwurfshügel mit Präsentierteller« ist vermeidbar.

Links: Das Planungsprinzip zum obigen Beispiel einer bewußten Erdanschüttung an Gebäuden auf ebener Fläche. Obwohl auf das ursprüngliche Gelände gegründet, stehen die Gebäude optisch teilweise oder ganz auf dem Berg. Da bei einer solchen Lösung die Zwänge eines Hanges gering sind, lassen sich die abfallenden Flächen mit kurzen Böschungen variantenreich terrassieren.

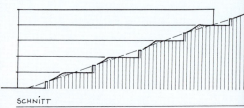

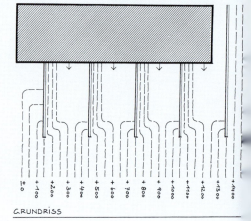

Rechts: Werden mehrgeschossige Wohngebäude senkrecht zum Hang gebaut, ergeben sich von Geschoß zu Geschoß abgestufte kleine, der jeweiligen Wohnung vorgelagerte, ebene Wohngärten. Die gegenseitige Störung ist durch die Geländesprünge gering.

Oben: Das gebaute Beispiel einer Erdgeschoßwohnung am Hang mit Gartennutzung. Eine kleine Verebnung vor der Wohnung schafft einen kleinen Wohngartenbereich. Davor läuft der Hang gleichmäßig abwärts.

Noch wichtiger wird die Gebäudevoraussetzung bezogen auf die Hanglage bei den Beispielen auf den Seiten 42 bis 44. Damit werden zugleich günstige Außen-Innen-Beziehungen hergestellt, die solche Aufwendungen rechtfertigen.

Materialien auswählen

Jeder Gartenentwurf, der vom Papier in die Wirklichkeit übertragen wird, setzt voraus, daß der Entwerfende die konstruktiven Möglichkeiten des Baumaterials und die vorgesehenen Pflanzen genau kennt. Mit der Realisierung werden **Gestalt und Material** des Entwurfes im Erscheinungsbild des Gartens sichtbar. Hier offenbaren sich mögliche planerische Defizite. Bauschäden sind schneller sichtbar als konzeptionelle Fehler, die sich erst nach Jahren zeigen. Ein Beipiel sind Pflanzungen, die im Laufe ihrer Entwicklung nicht die räumliche Qualität bieten, die man sich vorgestellt hat.

Unstrittig ist: Das Material muß die ihm zugedachte **Funktion** erfüllen. Darüber hinaus ist konzeptionell zu entscheiden, was primär wichtig ist und was eine sekundäre Rolle spielt. Der zweckmäßigste Ansatz dazu ist ein einfaches und klares Gestaltungsprinzip. Es gilt, ein Vokabular bewährter Materialien und Pflanzen zu entwickeln, das ähnlich einer Sprache, die mit den immer gleichen Buchstaben und grammatikalischen Regeln neue Dichtkunst hervorbringt, im Garten zu neuen Gestaltungen führt.

Für **Baumaterialien** besteht ein großes Marktangebot. Hier ist deshalb Sorgfalt bei der Auswahl geboten. Neue Materialien sind nicht immer das Beste. Kunststein – oder Kunststofferzeugnisse – dürfen aber als ein Mittel unserer Zeit auch nicht unüberlegt verteufelt werden. Natursteine sollten nicht

Materialien auswählen

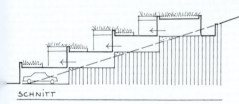

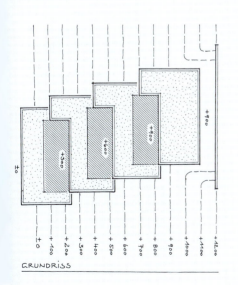

Oben, Beispiele für Zuordnung von Gebäuden und Freiraum: Bei der konsequenten Terrassenbauweise liegt der private Garten auf dem Dach der jeweils unteren Wohnung und bildet losgelöst vom Hanggefälle eine Ebene. Der ebene Garten entsteht dadurch paradoxerweise erst durch den Hang.

Links: Das Planungsprinzip zeigt, wie die Staffelung der Gärten versetzt übereinander der jeweiligen Wohnung zugeordnet ist.

aus Gründen einer falsch verstandenen Idylle und der Sehnsucht nach einer besseren Welt aus der Vergangenheit ausgewählt werden, sondern nur, wenn die Klarheit der Gestaltung und die formale Eindeutigkeit dies fordern. Keinesfalls ist »Neues« für »Alt« auszugeben. Leider verlangt unser Zeitgeist oft mehr nach nebulösen, unscharfen als nach natürlichen, ökologischen Produkten. Genauso wird gern Spektakuläres in modernistischer Form oder als Materialpotpourri verpackt und erfolgreich verkauft.

Oft fehlt auch ein Kosten-Wert-Bewußtsein. So sind beispielsweise höhere Aufwendungen, mitunter besser in einer räumlich-atmosphärischen Freiraumqualität angelegt als in unverhältismäßig teuren Steinbelägen. Damit man bei all diesen Unsicherheiten auf festem Boden bleibt, ist eine detailierte Ausarbeitung des Entwurfes, also die Werkplanung, unerläßlich.

Damit liefern sich weder Planer noch Bauherrschaft den Zufälligkeiten der sogenannten Materialsysteme aus, die dann vor allem am individuellen Hangverlauf nie recht passen wollen. Detailarbeit ist das kleine Einmaleins des Planers. Damit wird überlegt, wie die verschiedenen Bauteile und Materialien zusammengehören, in Proportionen zu bemessen sind, wie Struktur und Farbe wirken und wie alles zusammenzufügen ist.

Details müssen im besten Sinne simpel sein, eindeutig in der Funktion und formal ohne Beiwerk, das heißt auch hier: stets *einfache* Lösungen suchen. Ebenfalls wichtig ist das Streben nach dem richtigen Material für den richtigen Zweck. Die Materialgerechtigkeit muß stimmen, das heißt die Substanz muß sinnlich spürbar sein und Empfindungen ansprechen.

Beispiele für die Wirkung von Materialien

Mauerwerk:	schwer, sicher
Platten:	glatt, großflächig
Pflasterungen:	rauh, kleinteilig
Holz:	warm, naturnah
Stahl:	kalt, steril
Glas:	licht, spröde
Textilien	Sonnenschutz, flexibel, windbewegt
Wasser:	sprudelnde Bewegung oder glatte Spiegelfläche

Einen ganz entscheidenden Anteil am Erscheinungsbild nehmen natürlich die **Pflanzen** ein. Merkwürdig ist an dieser eigentlich banalen Selbstverständlichkeit nur, daß dieser Teil der Planung oft nicht richtig ernst genommen wird. Dabei sind die Pflanzen zusammen mit der Topografie des Hanggartens das entscheidende Element. Selbstverständlich gilt dies nicht nur für den Hanggarten, sondern generell. Die Gültigkeit traditionellen Wissens und Erfahrung besteht hier uneingeschränkt fort, da die Pflanzen sich, abgesehen von Neuzüchtungen, nicht geändert haben.

Trotzdem fehlt allzu oft die richtige Einschätzung der späteren Entwicklung dieses dynamischen Gartenelementes. Es wird vor allem bei den Gehölzen vergessen, daß die *natürliche* Entwicklung immer eine *fortschreitende* Entwicklung meint und nichts mit einem fast unverändert bleibenden Zustand gemein hat, wie wir ihn bei toten Materialien vorfinden, die durch Patinabildung und Nutzungsspuren altern. Im alten Garten sind die Pflanzen das beherrschende Element. Wenn Holz oder Sandstein schon zerbröseln, sind jene auf dem Höhepunkt der Entwicklung. Ist aus dieser Erkenntnis der Schluß zu ziehen, erst die Gehölzstandorte zu entwerfen und alles folgende um diese herum zu gestalten? Es könnte fast so sein. Nur im Hanggarten spielt die Topografie eine gleichbedeutende Rolle. Wie bei den toten Materialien, vermittelt auch die Pflanzenauswahl Empfindungen, die eindeutig zugeordnet werden können.

Beispiele für die Wirkung von Pflanzen

Nadelgehölze:	streng, düster, immer gleich aussehend
Laubbäume:	locker, lichtdurchlässig, jahreszeitlicher Wechsel

Sträucher:	Abschirmung, Blüte, Frucht
Stauden:	Farbe, Vielfalt, Differenzierung
Zwiebeln und Knollen:	Frühling, erste Farbe
Einjahresblumen:	überquellende Fülle, starke Farbigkeit
Rasen und Wiese:	Ruhe, Einheit, Fläche

Selbst wenn der Landschaftsarchitekt dies alles planerisch gut beherrscht, ist die Wirklichkeit auf der Baustelle doch immer etwas anders. Für das spätere Ergebnis ist deshalb die Beauftragung des **Leistungsbereiches Bauleitung** wichtig. Der Planverfasser hat manche Gedanken und Vorstellungen noch im Kopf, die beim besten Willen nicht planerisch genau darstellbar sind. Gerade im Hanggarten mit seinen wechselnden Geländeneigungen, Anschlüssen und räumlichen Veränderungen sind kleine Korrekturen und Verbesserungen vor Ort unerläßlich, um eine gute, formale, handwerkliche und gärtnerische Qualität zu sichern. Eine fehlende oder schlechte Bauleitung kann ein gutes Konzept geradezu exekutieren. Entscheidend bleibt stets die Umsetzung der Planung in die Wirklichkeit. Nach dem gut gemeinten Plan fragt später keiner mehr, wenn das Ergebnis unbefriedigend ist.

In diesem Zusammenhang auch noch einige Hinweise zu den in den folgenden Materialbeschreibungen erwähnten **DIN-Normen**. Normen zielen auf eine Vereinheitlichung von Baustoffen und Bauverfahren und beinhalten Empfehlungen, deren Anwendung nicht zwangsläufig verpflichtend ist. Der Inhalt ist nicht von ewiger Gültigkeit und wird deshalb von Zeit zu Zeit überarbeitet und neu herausgegeben.

Normen kennzeichnen Mindeststandards für Materialien und Bauweisen. Es kann auch etwas völlig frei von Normen gebaut werden, wenn es dadurch besser wird. Wäre das nicht so, so gäbe es gar keinen technischen Fortschritt. Nur in Zweifelsfällen oder bei Streitigkeiten wird dann in der Regel das Gebaute an der Norm gemessen. Die Normen, die mit »Anerkannte Regeln« und »Stand der Technik« benannt werden, sind mehr an der Praxis orientiert. Das Richtige erkennen und entsprechend realisieren zum Zeitpunkt des Entstehens eines Werkes, ist hier der Maßstab. Das Normenwissen ist nicht sehr verbreitet und spielt immer erst bei Auseinandersetzungen eine Rolle.

Nach dieser allgemeinen Einstimmung für den richtigen Umgang mit dem Material werden im folgenden die **gestalterisch-technischen Grundlagen** von Materialeinsatz und Materialbehandlung und die damit erzielbaren Ergebnisse, bezogen auf den Hanggarten, beschrieben. Selbstverständlich kann das nicht allumfassend sein. Es sind vielmehr persönliche Erfahrungen einer langjährigen Berufstätigkeit in Südwestdeutschland, die auf bestimmten Klimaverhältnissen und Bodenstrukturen beruhen und darauf abgestimmte Bauweisen und Pflanzenverwendungen nach sich ziehen, trotzdem aber eine gewisse Allgemeingültigkeit aufweisen.

Das Geländerelief formen

Um eine neue topografische Grundstruktur durch Einschnitte und Aufschüttungen im Hanggelände zu planen, ist es unumgänglich, die bestehenden Bodenverhältnisse zu erforschen. Diese Informationen ergeben beispielsweise Auskünfte über Bearbeitbarkeit, Verdichtbarkeit, Grenzen der Neigungsflächen im Hinblick auf Stabilität und Erosionsgefahr, Oberbodensicherung.

Der Umgang mit dem Boden

Bodenarten

Da, wie zuvor beschrieben, die Gartenplanung idealerweise möglichst lange vor Baubeginn ausgearbeitet sein soll, müssen die Bodenverhältnisse ebenso zeitig geklärt sein. Ist die Gegend unbekannt, helfen zunächst geologische Karten weiter. Sie bieten eine erste Übersicht und Einschätzung. Ohne Ortsbesichtigungen kommt man aber in der Regel trotzdem nicht weiter. Dabei sind erste Eindrücke zu gewinnen:

Rückschlüsse, die man durch eine Ortsbesichtigung gewinnen kann:
- Aus der Form des Hanggeländes läßt sich in etwa auf die zu erwartende Bodenschichtung schließen (das ist nur grob möglich und ersetzt nicht genauere Studien).
- Aus abfließendem Hangwasser läßt sich auf die Auswirkungen von Erosionen schließen.
- Aus Bodenaufschlüssen eventueller Baugruben in der Nachbarschaft lassen sich Bodenschichten erkennen.
- Aus eventuell vorhandenen Hangrutschungen sind Rückschlüsse auf die Stabilität des Bodens möglich.
- Aus dem Zustand vorhandener Vegetationsbestände (Trockenheit oder Vernässung) ist die Bodenbeschaffenheit (Bodenart) ablesbar.

Zu großen Bauvorhaben liegt oft für die Gebäudeplanung ein wissenschaftlich ermitteltes **Baugrundgutachten** vor. Einem solchen Gutachten liegen Schürfgruben oder Bohrungen zugrunde, die ein realistisches Bild der Geländeschichtung vermitteln. Das ist eine sehr sichere Informationsquelle.

Grundsätzlich unterscheidet sich ein noch ungestörtes, natürlich entstandenes Geländeprofil in **Ober- und Unterboden**. Oberboden ist die für Vegetationszwecke geeignete oberste, belebte Schicht eines natürlichen Geländeprofils. Die darunter liegende verwitterte Bodenschicht wird als Unterboden bezeichnet. Er ist auch der Baustoff für Erdbauwerke, wie Geländemodellierungen, Bodenabtrag und -auftrag. Dafür gelten jeweils unterschiedliche **DIN-Normen**:

Für **Oberboden** (früher als Humus bezeichnet), eingeteilt in zehn Bodengruppen, DIN 18915. Die zehn Oberbodengruppen geben Auskunft über die Bindigkeit und die daraus resultierende Bearbeitbarkeit ohne Gefügeschädigung. Zusätzliche Qualitätskriterien, wie zum Beispiel Wasserdurchlässigkeit oder Wasserhaltefähigkeit, Gehalt an organischer Substanz, Bodenreaktion (pH-Wert), Nährstoffgehalt und anderes.

Für **Unterboden**, eingeteilt in sieben Bodenklassen, DIN 18300. Die sieben Boden- und Felsklassen unterscheiden

Oben: Ein großflächiges Geländerelief in freier Umgebung mit höhenparallelem Wechsel von Böschung und schwach geneigter Fläche. Es entsteht eine klare, linear gliedernde Struktur ohne Materialwechsel. Licht und Schatten prägen das Bild.

Links: Das kleinflächige Geländerelief am Gebäude wirkt durch die räumliche Spannung von fließend weich geformtem Gelände auf der rechten und dem harten, mauerbegrenzten Geländeanschluß auf der linken Seite des Hauseinganges.

nichtbindige und bindige Böden sowie ihre Lösbarkeit. Inhaltlich wird das Lösen, Laden, Fördern, Einbauen und Verdichten behandelt. Die Unterböden treten am Hang in der Regel als bindige Böden (Schluff, Ton, Lehm, Mergel), aber auch als nichtbindige Böden (Sand, Kies, Verwitterungsschutt, Steine) auf. Dazwischen existieren viele Zwischenstufen beider Gruppen. Hinzu kommt der Fels als kompaktes Gestein. Die Bodenklassen geben Anhaltspunkte für die Bearbeitbarkeit und die Korngröße mit entsprechenden Prozentanteilen. So gilt beispielsweise die Bodenklasse zwei für »fließenden Boden« (wasserreich, breiig) als einer der schwierigsten Böden in Hanglagen.

Diese **Bodenstrukturen** mit ihren unterschiedlichen Korngrößen bestimmen die möglichen Hangneigungen. Durch Bodenproben und Laboruntersuchungen können genaue Analysen durchgeführt werden. Dieser Aufwand ist aber selten erforderlich, es sei denn bei sehr schwierigen Bodenverhältnissen. Hinzu kommt, daß in der Praxis zuerst das Gebäude und dann der Garten entsteht und deswegen bei den üblichen kleinen Grundstücken das natürliche Geländeprofil entweder bereits abgegraben oder aufgeschüttet wurde mit dem Ergebnis, daß alles durcheinander liegt.

Oberbodensicherung

Oberboden ist die oberste belebte Schicht des durch physikalische, chemische oder biologische Vorgänge entstandenen Bodens. Er enthält Wurzeln und Samen standorttypischer Pflanzen. Ist der Oberboden eines Grundstückes für **vegetationstechnische Zwecke** geeignet (diese Feststellung sollte der planende Landschaftsarchitekt treffen), muß er vor Baubeginn des Gebäudes von allen Bauflächen und Baustelleneinrichtungsflächen sowie von den Arealen, deren Relief verändert wird, abgetragen und zur Wiederverwendung gelagert werden, ohne daß seine Qualität beeinträchtigt wird. Hierzu enthalten die DIN-Normen 18300 und 18915 klare Vorgaben.

In der Regel muß bereits der Bauunternehmer diese Arbeit auf den oben genannten Flächen durchführen, weil zu diesem Zeitpunkt noch kein Ausführender für den Garten bereitsteht. Wenn da niemand aufpaßt, sieht es meist so aus: Der Oberboden ist allenfalls von der Baugrube abgehoben, der Baugrubenaushub aber auf der übrigen Grundstücksfläche gelagert, das heißt in der Regel den Hang hinuntergeschüttet auf den dort anstehenden Oberboden. Hier ist der wertvolle Oberboden verloren. Er kann auf wirtschaftlich vertretbare Weise nicht mehr zurückgewonnen werden!

Oft bietet auch das zu kleine Grundstück keine Lagermöglichkeit. Da muß von vornherein eine Neulieferung von Oberboden einkalkuliert werden. Das trifft ebenfalls zu, wenn der Oberboden für Vegetationszwecke ungeeignet ist und auch nicht verbessert werden kann oder beispielsweise bei ursprünglich bebauter Fläche gar keiner vorhanden ist. Die oft empfohlene Ansaat des Oberbodenlagers mit Leguminosen als Schutz gegen Verunkrautung und Austrocknung ist nur bei längerer Lagerung sinnvoll. Das gilt gleichermaßen für schützende Umzäunungen.

Erhalten von Vegetationsbeständen

Sind Bäume oder größere Vegetationsbestände vorhanden, deren Erhaltung aus ästhetischen und ökologischen Gründen erwünscht ist (in manchen Städten existieren auch Baumschutzsatzungen, die das zwingend fordern), sind diese Einschränkungen *von Beginn an* ernst zu nehmen. Es hat keinen Sinn, wenn die Planung etwas »geschönt« wird und sich bei der Ausführung zeigt, daß erhebliche Abgrabungen oder Aufschüttungen an Bäumen erforderlich werden, die nur mit Kunstgriffen (Mauern, Hangverbau) zu bewältigen sind. Entweder muß die Freiraumgestaltung auf Einhaltung entsprechender **Respektabstände**

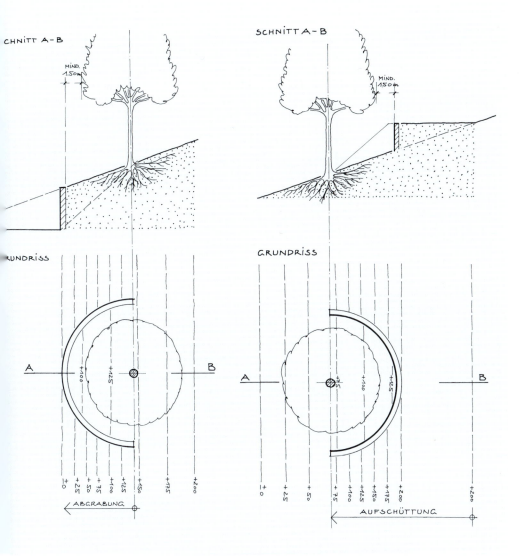

Ganz links: Bei Geländeabgrabungen muß zum Schutz des Baumes ein Mindestabstand eingehalten werden. Er wird ab Kronentraufe gemessen.

Links: Bei Geländeanfüllungen muß zum Schutz des Baumes ein Mindestabstand eingehalten werden. Er wird ebenfalls ab Kronentraufe gemessen.

Unten: Es galt, den höherstehenden großen Haselnußstrauch an der Gebäudeecke zu erhalten. Mit einer Trockenmauer gelang das. Gleichzeitig ergab sich damit am Gebäude eine räumlich willkommene Einengung, welche die Umlenkung des Weges unterstützt. Insofern war die Aktion auch gestalterisch sinnvoll, leider ist das nicht immer so.

Umgang mit dem Boden

Umgang mit dem Boden

Oben links: Abrutschen des Bodenauftrags durch mangelnde Verzahnung mit der Oberbodenschicht. Schemaschnitt

Oben rechts: Abgleiten des Bodenauftrags durch eine wasserführende Schicht auf dem ursprünglichem Gelände. Schemaschnitt

Unten links: Geländebruch bei einer nicht korngestuften Anschüttung. Aus gleichartigem, rutschgefährdetem Bodenmaterial wurde eine zu steile Böschung ausgebildet. Schemaschnitt

Unten rechts: Grundbruch bei unstabiler Gründungssohle des Erdbauwerkes. Vernäßte, tonige und schluffige Böden können bei dem hohen Gewicht, dem sie durch die Aufschüttung ausgesetzt sind, einen Grundbruch verursachen. Schemaschnitt

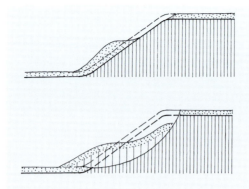
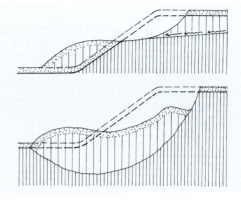

(mindestens 1,50 m von der Kronentraufe nach außen gemessen) eingerichtet werden, oder es ist eine Beseitigung der Vegetation von vornherein einzurechnen und entsprechende Neupflanzungen, abgestimmt auf die neue Geländesituation, vorzusehen. *Niemals* darf der Bestandsschutz zu einer verkrampften Gestaltungslösung führen. *Immer* ist eine klare Entscheidung unumgänglich. Am wichtigsten erscheint die Baumerhaltung noch an Nachbargrenzen, weil dort neue Bäume nach geltendem Nachbarrecht meist nur mit viel größerem Abstand gepflanzt werden dürfen.

Wenn ein Baum erhalten bleiben soll, nützt es wenig, nur den Stamm und dicke Äste zu sichern, denn der Wurzel- und Kronenbereich muß während der ganzen Bauzeit geschützt werden. Diese Flächen dürfen weder überfahren, noch darf auf ihnen Material gelagert werden. Es kann sonst passieren, daß sich ein so geschädigter Baum zwei bis drei Jahre nach Fertigstellung des Gartens doch noch »verabschiedet«.

Vorschriften über den Schutz von Vegetation enthält die DIN 18920, Vegetationstechnik im Landschaftsbau.

Auf- und Abtrag von Unterboden

Der Boden ist die Basis jedes Hanggartens. Auf dieses Material wird alles weitere aufgebaut. Es entsteht auf der als Baugrund bezeichneten Fläche sozusagen der »Rohbau« des Gartens. Von der sensiblen räumlich-plastischen Ausformung hängt die Qualität eines Gartens am Hang ganz entscheidend ab. Boden läßt sich beliebig formen, wenn man die entsprechenden Eigenschaften beachtet, er gleicht harte Gegensätze aus und ist angesichts hoher Deponiekosten in Ballungsgebieten oft kostenlos zu beziehen.

Einschnitt und Aufschüttung sind die technisch notwendigen Vorgänge, um das bestehende Geländerelief zu verändern. Die DIN 18300 enthält, wie bereits erwähnt, für Lösen, Laden, Fördern, Einbau und Verdichten technische Regeln, die eine materialgerechte Bodenbewegung gewährleisten. Erdbewegungen können mit dem Ziel eines Massenausgleichs auf dem Grundstück erfolgen, aber auch ausschließlich einem Gestaltungsziel – ohne diese Einschränkung – verpflichtet sein. Abfuhr und Anlieferung von Unterboden orientieren sich dann am Bedarf. Manchmal entstehen an Gebäuden auch Hanglagen durch reine Aufschüttungen. Das ist beispielsweise dann der Fall, wenn Gebäude zunächst aus dem bestehenden Gelände herausragen und anschließend erst angefüllt werden. Sie stehen dann scheinbar auf einem Hügel.

Erdbewegungen im abschüssigen Gelände sind auch mit Risiken verbunden. Tragfähigkeit und Standsicherheit müssen gewährleistet sein. Das gilt natürlich besonders für Aufschüttungen. Dort entsteht oft eine Umkehrung des gewachsenen Bodenprofiles: Durch den Arbeitsprozeß des Abhebens und Aufschüttens gerät das Ober-

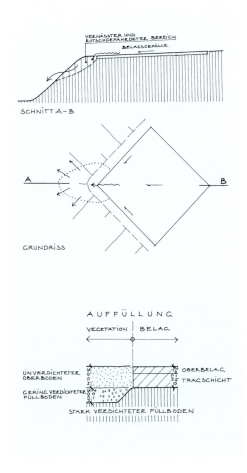

ste nach unten und umgekehrt. Zusätzlich können Schichtenwasser aus dem Hanganschnitt oder starke Durchfeuchtung durch Niederschlagswasser zu instabilen Verhältnissen führen. Häufig sind auch hohe Lasten, z.B. Stützmauern oder ungleich verdichtete Flächen die Ursache für Geländeverschiebungen. Das kann vom Rutschen oberflächiger Schichten bis zum Grundbruch führen. Als Grundbruch wird ein Hangrutsch mit Aufwölbung der Erde am Hangfuß bezeichnet. Immer wird durch einen Geländeeingriff die natürliche Bodenstruktur verändert (Verdichtungspressung). Auch auf den fertiggestellten, befestigten Flächen bilden sich oft durch Regen und Schnee an Tiefpunkten Wasserlachen, die dort zu erhöhten Vernässungen führen und einen unstabilen Baugrund erzeugen können.

Im Vergleich zu Auffüllungen sind Abgrabungen weniger problematisch. Maschinen und Geräte bewegen sich auf vorhandenen festen Schichten und die Abgrabung bildet einen natürlichen, stabilen Neigungswinkel.

Ein völlig neu modellierter Hang ergibt demnach nie ein einheitliches Ganzes in bezug auf Standfestigkeit und Unveränderbarkeit. Zusätzlich angelieferter Unterboden verstärkt manchmal diese Problematik, weil er unbekannter Herkunft ist und folglich eine nicht vorausbestimmbare Zusammensetzung aufweist. Erschwerend kommt außerdem hinzu, daß befestigte Flächen für Plätze und Wege eine hohe Tragfähigkeit und Standfestigkeit aufweisen sollen, also stark verdichtet werden, dagegen aber Vegetationsflächen auch im Unterbodenbereich durchwurzelungsfähig – also locker bleiben müssen. Solche »Nahtstellen« sind nie ganz setzungsfrei herzustellen, denn es ist davon auszugehen, daß auf Vegetationsflächen mindestens die oberen 50 cm bis zur Geländeoberkante nur gering verdichtet, also durchwurzelungsfähig, herzustellen sind.

Bei hohen Aufschüttungen kann es sinnvoll sein, den erreichten Verdichtungsgrad zu messen. Über den **Proctorversuch** (nach DIN 18127) wird dieser Wert ermittelt. Der Versuch besagt folgendes: Jede Bodenart weist eine Trockendichte unter optimalem Wassergehalt als bestimmte theoretische Verdichtbarkeit (Proctordichte) auf. Bei natürlichem, ursprünglichem Gelände ist es immer ein Wert von 100 %. Vorteilhaft ist hier die Übereinstimmung von Setzungsfreiheit und Erhalt der natürlichen Bodenstruktur. Letztere geht bei einer künstlich-mechanischen Verdichtung vollständig verloren. Das ergibt folglich immer eine verschlechterte Durchwurzelbarkeit gegenüber natürlich »dichtem« Gelände. Da der Wassergehalt des Bodens jedoch eine schwankende Größe ist (zum Beispiel Vernässung des lockeren Materials), wird bei Auffüllungen die technisch erreichbare Verdichtung nur

Oben: Vernässung von Belagstiefpunkten durch zusammenlaufendes Niederschlagswasser kann auf frisch geschüttetem Hanggelände bei rutschgefährdetem Boden die Profilstabilität gefährden. Schemaschnitt

Unten: Prinzipaufbau unterschiedlicher Verdichtungshöhen bei Geländeauffüllungen. Schemaschnitt

Umgang mit dem Boden

Bei Gebäudeanfüllungen ist der unmittelbare Wandanschluß oft nicht setzungsfrei zu verdichten, wenn die Wände durch den starken Vibrationsdruck der Verdichtungsmaschine gefährdet sind (z.B. Mauerwerk). Schemaschnitt

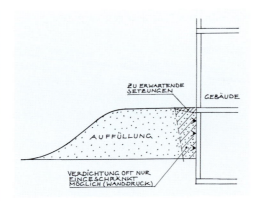

selten die theoretischen Werte erreichen, denn es läßt sich nur die Luft und nicht das Wasser im Boden verdichten. Bodenmaterial und Wasser verformen sich bei über 100 % Verdichtung. So ist Schlamm als Extremfall nicht verdichtbar. Im Landschaftsbau werden deshalb in der Regel 97 % als Sollwert angegeben. Bei einer Prüfung wird die planerisch vorgegebene Dichte z.B. 97 % mit der tatsächlich erreichten Dichte verglichen. Weist der gemessene Wert einen geringeren Prozentsatz aus als der geforderte, so sind Setzungen zu erwarten, denn eine nachträgliche Verdichtung ist *nicht* möglich, ohne *nochmals* die Auffüllung völlig neu herzustellen.

Bei Flächen mit wechselnden Lasten kann auch die mögliche Verformung der Auffüllungen durch einen **Plattendruckversuch** nach DIN 18137 gemessen werden. Damit wird die Qualität der Bodenverdichtung ebenfalls beurteilt. Je weicher und lockerer ein Boden ist, umso stärker verformt er sich bei Belastung. Bei wechselnden Lasten, zum Beispiel Befahren, kann sich der aufgefüllte Boden je nach Bodenart entweder kaum verformen, zwar verformen aber wieder zurückbilden oder sich irreversibel verformen. Der Plattendruckversuch als Prüfverfahren gibt die Möglichkeit, auf die zu erwartende Verformung zu schließen und damit eventuelle Bodenzusatzstoffe (z.B. Kalken bei Nässe in bindigen Böden) einzusetzen, um die Verformung gering zu halten oder auszuschließen. Ein Kalkzusatz bindet überschüssiges Wasser und bewirkt zusammen mit den Tonmineralien die Bildung einer Krümelstruktur, welche die künftige Wasseraufnahmefähigkeit erheblich reduziert. Auch verfestigt sich der Boden langfristig durch Kalkzugabe. Solche Prüfungen sind jedoch vorwiegend wegen des Aufwandes bei größeren Bauvorhaben üblich.

Der erfahrene Planer kann bereits aus dem Baustellenbetrieb während der Gebäudeerrichtung ersehen, ob starke Verformungen des vorhandenen Bodenmaterials zu erwarten sind. Solche visuellen Anhaltspunkte reichen bei kleineren und weniger schwierigen Bauabläufen in der Regel aus.

Schwierigkeiten bereiten ebenfalls immer wieder **hohe Auffüllungen** an Gebäuden. Entlang betonierter und nach innen versteifter Umfassungswände lassen sich zwar problemlos die verlangten Proctordichten erreichen, aber angefüllte gemauerte Wände können oft nicht so stark mechanischem Seitendruck ausgesetzt werden. Hier sind trotz lageweiser Verdichtung in der Praxis kaum völlig setzungsfreie Verhältnisse herzustellen. Da muß von vornherein die Oberflächengestaltung flexibel hergestellt werden, um beispielsweise Beläge und Pflanzungen später noch einmal problemlos anheben zu können.

Mit nicht zu steilen und nicht zu großflächig geplanten Hängen sowie sorgfältiger Beobachtung des Geländeverhaltens während der Gesamtbauzeit läßt sich ein Großteil der Risiken vermeiden. Risikomindernd – im Hinblick auf Rutschungen und Erosionen – ist ebenfalls eine abschnittsweise Ausführung von Erdbewegungen, beispielsweise im Wechsel mit dem Errichten von Stützmauern. Die Stützmauer wird zuerst gebaut, danach hinterfüllt und bildet dann wiederum den Ansatz für die nächste Mauer oder Böschung darüber. Bei einer qualitätsvollen Rohplanie müssen selbstverständlich alle neu hergestellten Geländehöhen präzise stimmen, nur jeweils reduziert um den erforderlichen Belagsaufbau beziehungsweise Oberbodenauftrag.

Der Baugrund bildet das »Skelett« und die verschiedenen Oberflächen die »Haut« des Gartens. Ungenauigkeiten des »Skeletts« lassen sich nur mit Mehrkosten für unterschiedliche »Hautdicken« ausgleichen.

Oberboden auftragen

Auf allen Flächen, die Vegetation tragen sollen und eine Geländeveränderung erfahren haben, ist der Oberboden nach Fertigstellung der Rohplanie aufzutragen. Das ist normales gärtnerisches Handwerk und nach DIN 18300 geregelt. Die Bodengruppen der DIN 18915 geben zur Bearbeitbarkeit weitere wichtige Anhaltspunkte. Es gibt Sonderfälle, z.B. Sukzessionsflächen in landschaftlichen Bereichen, wo darauf verzichtet wird, Oberboden aufzubringen, aber in kultivierten Freianlagen mit normaler gärtnerischer Pflanzung ist der Auftrag unerläßlich. Bei einigen Vegetationsstrukturen, wie spezielle Steingärten oder Moorbeetpflanzungen, können anstelle des Oberbodens besondere Erdmischungen notwendig sein.

Am Hang ergeben sich für diesen prinzipiell überall gleichen Arbeitsvorgang des Oberbodenauftrags jedoch einige Besonderheiten. Da ist als erstes die aufgrund der standfesten Verdichtung notwendige **Tiefenlockerung** des Unterbodens an der Oberfläche. Die mechanische Verdichtung hat in der Regel das Porenvolumen zerstört, eine Wiederherstellung des natürlichen Ursprungszustandes ist besonders bei stark bindigen Böden nicht mehr möglich. Eine mindestens 20 cm tiefe Lockerung bringt aber wenigstens eine Klüftung des Bodens mit besserer Durchlüftung, die damit der Ansatz einer allmählichen Strukturverbesserung ist. Diese Arbeit erstreckt sich gleichermaßen auf die Abtragsflächen, da diese in der Regel während der Arbeiten ebenfalls befahren werden. Mit dieser am Hang besonders wichtigen Maßnahme entsteht gleichzeitig eine Verzahnung des aufzubringenden Oberbodens mit dem Unterboden. Damit wird einem Abrutschen der Oberbodenschicht an Steilhängen vorgebeugt.

Für diese Unterbodenlockerung und dem folgenden Oberbodenauftrag, in der Regel 20 – 50 cm je nach Vegetationsart, kommt überall dort, wo es die Hangneigung zuläßt, Maschinenarbeit zum Einsatz. Besonders bei bindigen Böden ist es wichtig, die Bodenbearbeitung nicht bei feuchter Witterung durchzuführen, denn der Boden soll während der Bearbeitung krümelig werden und nicht verschmieren. Das bedeutet auch, daß bearbeitete Flächen nicht wieder durch Unachtsamkeit verdichtet werden, denn hier wäre sonst eine aufwendige Nacharbeit notwendig. An sehr steilen, schwer zugänglichen oder zu kleinen Flächen ist Handarbeit unvermeidlich. Das wirkt sich selbstverständlich auf den Preis aus. Um aber eine dauerhafte Vegetation anzusiedeln, ist diese wichtige Arbeit unverzichtbar.

Bodenerosionen vorbeugen

Bodenerosionen bedrohen ein Hanggelände ständig, manche verschwinden nach Fertigstellung der Arbeiten, andere erst, nachdem eine dichte Vegetationsdecke gewachsen ist, – einige aber nie, wenn nicht vorgesorgt wird! In allen Fällen spielt die Stärke der Hangneigung zusammen mit abfließendem Wasser die größte Rolle.

Während der Bauzeit können durch aufmerksames Beobachten wichtige Hinweise gesammelt werden:
– Fließt Niederschlagswasser von fremden auf das eigene Grundstück? (Ableitende Gräben müssen gezogen werden. In der Planung werden daraus dann flache Mulden, die sich in das Hangprofil einfügen.)
– Gibt es Stellen, an denen sich das Oberflächenwasser bevorzugt sammelt und nicht versickert oder abläuft?
– Ist am Hang austretendes Schichtenwasser festzustellen, permanent oder nur nach langandauernden Niederschlägen?

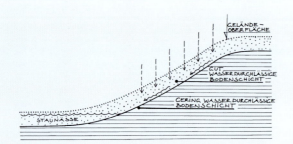 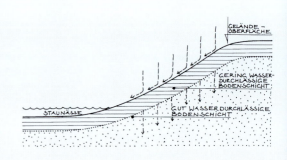

Links: Staunässe am Hangfuß, wenn trotz wasserdurchlässiger oberer Bodenschicht darunter eine undurchlässige liegt und Niederschlagswasser nicht tief einsickern kann. Schemaschnitt

Rechts: Extrem trockene Verhältnisse in der oberen Bodenschicht wegen schlechter Versickerung durch diese Oberschicht. Trotz wasserdurchlässigem Unterboden ebenfalls Staunässe am Hangfuß. Schemaschnitt

Auf solche Beobachtungen kann in der Regel mit entsprechender Planung reagiert werden.

Selbstverständlich ist die **Bodenart und Konsistenz** entscheidend für die Sickerfähigkeit. Hier entscheidet sich bereits neben der Standfestigkeit des Bodens wie steil Böschungen ausgebildet werden können. Steiler als 1 : 1,5 (das heißt bei 1 m Böschungshöhe = 1.50 m Böschungstiefe, waagrecht gemessen zwischen Krone und Fuß) können Böschungen bei bindigen Böden nicht dauerhaft gebaut werden, ohne erosionsanfällig zu sein. Bei nichtbindigen Bodenarten mit abgerundeten Kornformen kann das zu steil sein. Der aufmerksame Planer merkt selbst, wo sich der natürliche Böschungswinkel einpendelt, wenn er zur Bauzeit des Gebäudes die Aushubmassen sieht.

Selbst wenn steile Böschungen sich sehr schnell begrünen und damit bald einen raschen Wasserabfluß bremsen, ist das Problem in vielen Fällen nicht sicher gelöst. Denn wesentlich für einen guten Wasserabzug ist der **Schichtenaufbau des Geländeprofils**. Liegt beispielsweise eine gut wasserdurchlässige Bodenschicht über einer weniger durchlässigen, so bildet sich am Hangfuß Staunässe. Diese führt nicht nur zu einer Vernässung des Geländes und damit zu einer Gefährdung der Hangstabilität, sondern auch dazu, daß die Pflanzen am Böschungsfuß nicht wachsen können. Nachteilig ist ebenso der umgekehrte Fall: durchlässige Unterschicht und feinkörnige, gering durchlässige Oberschicht. Hier versickert fast nichts, das meiste Wasser fließt oberflächlich mit gravierenden Erosionsschäden schnell ab. Die Böschung wird für die Pflanzen extrem trocken. In Mulden bleibt das abfließende Niederschlagswasser auch besonders lange Zeit stehen, bis die hohe Wasserbindekraft der feinkörnigen Oberschicht erschöpft ist und Wasser in die nächste Schicht versickern kann. Mangels ausreichender Durchlüftung kümmert auch da der Pflanzenwuchs.

Während bei einer dichten Unterschicht eine entsprechende Tiefenlockerung des Unterbodens zwingend ist, muß bei einer dichten Oberschicht gekörntes mineralisches Material (Sand, Kies, Splitt, Feinschotter) in diese eingemischt werden. Das trifft auch für austretendes Schichtenwasser bei Geländeanschnitten zu. Solche Stellen dürfen nur mit sickerfähigem, gebrochenem Steinmaterial verfüllt werden, das anschließend mit bindigem Boden bedeckt wird, um eine Vegetation zu ermöglichen.

Selbstverständlich wirkt sich auf Erosionen auch die Art der **Bodenbearbeitung** als vorbereitende Maßnahme für Vegetationsansiedlung aus. So ist es nicht sinnvoll, die aufgebrachte oder vorhandene Oberbodenschicht tief umzuarbeiten wie in der Ebene. Am Hang sollte vielmehr nur ein Aufrauhen zur Samenaufnahme bei Ansaaten beziehungsweise Einzellochherstellung bei Pflanzungen die Regel sein. Jede

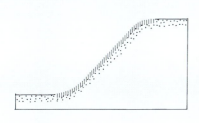 

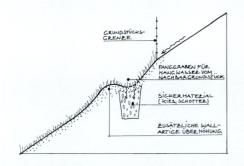 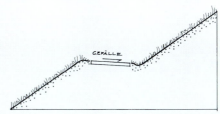

Bodenlockerung, auch bei späterer Pflege, kann Ausspülungen nach sich ziehen.

Für die Dauer ist es wichtig, Zuflüsse von Niederschlagswasser von Einzugsflächen außerhalb des Grundstückes abzuwehren. Flache **Gräben**, in extrem ungünstigen Situationen zusätzlich mit sickerfähigem Material verfüllt, sogenannte **Rigolen** und leichte, wallartige Geländeüberhöhungen helfen da viel. Kleinflächige Terrassierungen bremsen ebenfalls den Wasserabfluß und hangparallel geführte Wege sind grundsätzlich gegen den Hang zu entwässern, wie es an Gebirgsstraßen zu sehen ist. Darüber mehr im Abschnitt »Verbindungen herstellen« (siehe S.89ff.). Am Hang gilt ein wichtiger Leitsatz: Wasseransammlungen müssen *grundsätzlich* vermieden oder, wenn das nicht möglich ist, gezielt abgeleitet werden. Anzustreben ist stets eine fein verteilte Versickerung auf dem gesamten Hanggrundstück, nicht nur aus ökologischen Erwägungen, sondern auch damit das »Bauwerk Hang« dauerhaft bleibt.

> Oben links: Bodenbearbeitung am Steilhang für Einsaaten. Die Oberbodenschicht sollte nur aufgerauht und nicht umgearbeitet werden, um die Erosionsgefahr zu verringern. Schemaschnitt
>
> Oben rechts: Bodenbearbeitung am Steilhang für Pflanzungen. Die geneigten Flächen dürfen nicht umgearbeitet werden. Eine Einzellochpflanzung ist vorzuziehen. Schemaschnitt
>
> Unten links: Sicherungsmaßnahmen gegen Erosionen durch Zuflüsse von hangaufwärts liegenden Nachbargrundstücken. Schemaschnitt
>
> Unten rechts: Die Erosion wird vermieden durch bergseitiges Quergefälle bei Wegetrassen. Schemaschnitt

Böschungen profilieren und befestigen

Die Böschung

Böschungen entstehen im Garten am Hang von selbst, wenn oberer und unterer Geländeanschluß ganz einfach »verzogen« werden. Wie steil eine Böschung sein kann, bestimmen Bodenart (bindig oder nicht bindig), Bodenstruktur (feinkrümelig und

Böschungen

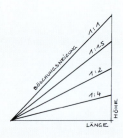

Oben: Bemerkenswert ist an diesem Beispiel das Überhöhen der Böschungskrone bevor das Gelände abfällt. Damit »rutscht« das Gelände optisch nicht ab und der massive Baukörper wird mit der leichten Gegenbewegung etwas »aufgefangen«.

Links: Die Böschungsneigung wird in einem Zahlenverhältnis ausgedrückt.
Schematische Darstellung

Unten: überhöhte Böschungskrone.
Schemaschnitt

Ganz unten: erhöhter Böschungsfuß.
Schemaschnitt

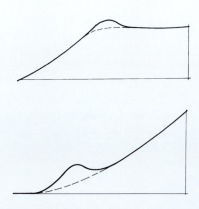

schlecht wasserdurchlässig oder grobkörnig und gut wasserdurchlässig), geplante Vegetation (Rasen oder Pflanzung). **Abgrabungen** können aus erdstatischen Gründen steiler als **Aufschüttungen** sein. Wie bereits erwähnt, liegt die Grenze des Neigungswinkels durchschnittlich bei 1 : 1,5. Hinzu kommt die Ausrundung oben und unten, da Erde nicht kantig auszubilden ist. Das Profil sieht außerdem elegant aus. Je flacher eine Böschung ist, um so leichter ist die Herstellung, Bearbeitung und Pflege.

Viel zu wenig wird bei Böschungen noch das Mittel der leichten Überhöhung an der Böschungskrone genutzt, um die obere Ebene räumlich besser zu fassen. Gleichzeitig wird ein Abfließen von Niederschlagswasser von der Ebene über die Böschung verhindert. Die räumliche Wirkung dieser Gegenbewegung auf die Ebene ist außerordentlich positiv. Das gleiche läßt sich im Prinzip am Böschungsfuß herstellen, wenn beispielsweise dort die Grundstücksgrenze verläuft. Die Neigungsfläche bekommt einen optischen Halt. Die Fläche »läuft

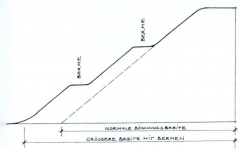

Oben: Bermen in Böschungen sind ein einfaches aber sehr wirksames Gliederungselement zur Hangstrukturierung. Es kostet selten mehr, weil das Gelände ohnehin bearbeitet wird. Bei diesem Beispiel entspricht die Berme dem Rhythmus der Treppen und zugeordneten Pflanzungen.

Links: Böschung mit Bermen. Schemaschnitt

nicht weg«. Solche kleinen Dinge kosten praktisch nichts, man muß sie nur anwenden. Technische Hinweise zur Böschungsherstellung enthält die DIN 18300.

Bermen einbauen

Böschungen mit langer Neigung zwischen Krone und Fuß lassen sich durch Bermen (dazwischen angeordnete waagrechte Unterbrechungen) ausbilden. Das ermöglicht eine bessere Begehbarkeit schräger Geländeflächen. Hier könnten bevorzugt Pflegewege liegen, damit die seitlich angrenzenden Vegetationsflächen leichter erreichbar sind. Auch wird das schnelle Abfließen von Niederschlagswasser gebremst. Um Bermen anlegen zu können, wird allerdings insgesamt mehr Böschungsfläche benötigt, die von der oberen oder

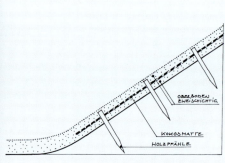

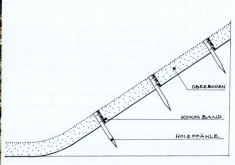

Oben links: Unter den Geotextilien hat sich Kokosfasergewebe zur flächigen Hangbefestigung gut bewährt.

Oben rechts: Geotextil als Erosionsschutz bei Steilböschungen. Die Kokosmatte ist in die Oberbodenschicht eingelegt. Sie kann aber auch obenauf liegen. Regelschnitt

Unten links: Kokosgewebebänder werden zur Aufteilung von Geländeflächen in kleinen Einheiten verwendet, um großflächige Wassererosionen zu verhindern.

Unten rechts: Geotextil als Erosionsschutz bei Steilböschungen.
Das Kokosband wird jeweils diagonal zum Böschungsverlauf an Holzpflöcken befestigt. Regelschnitt

unteren, an die Böschung anschließende Ebene, wegfällt. Bermen sind nicht nur Notlösungen. Sie können auch phantasievoll angewendet reizvolle Gestaltungslösungen ergeben. So lassen sich serpentinenartige Steigungen verbinden und Treppen zuordnen.

Böschungsverbau

Für Straßen- und Wasserbau in der freien Landschaft wurden zum Schutz steiler Flächen gegen Erosion viele Verfahren mit toten und lebenden Baustoffen entwickelt.

Es gibt zwei Anwendungsprinzipien:
– **Geländestabilisierung mit totem Material**: In der Übergangszeit, bis die Vegetation mit entsprechender Durchwurzelung es ersetzt, sorgt dieser Einbau für Stabilität.
– **Lebendverbau:** Hier kommt Gehölzmaterial zum Einsatz, das zuerst mechanisch wirksam ist und danach durch Bewurzelung und Austrieb sowie zunehmendem Wachstum Geländestabilität erzeugt.

Ziel ist bei beiden Prinzipien stets ein vollständiger Hangbewuchs zur dauerhaften Geländefestlegung.

Diese Verfahren sind zum Teil auch im Garten anwendbar, wenn Böschungen zwangsläufig zu steil werden und die Bodenverhältnisse Erosionen durch Niederschläge erwarten lassen. Lebendverbau erfolgt meist mit Gehölzen der freien Landschaft (z.B. Weiden). Die sehr umfangreiche

DIN 18918, Ingenieurbiologische Sicherungsbauweisen, liefert dazu viele Hinweise zur Begriffsbestimmung, Einschätzung und Bewertung der Standortverhältnisse sowie Anforderungen an das zu verwendende Material. Da die aus der Landschaft verwendeten Gehölze im Garten meistens zu groß werden und zudem zu dichten unzugänglichen Beständen zusammenwachsen, beschränkt sich die Anwendbarkeit im Garten deshalb in der Regel auf Bauweisen des ersten Prinzips. Hier wiederum auf kaum sichtbare Verfahren, die nach der Oberbodenandeckung und der allmählichen Verrottung des Materials, eine Bodenbearbeitung zulassen.

Unter dem Begriff **Geotextilien** werden auch Kokosfasergewebe angeboten, die sich als vorteilhaftes Material erwiesen haben. Es ist ökologisch unbedenklich, hat eine rauhe Oberfläche und wird erst nach einigen Jahren brüchig, wenn die Vegetation die Hangsicherung übernommen hat.

Das Gewebe gibt es als **Matten**, die auf der planierten Fläche ausgebreitet, durch Holzpflöcke befestigt und mit Oberboden dünn überdeckt werden. Bei Oberbodenüberdeckung bleibt das Gewebe unsichtbar, aber die Erosionsgefahr an der Geländeoberfläche ist nicht ganz gebannt, bis der Bewuchs stabilisierend wirkt. Ein Verlegen auf der Oberbodenschicht verhindert zwar jegliche Erosion durch Niederschläge, aber um den Preis der sichtbaren Matte, solange die Pflanzendecke nicht existiert. Eine Ansaat ist einfach, lediglich bei Pflanzungen müssen die Pflanzlöcher aufgeschnitten werden.

Auch eine andere Bauweise, das **Böschungsband**, hat sich als praktisch erwiesen. Die Kokosgewebebänder sind 15 oder 20 cm breit und werden auf der rohplanierten Fläche als diagonale Streifen oder schachbrettartig ausgelegt, an Holzpflöcken befestigt, so daß kleine Flächenabschnitte entstehen, die mit Oberboden verfüllt werden (wie es aus dem altbekannten Faschinenbau bekannt ist). Die ganze Konstruktion schließt flächenbündig mit der angefüllten Oberbodenschicht ab, so daß an der Oberfläche fast nichts sichtbar ist. Die Bepflanzbarkeit ist hier wesentlich leichter als bei der Matte, die mehr für die Ansaat geeignet ist. Die hohe Flexibilität des Materials und die einfache Bauweise eignen sich sehr gut für wechselnde Hangneigungen und sauber herzustellende Anschlüsse an Mauern und Wegen, wie es besonders für kleine Anlagen wichtig ist. **Kunststoffwaben-Elemente** und andere starre Systeme sind, abgesehen vom nicht biologisch abbaubaren Material, für solche Verhältnisse weniger gut geeignet. Ähnliches gilt für die traditionelle Bauweise, waagrechte Bretter an Holzpfosten hintereinander gestuft, in den Hang zu setzen.

Steinschichtungen

Steinschichtungen sind eine konstruktive Lösung, die zwischen normaler Böschung und Stützmauer angesiedelt ist. Hanglagen durch hintereinander gestufte Steinreihen zu stabilisieren ist eine alte Methode. Es ergibt sich durch diese Stufung eine Hangsicherung *und* eine bessere Begehbarkeit der Hangflächen. Phantasievoll weiterentwickelt entsteht daraus das, was wir unter dem Begriff *Steingarten* kennen. Eine Gartenform, die sich auch heute noch großer Beliebtheit erfreut. Leider sieht man nur wenige gute Beispiele. Steine in einer Böschung zu verteilen reicht hier nicht aus. Vielmehr sollen möglichst lange durchgehende Steinreihen zusammengesetzt werden, die sich entsprechend der Hangneigung eng oder weit hintereinander den Berg hinaufstaffeln.

Die Bearbeitung der Natursteine kann grob sein, wenn wir immer nur eine Reihe bilden, ohne Steine direkt aufeinanderzusetzen. Runde Findlingssteine sind nicht geeignet, weil damit keine stützende Kante entsteht. Zwischen den Kanten können auch flache Böschungen verbleiben. Phantasievolle Kombinationen zwischen den ver-

Böschungen

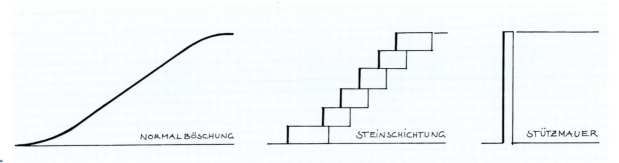

NORMALBÖSCHUNG   STEINSCHICHTUNG   STÜTZMAUER

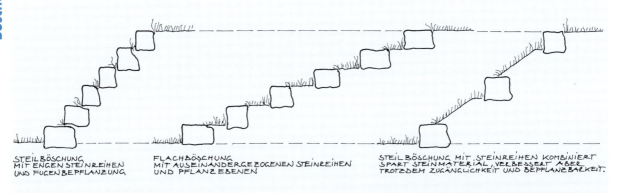

STEILBÖSCHUNG MIT ENGEN STEINREIHEN UND FUGENBEPFLANZUNG

FLACHBÖSCHUNG MIT AUSEINANDERGEZOGENEN STEINREIHEN UND PFLANZEBENEN

STEILBÖSCHUNG MIT STEINREIHEN KOMBINIERT SPART STEINMATERIAL, VERBESSERT ABER TROTZDEM ZUGÄNGLICHKEIT UND BEPFLANZBARKEIT.

Ganz oben: Steinschichtungen sind eine hangabstützende Lösung, die konstruktiv zwischen einer normalen Böschung und einer Stützmauer angesiedelt ist. Schemaschnitt

Oben: Drei Prinzipien von Steinschichtungen am Hang.

Rechts: Weit gestaffelte Steinschichtungen. Hier durchziehen weit auseinanderliegende Steinreihen aus werksteinmäßig bearbeiteten Natursteinen den Hang. Die Flächen dazwischen können bepflanzt werden und sind außerdem über die breiten Steinkanten zur Pflege leicht zugänglich.

Rechts: Böschungssteine aus Beton wirken trotz der braunen Einfärbung sehr auffällig und unruhig. Sie ordnen sich nur selten gut in die Umgebung ein. Außerdem erlauben die einzelnen »Töpfe« kein flächiges Zusammenwachsen.

Unten: Enggestaffelte Steinschichtungen. Durchlaufende Reihen grob bearbeiteter Natursteine kennzeichnen diese landschaftliche Böschungssicherung. Die Vegetation wird durch natürliche Sukzession erwartet. Entscheidend für das ruhige Gesamtbild ist die einheitliche Staffelung der Reihen trotz unregelmäßiger Einzelsteine.

schiedenen Möglichkeiten bieten sich zusätzlich an. Tiefreichende Fundamentierungen sind bei den niedrigen Kanten in der Regel nicht erforderlich, da geringe Steinverschiebungen im Laufe der Jahre durch die Vegetation kaum sichtbar werden. In bindigen Böden genügt eine 20 – 30 cm dicke Schotterschicht als Steinauflage und Dränage.

Neben dieser traditionellen Natursteinverwendung hat auch hier der Baustoff **Beton** Einzug gehalten. Der Baustoffhandel bietet einfache und komplizierte Formen

Unten: Beispiel für Böschungssteine in eckigen Steinformen mit relativ geräumigen Pflanzflächen und deshalb günstigen Wachstumsbedingungen. Ansicht

Ganz unten: Beispiel für Böschungssteine mit runden Steinformen mit relativ kleinen Pflanzstellen und deshalb ungünstigen Wachstumsbedingungen. Ansicht

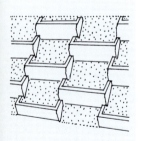

an. Im Prinzip sind es runde oder eckige Töpfe ohne Boden. Die statisch günstige, rundum geschlossene Form der dünnen Seitenwand hilft, Gewicht zu sparen und ermöglicht eine direkte Bepflanzung in das Betonelement. Das sind zwei wesentliche Vorteile gegenüber den Natursteinbrocken. Bräunliche Betoneinfärbungen gleichen das Ganze dem Erdreich an.

Vegetationstechnische Probleme, die, je nach Fabrikat, bei Fertigbauelementen auftreten können:
- Kümmerwuchs der Bepflanzung, wenn sich die Verfügbarkeit von Wasser und Nährstoffen nur auf den »Topf« beschränkt und keine Verbindung zur Erdhinterfüllung gegeben ist.
- Nachsackungen der Erde in den »Töpfen« sind nicht auffüllbar, ohne die Pflanzen nochmals herauszunehmen.
- Eine gleichmäßige Begrünung ist durch ausgetrocknete Erdkammern nicht immer gewährleistet.
- Unabhängig vom Steinmaterial wird oft nicht bedacht, daß Steinschichtungen unter Balkon-, Gebäude- oder Dachvorsprüngen sich wegen fehlender Niederschläge nicht begrünen lassen, es sei denn, durch dauernde künstliche Bewässerung. Bei Naturstein stört das bei enger Schichtung allerdings weniger als bei erdgefüllten Betonsteinen.

Gestalterisch treten sowohl beim Naturstein, aber noch mehr beim Betonformteil, immer wieder Unzulänglichkeiten auf. So wird beim Naturstein nicht bedacht, daß rustikale Brocken, die an präzise, glatte Hauswände stoßen, scheußliche Anschlüsse ergeben. Ebenso ist die Steingröße zu bedenken. Dank technischer Hebewerkzeuge ist es kein Problem, mit Riesensteinen viel zu kleine Gartenböschungen abzustützen, da stimmen dann die Maßstäbe nicht mehr. Zu vermeiden ist auch ein »zappeliges« Versetzen, das heißt zu häufige Wechsel nach oben oder unten. Besser ist es, eine ruhige Linienführung der Steinreihen anzustreben. Bauteile, die auf vielerlei Weise einzubauen sind, bergen leider immer die Gefahr gestalterischer Willkür, Disziplinlosigkeit und mangelnder planerischer Vorausschau in sich. Sie degenerieren zu Lückenbüßern, zum Basteln und Anflicken. Besonders fällt das bei den Betonelementen auf. Die meisten Fabrikate weisen bereits eine runde oder eckig abgerundete Form auf und ergeben damit schon eine manchmal extrem ausgeprägte Plastizität und optische Unruhe, Rillen oder Abkantungen verstärken diesen Effekt. Eine einfache Böschung kann zu einem »Bollwerk« mit Abwehrcharakter werden. Dazu kommen oft abrupte Übergänge zu anderen Bauteilen oder Höhen, die nicht zusammen passen. Das Problem ist in all diesen Fällen mangelnde Planung. Das gilt für Naturstein- und Betonsteinschichtungen gleichermaßen. Es darf nicht sein, daß überall dort, wo eine Stützmauer vergessen wurde, oder sich eine ungeplante Geländehöhendifferenz ergibt, Steinschichtungen willkommenes Reparaturmaterial sind und das Ergebnis dann auch so aussieht.

Es bleibt festzuhalten: Auch Steinschichtungen sollen zur Gesamtstruktur des Hanggartens passen, damit es nicht wie »irgendwie zufällig geworden« aussieht, sondern formal überlegt in die Topografie eingefügt ist und sich bruchlos mit anderen Bauelementen verbindet.

Der Vollständigkeit halber soll in diesem Zusammenhang noch auf eine Bauweise hingewiesen werden, die im Garten weniger als in der Landschaft (Straßen- und Flußuferbau) angewendet wird: Rechtwinklige Drahtkörbe mit Steinen gefüllt, **Gabionen** genannt. Sie bilden, aneinandergereiht und übereinander oder hintereinander gestaffelt, sehr flexible Stützwerke. Die Regelgröße eines Korbes ist 2,00 × 1,00 × 1,00 m. Das Einzelelement ist folglich relativ groß und sperrig. Es ist deshalb nur dort

geeignet, wo größere Längen und Einbautiefen möglich sind. Die stark verzinkten Maschendrahtvorfertigungen werden an der Einbaustelle zu Körben verdrahtet und anschließend mit witterungsbeständigem Grobschotter oder geschichteten größeren Steinen vollständig ausgefüllt. Bepflanzen lassen sich solche Drahtschotterkörbe nicht direkt. Bei Abstaffelung im Hang können durch dünne Erdaufschüttungen schmale Gras- oder Staudenstreifen angesiedelt werden. Auch Klettergehölze, außerhalb der Schichtung gepflanzt, überwachsen das Drahtgeflecht schnell. Fundamente sind nicht erforderlich. Die Körbe werden direkt auf die planierte Sohle gestellt.

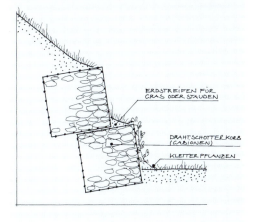

Oben: Gabionen, rechteckige Drahtkörbe mit geschichteten Steinen gefüllt, stammen aus dem Straßenbau. Es lassen sich damit haltbare und ökologisch sinnvolle Mauern bauen, die präzise Kanten und Ecken bilden. Nachteilig für kleine Gärten sind die großen Korbmaße von etwa 200/100/100 cm.

Unten: Gabionen stützen einen Hang. Regelschnitt

Der Umgang mit dem Material

Welches Material wir in unseren Gärten verbauen ist bezeichnend für das, was wir planen und konstruieren wollen. Material gibt es in reicher Auswahl, doch die Kunst liegt im Umgang mit den Baustoffen in der Beschränkung auf das der jeweiligen Situation Angemessene.

Mauern errichten

Stützmauern sind immer dann vorzusehen, wenn Böschungen oder Steinschichtungen zur Überwindung von Höhenunterschieden im Gelände nicht mehr ausreichen. Neben diesen funktionalen Gründen können, je nach Gestaltungskonzept, auch Böschungen und Steinschichtungen von vornherein unerwünscht und ausgeschlossen sein.

Geländestützmauern weisen stets eine erdangefüllte Seite und eine freie Ansichtsfläche auf. Außerdem müssen Maueranfang und Mauerende, wenn kein Gebäudeanschluß gegeben ist, stets wieder in den Hang einbinden. Unerläßlich ist die Ausbildung gegen Erddruck. Durch entsprechende Konstruktion der Mauer und die Herstellung eines Fundamentes kann man den Kräften begegnen.

Die **Brüstungsmauer** hat am Hang ursprünglich die Aufgabe der Absturzsicherung auf einer Stützmauer. Neben dieser Funktion wird zugleich eine räumliche Fassung erreicht. Diese Eigenschaft läßt sich auch losgelöst von der Stützmauer nutzen. So lassen sich Böschungsoberkanten mit Brüstungsmauern klar bestimmen oder Änderungen von Wegerichtungen deutlich markieren. Brüstungsmauern wirken durch voll sichtbare Seitenflächen mit erhabener Oberfläche stets körperhaft im Vergleich zur in den Hang eingearbeiteten Fläche einer Stützmauer. Damit verfügen wir über ein wichtiges Gestaltungsmittel zur räumlich-plastischen Gliederung im Hanggarten.

Beide Mauertypen sind durch die harten Kanten formal sehr bestimmend für das Erscheinungsbild des Hanggartens. Ihre Linienführung, Geländeeinfügung und Materialbestimmung ist deshalb eine wichtige Gestaltungsaufgabe, die auch stets im Zusammenhang mit der Anlage von Treppen und Wegen durchzubilden und zu entwickeln ist. Das Besondere an Gartenmauern ist, daß Planung und Bau immer in enger Verbindung mit der Pflanzenverwendung gesehen werden müssen. Das hat auf die Ausbildung der Mauerflächen, des Mauerfußes und der Maueroberkanten nicht zu unterschätzenden Einfluß. Beim Entwurf eines solchen Bauwerkes im Hanggarten muß bereits geklärt sein, ob es bewachsen oder davon frei bleiben soll. Beides kann je nach gestalterischer Absicht richtig sein, und dem jeweiligen Umfeld entsprechen.

Für **Stützmauern an Grundstücksgrenzen** sind, wie bei Einfriedungen oder Pflanzungen, ebenfalls Abstände gemäß den Nachbarrechtsgesetzen in den einzelnen Bundesländern zu beachten. In Baden-Württemberg können beispielsweise Mauern auf Grundstücken in Ortslage und im Außenbereich bis 1,50 m Höhe ohne Grenzabstand errichtet werden. Nur gegenüber landwirtschaftlich genutzten Grundstücken sind 50 cm Grenzabstand vorgeschrieben. Darüber hinausreichende Höhen müssen jedoch um das Maß der Mehrhöhe von der

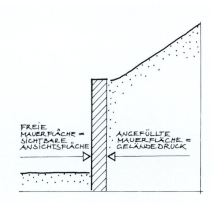

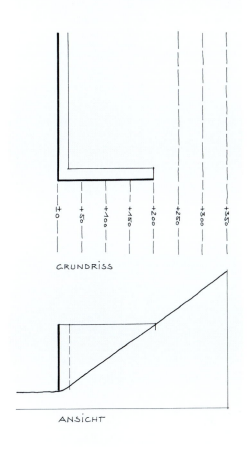

Ganz links: Das Prinzip einer Stützmauer. Schemaschnitt

Links: Das Prinzip der Hangeinbindung von Stützmauerenden. Die Einbindewinkel können je nach Gestaltungskonzept auch stumpf, spitzwinklig oder gerundet sein.

Grenze abgerückt werden. In der Praxis wird allerdings meist ein Grenzabstand dort einzuhalten sein, wo die Stützmauer durch Anfüllung mit ihrer Ansichtsfläche zum Nachbarn zeigt, um Arbeitsraum für das Errichten der Mauer auf eigenem Grundstück zu gewährleisten. Dieser Arbeitsraum entfällt, wenn die Stützmauer gegen eine Abgrabung des Nachbargeländes an der Grenze errichtet wird.

Niedrige Stützmauern

Schon aus ökonomischen Gründen sind möglichst niedrige Mauern anzustreben. Je nach Hangneigung kann eine niedrige Stützmauer am Böschungsfuß ausreichen oder mehrere niedrige, hintereinander angeordnete Mauern anstelle einer einzigen hohen richtig sein. Als niedrig gelten Bauhöhen bis etwa 1,50 m.

Die Böschung wird mit einer Fußmauer weniger steil und der Fuß erhält eine Stütze. Gleichzeitig läßt sich der damit angehobene Böschungsauslauf besser pflegen, wenn ein Weg vor der Mauer vorbei führt. Die Oberkanten können sowohl waagrecht, in der Länge abgestuft als auch mit dem Gelände steigend ausgebildet werden. Wichtig ist nur, den jeweils ausgewählten Mauerverlauf beizubehalten, um keine unruhige und »zappelige« Wirkung zu erzeugen.

In den Hang hintereinander gestaffelte niedrige Mauern reduzieren ebenfalls das Böschungsgefälle und ergeben außerdem eine wirkungsvolle Flächengliederung bei gleichzeitiger Vermeidung hoher Geländesprünge. Eine Zuordnung schmaler Pfade jeweils vor den Mauern erschließt das Gelände zusätzlich auf einfache Weise für die Pflege. In Kombination mit hohen Stützmauern und frei verlaufenden Böschungen lassen sich mit dieser Bauweise bei großräumigen Verhältnissen sehr abwechslungsreiche Geländeterrassen schaffen.

Hohe Stützmauern

Während niedrige Stützmauern nach gärtnerischen Bauweisen (keine tiefreichenden Fundamente, trockenes Versetzen der Stei-

Mauern errichten

Oben links: Eine Brüstung auf der Stützmauer schafft sowohl Absturzsicherung als auch räumliche Fassung. Schemaschnitt

Oben rechts: Eine Brüstung auf der Böschungskrone markiert deutlich die Geländezäsur von der Ebene zur Neigung.

Mitte links: Kein Grenzabstand bei Stützmauern zur Nachbargrenze bis 1,50 m Höhe erforderlich (ausgenommen angrenzende landwirtschaftliche Nutzung). Schemaschnitt

Mitte: Praktisch ist jedoch ein Grenzabstand als Arbeitsraum zur Mauerherstellung und späteren Kontrolle. Die Mauer kann dann um das abgerückte Maß auch höher werden. Schemaschnitt

Mitte rechts: Bei Stützmauern im abgegrabenen Gelände bis 1,50 m ist ebenfalls kein Grenzabstand erforderlich. Auf den Arbeitsraum kann verzichtet werden. Schemaschnitt

Unten links: Bauprinzip Fußmauer. Der Böschungsfuß wird besser »aufgefangen« und weniger steil. Schemaschnitt

Unten rechts: Bauprinzip gestaffelter, niedriger Stützmauern zur Vermeidung hoher Stützmauern. Eine Erschließung mit zusätzlichen Pfaden erleichtert die Pflege. Schemaschnitt

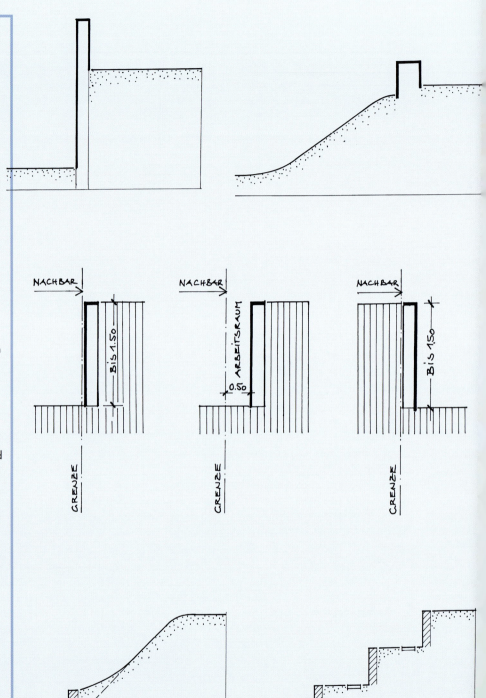

Oben: Terrassenartig in den Hang gestaffelte niedrige Mauern, hier als Natursteintrockenmauer, die sehr flexibel an den Enden auslaufen können. Die Mauerkanten bilden gleichzeitig ordnende Linien im Pflanzengewirr.

Unten: Bei diesem Beispiel der Rasenterrassen, aus L-Betonsteinen gebaut, wird die Präzision der strukturbildenden Linien noch deutlicher. Der regelmäßige Rasenschnitt erhält diese Charakteristik über die Jahre, da stören auch die etwas fleckig gewordenen Betonflächen nicht.

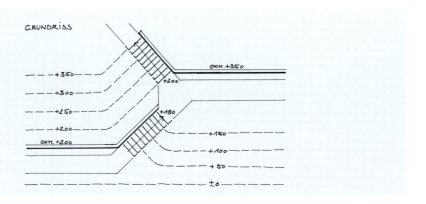

Rechts: Beispiel für hohe, wechselseitig angeordnete Stützmauern als Gelenke für Richtungsänderungen von Treppen. Schemaschnitt

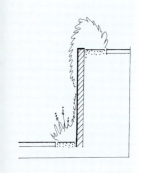

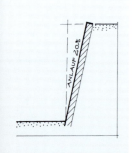

Links oben: Pflanzstreifen vor und auf hoher Stützmauer ermöglicht das Bewachsen der Mauerfläche. Schemaschnitt

Links unten: Bauprinzip einer Stützmauer mit Anlauf. Beispiel für 20 % Neigung gegen den Hang. Schemaschnitt

Rechts: Wird eine Begrünung hoher Mauern angestrebt, ist es wichtig, die Planung so vorzusehen, daß möglichst von oben herunter und unten herauf etwas wachsen kann.

Ganz rechts: Bei diesem Beispiel sind es zwei hohe Mauern, die begrünt sind: Die untere mit dem wilden Wein, darauf vor der zurückgesetzten zweiten Mauer eine Hecke und ganz oben nochmals eine den Garten begrenzende Hecke.

ne) herzustellen sind, gelten für hohe Stützmauern ab etwa 1,50 m andere bautechnische Gesetze. Bei niedrigen Mauern sind spätere Mauerbewegungen durch kleinere Geländeverschiebungen oder Setzungen entweder leichter korrigierbar oder zu vernachlässigen. Hohe Mauern müssen sicherer stehen. Frei im Gelände errichtet, darf aber auch hier die Standsicherheit nicht überschätzt werden. Gerade bei Ortbetonmauern ist da oft ein übertriebener Aufwand festzustellen. Natürlich darf eine Stützmauer nicht umfallen. Sie erfüllt jedoch nur selten den Zweck einer Gebäudewand, die absolut unverändert und zentimetergenau für alle Zeit stehen muß, um das Haus rissefrei zu tragen.

Der Kontakt mit Vegetation verändert eine Stützmauer im Laufe der Jahre vollständig. Kleine Verschiebungen oder minimale Risse fallen nicht mehr auf. Lediglich Anschlüsse an Gebäude, Zusammenhänge mit Wasseranlagen, Auflager für Stege, Treppen und andere Bauteile müssen unbedingt veränderungsfrei hergestellt werden. Höhenveränderungen, Abplatzungen oder Risse in Anschlußfugen durch Setzungen sind dann nicht nur Schönheitsfehler, son-

dern gefährden die damit verbundenen Bauteile.

Die Anwendungsbereiche hoher Stützmauern beschränken sich in der Regel auf Geschoßsprünge an Gebäuden und auf Erschließungen steiler Hänge. Hier sind Treppenanlagen oft nur durch häufigen Richtungswechsel zu bewerkstelligen, in deren Folge hohe Mauern in den hangseitigen Gelenkstellen erforderlich werden.

In der Regel wird eine Begrünung hoher Mauern angestrebt. Die traditionelle Natursteintrockenmauer erhielt eine Fugenbepflanzung. Bei Natursteinverkleidungen oder reinen Betonmauern geht das nicht mehr. Deshalb ist es wichtig, wenn die Mauer bewachsen soll, möglichst *vor* und *auf* der Mauer jeweils Pflanzstreifen vorzusehen. Im Vergleich zu Hausfassaden mit Rolladenkästen, Regenrinnen und anderem ist das hier völlig unproblematisch, zumal Betonoberflächen mit der Zeit nicht schöner werden.

Von der Natursteintrockenmauer kennen wir noch den »Anlauf«, auch »Dossierung« genannt, das heißt die schräge Anlehnung der Mauer gegen den Berg. Sie hatte vor allem statische Gründe. Aber auch optisch wirkt diese Neigung gegen den Hang günstig. Die Mauer erscheint weniger hoch und einengend, wenn man an ihr entlang geht. Es entsteht eine Raumaufweitung. Auch fallen Veränderungen der Senkrechten durch spätere eventuelle Geländebewegungen nicht so gravierend ins Auge. Dieser Effekt läßt sich genauso bei Ortbetonmauern anwenden.

Brüstungsmauern

Hohe Stützmauern können einen geländebündigen oberen Abschluß oder eine Überhöhung als Brüstung erhalten. Geländebündige Abschlüsse werden meist bei anschließenden Vegetationsflächen ausgeführt. **Brüstungen** kommen als Sicherheitselemente an Plätzen und Wegen in Betracht, wenn nicht ein Geländer die Funktion übernimmt. Da die baurechtlich geforderte Gesamthöhe von mindestens 90 cm eine sehr hohe Mauerbrüstung ergibt, wird gelegentlich eine Teilung in Mauerhöhe und Geländer vorgesehen. Abhängig ist das Ganze aber auch von der Absturzhöhe. Bis 1,00 m Absturzhöhe ist in der Regel keine Abschrankung erforderlich (aus: Landesbauordnung Baden-Württemberg). In solchen Fällen kann die Brüstung als selbständiges, raumbildendes Element in Breite und Höhe frei bestimmt werden. Sie ist dann gleichwohl als Sitzmauer bei entsprechender Breite nutzbar.

Während die reinen Stützbauwerke, wie bereits erwähnt, stets in die Hangfläche eingearbeitet sind, verfügen wir mit der Brüstungsmauer über ein freistehendes Mauerbauteil, das markante Hangsituationen, wie Aussichten, Ruhepunkte oder Änderungen der Wegerichtung akzentuieren kann. Im Gegensatz zur genau berechneten Stützmauer, deren Form, Höhe und Länge aus dem Hanggefälle resultiert, läßt sich die Brüstungsmauer relativ frei formen und bildet somit ein wichtiges strukturbildendes, aus dem Hang herausragendes Bauteil.

Mauern errichten

Oben links: Mauerbrüstung mit voller Schutzhöhe von mindestens 90 cm. Schemaschnitt

Oben Mitte: Eine Brüstung aufgeteilt in Mauer und Geländer muß insgesamt 90 cm hoch sein. Schemaschnitt

Oben rechts: Bei Absturzhöhen unter 100 cm oder auf Böschungskronen kann die Brüstung frei proportioniert werden. Günstige Sitzhöhe und Sitzbreite sind die Regel. Schemaschnitt

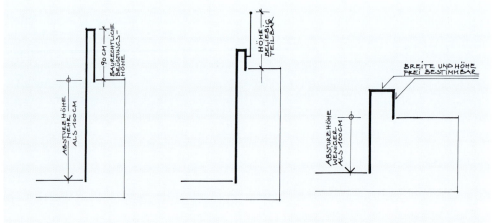

Immer stellt dieses Element eine Gegenbewegung zur Hangneigung dar. Es faßt die abfallende Hangkante gegen die Ebene und schafft damit einen hohen ästhetisch-räumlichen »Nutzen«.

Sind solche Mauern zu teuer, braucht man trotzdem nicht auf diese Wirkung zu verzichten: niedrige Schnitthecken erfüllen ebenfalls diese Funktion, nur das Sitzen geht nicht. Ein weiterer Ansatz ist die leichte Geländeüberhöhung durch Erdmaterial (siehe Abschnitt Böschungen, Seite 58, 59), allerdings um den Preis einer größeren Grundfläche.

Mauerfundamente

Jede Mauer muß durch ein Gründungsbauwerk (Fundament) im Boden verankert werden. Es muß die Lasten in den Untergrund ableiten und die Mauer vor Schäden bewahren. Je nach Baugrund und Mauer ist das richtige Fundament auszuwählen, davon hängt in hohem Maße die **Standsicherheit** ab. Steht gewachsener Boden oder gar Fels an, sind für das Fundament keine Verformungsprobleme zu erwarten. Nicht sicher ist das bei aufgeschüttetem Boden. Hier entscheidet die Verdichtungsqualität, wobei nicht die Setzung an sich, sondern vielmehr *unterschiedliche* Setzungen zu Schäden führen können.

Größere **Gefahren** drohen bei bindigen Böden, weil Porenwasser aus dem Korngefüge durch die Lasten verdrängt wird. Nichtbindige Böden mit geringerer Wasserspeicherkapazität werden bereits durch den Aufbau der Last endgültig zusammenge-

> Links: Die niedrige Brüstungsmauer bildet das Gelenk der Wegbiegung. Der Einzelbaum verstärkt die Wirkung der Zeichensetzung. Wegebelag aus Naturstein und Natursteinmauerwerk harmonieren dazu hervorragend miteinander.
>
> Unten: Im Vergleich zum vorigen Beispiel wird deutlich, daß die harmonische Wirkung mit dem Material Beton genauso erzielbar ist. Die bastionsartige Brüstungsmauer fängt den Rasenhang wirkungsvoll auf.

> Eine gesonderte Fundamentierung ist bei Natursteintrockenmauern nicht erforderlich.
> Regelschnitt

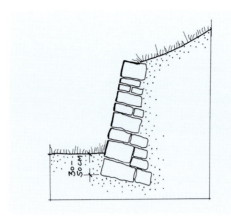

drückt. Im ungünstigsten Falle, beispielsweise beim wassergesättigten, bindigen Boden, können im aufgeschütteten Bereich, nachdem die Mauer errichtet wurde, Geländebrüche auftreten. Das heißt: Der Baugrund sackt hangabwärts und wölbt sich unterhalb auf – das Bauwerk versinkt. Die Fundamentierung muß demnach Risiken der Gründung möglichst ausschließen. Die meisten im Garten- und Landschaftsbau zu errichtenden Mauern kommen mit einer Flächengründung aus. Damit werden die Lasten in der Regel ausreichend verteilt, auf die Baugrundsohle abgeleitet. Für spezielle Verhältnisse und sehr hohe Mauern sind besondere Baugrund- beziehungsweise Tragwerksberechnungen erforderlich.

Jede Fundamentierung ist von der Beschaffenheit der künftigen Mauer abhängig. **Trockenmauern aus Naturstein** brauchen kein Fundament im üblichen Sinne. Die Mauer beginnt einfach 30 – 50 cm unter dem künftigen Gelände. Die nichtstarre Bauweise nimmt Bodenbewegungen im begrenzten Maße elastisch auf. Verformungen führen nicht zu Instabilität oder gar Einsturz.

Für **Betonfertigteile**, die mit offenen Stoßfugen (z.B. L-Steine) aneinandergesetzt einreihig eine niedrige Mauer ergeben, genügt ein etwa 30 cm dickes Schotterbett in bindigen Böden und darüber ein 40 – 60 cm dickes Streifenfundament je nach Mauerhöhe aus unbewehrtem Beton B 15. Im sandigen oder kiesigen Gelände kann das Schotterbett entfallen. Da die Mauerkanten nicht fest miteinander verbunden sind, sind hier ebenfalls kleine Setzungen oder Auffrierungen für die Standsicherheit unbedenklich. Gleiches gilt für senkrecht aus dem Gelände ragende Natursteinstelen, die als Mauer aneinandergesetzt sind und in einem sogenannten Köcherfundament stecken.

Mit **Mörtel aufgemauerte** oder aus **Ortbeton** hergestellte Stützmauern sind, unabhängig von ihrer Höhe, immer frostfrei zu gründen. Ihre starre Bauweise erfordert ein ebenso starres und bewegungsfreies Betonfundament. Je höher – und damit schwerer – die Mauer ist, umso weitflächiger wirkt die Lastabtragung in den Baugrund. Breite, in den Hang reichende Fundamente mit Tiefen von mindestens 80 cm unter dem künftigen Gelände sind notwendig. Bei bindigen Böden ist noch eine zusätzliche Frostschutzschicht von mindestens 30 cm aus Sand, Kies oder Schotter unter dem Fundament erforderlich. In ungünstigen Kältegebieten kann auch eine Frosttiefe von bis zu 1,50 m notwendig sein. Wichtig ist bei starren Fundamenten, daß kein Fundamentvorsprung gebaut wird, um die Pflanzmöglichkeiten vor der Mauer nicht einzuschränken. Leider verzichten die Tragwerksplaner nicht gerne auf diese Kippsicherheit. Eine tiefere Einbindung des Fundamentes in den Hang sorgt aber für die gleiche Sicherheit. Wenn es gar nicht anders geht, muß der Fundamentvorsprung wenigstens tief genug liegen.

Baustoffe und Bauverfahren für Stützmauern

Naturstein, Beton, Ziegel und Holz – letzteres allerdings von beschränkter Haltbarkeit – sind die gängigen Materialien für Stützbauten. Da Stützmauern stets eine sichtbare freie und eine erdangefüllte verdeckte Seite aufweisen, werden sie auch verschieden ausgeführt. Hinzu kommt die jeweilige

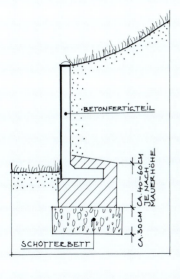
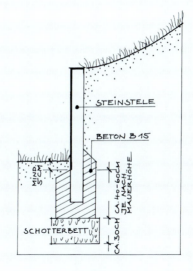
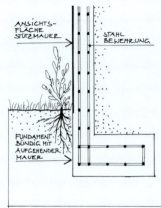
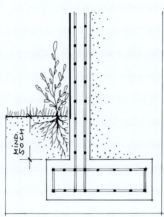

Oben links: Fundament für Betonfertigteile, wie z.B. L-Stein. Regelschnitt

Oben rechts: Fundament für senkrecht gestellte Natursteinoder Betonstelen. Regelschnitt

Unten links: Beste Lösung bei starrer Bauweise: Kein Fundamentvorsprung, um Pflanzmöglichkeit vor der Stützmauer zu erhalten. Regelschnitt

Unten rechts: Wenn ein Fundamentvorsprung allerdings statisch unumgänglich ist, sollte er tief genug liegen, um Pflanzung direkt an der Mauer zu ermöglichen. Regelschnitt

konstruktive Behandlung des Materials, seine Eigengesetzlichkeiten der Verarbeitung, Variabilität der Oberflächengestaltung und das Zusammenfügen der Teile. Als oberste Prämisse gilt jedoch immer der Aspekt der Haltbarkeit und gestalterischen Interpretation. Ersteres ist berechenbar und leicht nachvollziehbar, der zweite Gesichtspunkt dagegen immer eine individuelle Aufgabe innerhalb des Gesamtkonzeptes.

Trockenmauern aus Naturstein

Naturstein ist das älteste Material für dauerhafte Stützmauern. Die Palette reicht vom unbearbeiteten Findling, über den bruchrauhen Stein zum rustikal bearbeiteten Bossenstein bis hin zur fein bearbeiteten

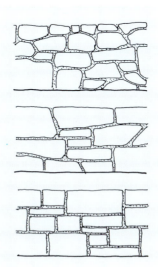

Ansichtsflächen verschiedener Trockenmauerarten

Oben: unbearbeitete Feldsteine

Mitte: bruchrauhe, kaum bearbeitete Steine

Unten: rechtwinklig präzis bearbeitete Steine

Oben, die klassische Natursteintrockenmauer: Funktionsgerechter Mauerverband mit engen Fugen aus rechtwinklig behauenen Steinen (Sandstein), Anlauf, großer Abschlußstein an der Ecke und bewachsener Mauerfläche.

Links: Eine etwas »rauhere« Trockenmauervariante aus nur wenig bearbeitetem Naturstein (Kalkstein) mit ungleichmäßigen Fugen aber gleichen Steinhöhen. Diese Mauerart gerät oft in Gefahr, zur »wahllosen Steinaufschichtung« zu mutieren, wenn es schnell und billig sein soll. Bei diesem Beispiel überzeugt aber die lange Geradlinigkeit ohne unnötige Höhenabsätze.

Oberfläche mit exaktem Fugenschnitt. Natursteine aus allen Gegenden werden weltweit gehandelt. Die früher postulierte Regionalität der Natursteinverwendung – und damit landschaftstypischen Verwendung – ist passé.

In Zeiten reiner Handarbeit entschied die Bearbeitbarkeit der Steine über die Gestaltung der Oberflächen und Fugenbilder. Sandstein ließ sich beispielsweise feiner bearbeiten als Granit. Plattiges Material ergab langgestrecktere Fugenbilder als nahezu quadratische Steine. Die betonlose Vergangenheit zwang die Mauerbauer intuitiv, statische Verfahren auszuloten und die Steine haltbar aufzuschichten. Das Fugenbild war Abbild der Konstruktion. Die handwerklichen Fähigkeiten, eine Mauer in der Trockenbauweise perfekt zu errichten, sind inzwischen im Garten- und Landschaftsbau nicht mehr weit verbreitet. Und angesichts der hohen Lohnkosten kann die alte Qualität kaum wiederbelebt werden, von Ausnahmen für Liebhabergärten oder Gartenschauen abgesehen.

In den Weinanbaugebieten Südwestdeutschlands entstanden mit den Trockenmauern prägende Landschaftsbilder. Heute stehen solche Kulturleistungen – meist nur noch in Restbeständen vorhanden – unter Denkmalsschutz. Da Gärtner früher auch das billigste Material verarbeiten mußten, entstand sogar eine Stuttgarter »Spezialität«: das **Hügelmauerwerk**. Unbearbeitete, längere Travertinstücke (Abfälle aus den Steinbrüchen der Umgebung) wurden hintereinander in die Höhe gesteckt. In alten Gärten Stuttgarts, die um die Jahrhundertwende angelegt wurden, haben sich solche Mauern bis heute erhalten.

Trockenmauern aus Naturstein zählen zu den schönsten Mauern. Ihre ausgesprochen »gärtnerische« Bauweise erleichtert die Begrünung, ermöglicht eine direkte Bepflanzung und bietet auch in ökologischer Hinsicht Vorteile. Deshalb soll im folgenden auf die Prinzipien ihrer Herstellung eingegangen werden.

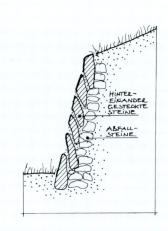

Oben: Hügelmauerwerk aus unbearbeiteten Steinen. Regelschnitt

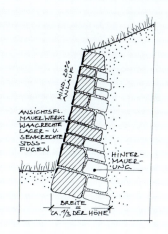

Unten : Bauprinzip einer Trockenmauer aus rechtwinkligem Wechselschichten-Mauerwerk. Regelschnitt

Grundsätzlich eignen sich alle Steinarten, die witterungsbeständig sind, sich lagerhaft schichten lassen und Stücke ergeben, die so groß sind, daß sie tief genug das Mauerwerk in den anstehenden Boden einbinden. Entscheidend für die Auswahl ist das gewünschte Aussehen der Maueransichtsflächen und der Grad der Bearbeitbarkeit. **Bruchsteinmauern** werden kaum bearbeitet. Wie beim Findlingsmauerwerk muß man dem Stein »ansehen«, an welcher Stelle er ins Mauergefüge paßt. Die klassische Mauerkunst umfaßt jedoch das **Schichtenmauerwerk**, vor allem das mit wechselnden Schichthöhen. Es hat exakt zugearbeitete senkrechte und waagrechte Fugen und flach

Oben: Hinterbetonierte Natursteinmauern zeichnen sich durch Exaktheit in Linienführung und Mauerfläche aus. Die schmalen Einzelsteine sind als Werksteine vorgefertigt und erhalten mörtelgefüllte Fugen. Das Ganze benötigt stabilisierenden Hinterbeton.

Rechts: Bauprinzip einer hinterbetonierten Natursteinmauer. Regelschnitt

gebosste Ansichtsflächen. Auf dem Killesberg-Park in Stuttgart, 1939 entstanden, wurde dieses Mauerwerk mit unter Denkmalschutz gestellt. Eine lagerhafte Hintermauerung ist neben der Fugenausbildung für die Stabilität mitentscheidend. Sie muß etwa 1/3 der Mauerhöhe betragen. Das sind bei einer Mauerhöhe von 1,20 m immerhin schon 40 cm Gesamtbreite. Da braucht man viel Material. Im Endzustand ist die Natursteintrockenmauer breiter als jede andere Stützmauer. Alle Hohlräume müssen dicht mit Erde verfüllt werden. Sämtliche Einzelsteine müssen möglichst engfugig versetzt und fest verkeilt sein. Eine Bepflanzung der Fugen sollte im Zuge des Maueraufbaus erfolgen, damit sichergestellt ist, daß die Pflanzenwurzeln mit der Erdhinterfüllung in Kontakt

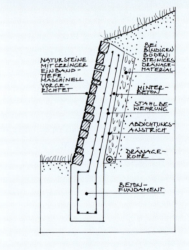

kommen. Die oberen Abschlüsse und Eckausbildungen werden von besonders dicken und langen Steinen gebildet.

Hinterbetonierte Natursteinmauern

Die hohen Lieferkosten des massiven Natursteinmaterials und die stark gestiege-

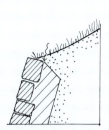 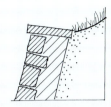 

nen Lohnkosten führten zwangsläufig zum industriellen Zuschnitt der Mauersteine im Steinbruch und weg vom »hammerrechten« Zurichten am Verwendungsort. Damit verbunden strebten die Steinbruchbetriebe eine äußerste Ausnutzung des Steinmaterials an. Das Ergebnis waren Mauersteine mit geringer Einbandtiefe (10 – 15 cm) mit perfekt gesägten Lager- und Stoßfugen. Das lohnintensive Zurichten der Steine an der Baustelle reduzierte sich erheblich. Die geringe Einbandtiefe erforderte jedoch eine Verbreiterung der Mauer durch eine stützende Betonmauer dahinter, sowie ein exaktes Aufmauern der Steine mit Kalkzementmörtel.

Die hinterbetonierte Stützmauer besteht im Gegensatz zur homogenen Trockenmauer aus vier Materialien: Beton für ein starres frostsicheres Fundament, Beton für die Erddruck auffangende Stützwand, einschließlich Betonstahl als aussteifendes Korsett und »Naturstein-Tapete« als Ansichtsfläche.

Da Stützwand (Hinterbeton) und Mauerwerk eine gemeinsame Oberkante bilden, muß der obere Mauerabschluß durch einen Stein oder eine Platte des gleichen Natursteinmaterials abgedeckt werden. Einerseits ergibt das einen schöneren Abschluß als der nach hinten abgeschrägte Beton, andererseits muß dafür gesorgt werden, daß Niederschlagswasser nicht von oben in die Konstruktion eindringen kann und durch Frost zerstörerisch wirkt. Das setzt auch eine absolut dichte Stoßfugenversiegelung der Abdeckplatte voraus. Um des Natursteins willen also ein mächtiger Aufwand! Aber die größte Veränderung ist die von der bepflanzten und »elastischen« Trockenmauer zur kahlen, starren Verblendmauer.

Hinzu kommt, daß drückendes **Hangwasser** nicht mehr schadlos durch die Mauerfugen sickern kann, sondern Dränschlitze und eine Sohlendränage einzubauen sind. Die stützende Betonwand muß durch Abdichtungsanstriche gegen das Erdreich wie eine Kellerwand isoliert werden, denn das Sickerwasser will nach wie vor durch die Mauerfugen austreten. Solche Aussinterungen, oft auch durch Mörtel verursacht, haben die Ursache im porösen Beton oder Mörtel. Das austretende, an der Oberfläche verdunstende Wasser hinterläßt auf der Ansichtsfläche Kalkfahnen, die sich zu dauerhaften, häßlichen Kalkkrusten entwickeln und als Ausblühungen bezeichnet werden. Bei porösem Sandstein werden nicht nur die Fugen, sondern auch die Steinflächen durchdrungen. Viel hängt folglich von einem dichten Beton und geeignetem Mörtel ab, der keine Kapillaren hinterläßt, die das Freiwerden von wasserlöslichen Salzen des Calciums (Calciumkar-

> **Mauerköpfe auf hinterbetonierten Natursteinmauern**
> Jeweils Regelschnittdarstellung
>
> Links: Hinterbeton abgeschrägt, einfach aber problematisch, da Wasser zwischen Beton und Mauerwerk eindringen kann, der Frost dann Schäden verursacht und Kalkausblühungen entstehen können.
>
> Mitte: Abdeckplatte überdeckt Hinterbeton und Mauerwerk. Das sieht aber oft etwas zu dünn aus.
>
> Rechts: Abdeckstein überdeckt ebenfalls den gesamten Mauerquerschnitt. Der massive Abschluß sieht meist am besten aus.

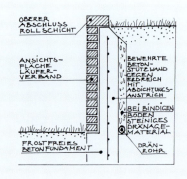

Oben links: Hangterrassierung mit runden Klinkermauern. Anlaß für diese Form waren einzubindende Luftschächte. Hier kommt das kleinteilige Steinmaterial mit den deutlichen Fugen besonders gut zur Wirkung. Vegetation vermißt man da gar nicht.

Oben rechts: Bauprinzip für Stützmauern aus Klinkerziegeln. Regelschnitt

bonat $CaCO_3$) einschränken. Das Zusammenfügen von Beton und Naturstein ist eben nicht ganz problemlos, die chemischen Vorgänge nur bedingt kalkulierbar, um ein mängelfreies Mauerwerk herzustellen. Allerdings sind das meistens Schönheitsfehler, die keinen Einfluß auf Haltbarkeit und Standfestigkeit ausüben. Grundsätzlich gilt: Die Konstruktion muß so ausgeführt sein, daß nirgends Wasser in das Bauwerk einsickern kann.

Eine *klare* Entscheidung ist auch hier die beste: Durchgehender Naturstein oder sichtbarer Beton sollten zur Auswahl stehen und nicht der Zwitter einer hinterbetonierten Natursteinmauer.

In der DIN 18332, Naturwerksteinarbeiten, werden Stoffe und Ausführung qualifiziert; die Norm DIN 1053 beschreibt speziell das Mauerwerk.

Ziegelmauern

Dieses in Norddeutschland stark, in Süddeutschland weniger verbreitete Material für Gartenmauern wird heute ausschließlich als frostbeständiger Hartbrandklinker verwendet. Die Steine werden bis zur Sinterung gebrannt und haben dadurch eine geringe Wasseraufnahme (6 %). Das ist die Voraussetzung für Frostbeständigkeit. Für die Materialqualität und Steingrößen gilt die DIN 105. Die Farbskala reicht vom erdigen Gelb über Rottöne bis zu Dunkelbraun. Da Ziegelmauerwerk, genau wie die hinterbetonierte Natursteinmauer, eine Stütze gegen Erddruck braucht, gelten die gleichen Bauprinzipien. Die Klinkerziegel bilden demnach eine Vormauerung der stützenden Betonwand. In der Regel wird in Läuferschichten (Längsformat) mit Mörtel gemauert. Zur Mauerabdeckung wird der Klinker quer gemauert (Binderschicht), damit auch der Beton überdeckt wird. Die Mauern müssen senkrecht sein und dürfen keinen Anlauf erhalten, da die Eckausbildungen sonst nicht mit horizontalen Fugen weiterzuführen sind.

Blechabdeckungen sind bei Stützmauern mit unmittelbarem Erdanschluß nicht sinnvoll, das ist eher bei freistehenden Mauern üblich. Das Blech heizt sich im Sommer auf, und überhängende Pflanzen verbrennen dann. Die Risiken durch Kalkausblühungen und wasserlösliche Salze sind auch bei diesem Mauerwerk – wie bei der Natursteinvormauerung – gegeben. Die Steine saugen sich bei zu nassem Mörtel mit Wasser voll. An Fugen und Steinen kommt es dann zu Kalkausblühungen (siehe dazu Abschnitt Hinterbetonierte Natursteinmauer, Seite 78ff). Undichte Mörtelfugen können bei Durchfeuchtung und Frosteinwirkung dazu führen, daß Fugenmörtel und Steinkanten abplatzen. Deshalb ist diese Mauerherstellung nur mit Vorbehalt zu empfehlen.

Ortbetonmauern

Eine Stützmauer aus Ortbeton ist immer an der Baustelle gegossen worden. Sie wird überwiegend bei Geschoßsprüngen an Gebäuden, an Steilhängen im Zusammenhang mit sonst nicht lösbarer Geh- oder Fahrerschließung gebaut. An Grundstücksgrenzen mit hohen Auffüllungen ist sie sinnvoll, um nachbarliche Probleme, die beispielsweise durch später auftretende kleine Verschiebungen hervorgerufen werden können, von vornherein auszuschließen.

Solche Mauern müssen im Entwurf des Gesamtgartens besonders gut in Länge und Höhe überlegt werden, weil nach der Fertigstellung im Gegensatz zur Trockenmauer aus Naturstein oder Betonfertigteilen kaum Änderungen möglich sind. Ich habe es oft erlebt, daß durch Architekten vorgesehene zu kurze Ortbetonmauern sich zu steile Geländeanschlüsse ergaben, und die Situation nur mit »anflicken« zu retten war. Aber auch das Gegenteil kommt vor: Mauerhöhen mußten reduziert und damit teuer abgesägt werden. Den Werkplan für die Mauerausführung arbeitet in der Regel der Tragwerksplaner (Statiker) aus. Fundamen-

Oben: Oberflächen von Betonmauern lassen sich durch entsprechende Schalungen bewußt gestalten. Hier ist es eine senkrechte Brettschalung mit der auch die erforderliche Kurve werkgerecht hergestellt werden kann. Ein Nacharbeiten erfolgt nicht.

Kleines Bild unten, nachbearbeitete Betonoberfläche: Bei dieser Betonmauer wurde die Oberfläche nachträglich mit dem Stockhammer bearbeitet. Die rauhe Fläche mit der Kiesstruktur ist das Ergebnis. Diese Bearbeitungsart und auch das Sandstrahlen werden bei Freianlagen oft angewandt, da sich rauhe Oberflächen oft besser eingliedern.

Großes Bild unten, Schalung aus großen unstrukturierten Tafeln: Nur die Stoßfugen der Schalung erzeugen bewußt geplante Linien. Die Farblasierung, aus den Gebäudefarben abgeleitet, nimmt die Linien auf und schafft ein ungewohntes Bild. Eine Bepflanzung der Mauer wäre völlig unpassend. Bemerkenswert ist auch der sehr schön ausgerundete Geländeanschluß.

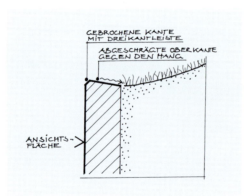

Ausbildung von Oberkanten bei Ortbetonstützmauern. Regelschnitt

te, Stahleinlage (Bewehrung), Betongüte und Dehnfugen werden daraus ersichtlich. Jedoch die genauen maßlichen Vorgaben muß der Entwerfer liefern, ebenso die Gestaltung der später sichtbaren Oberfläche. Zwei verschiedene Schalungsarten bestimmen die Oberflächengestalt des Beton:

– **Schalungen, die bestimmte, nicht nachbehandelte Oberflächenabdrücke im Beton hinterlassen:** Glatte Schalungsplatten, gehobelte oder sägerauhe Bretter, meist waagrecht oder senkrecht, auch fertige Strukturschaltafeln. Solche Oberflächen bleiben nach dem Ausschalen unbehandelt, deshalb sind diese Schalungskonstruktionen besonders sorgfältig zu bauen.
– **Schalungen, bei denen der Beton nachbehandelt werden muß:** Diese sind strukturlos glatt und bedürfen nicht einer so sorgfältigen Anordnung wie die Schalungen für unbehandelte Sichtflächen. Der Beton kann nach dem Ausschalen im noch nicht vollständig abgebundenen Zustand ausgewaschen (Waschbeton) oder nach vollständigem Erhärten durch Schlagbearbeitung (Spitzen, Stocken oder Sandstrahlen) behandelt werden. Ob nachbehandelt wird oder nicht muß bereits bei der Konstruktion der Mauer entschieden werden, weil davon die Betondicke über der Bewehrung abhängt. Nachbehandelte Oberflächen verlieren einige Millimeter Betonüberdeckung. Da aber Niederschlagswasser nicht zur Bewehrung vordringen darf, muß eine Mindestüberdeckung von 30 mm nach der Behandlung gewährleistet sein.

Besondere Aufmerksamkeit erfordert der obere Mauerabschluß. Da dieser keine Schalung braucht, wird die Fläche mit der Kelle abgezogen. Besser sehen deshalb stets möglichst schmale Mauerabschlüsse aus. Mit Dreikantleisten lassen sich gebrochene Kanten herstellen, die nicht so leicht beschädigt werden können. Auch ist die Oberkante gegen das Gelände abzuschrägen, damit hangabwärts fließendes Niederschlagswasser die Mauerfläche nicht mit Erde verschmutzt. Die fertigen Mauerrückseiten müssen, bevor sie mit Erde hinterfüllt werden, gegen Durchfeuchtung mit einem wasserabweisendem Anstrich versehen werden, um das Aussintern von Karbonaten durch eventuelle Kiesnester, Schalungsfugen oder Rostbildung der Bewehrung zu verhindern. Am Mauerfuß ist, um Sickerwasser aus dem Hang abzuleiten, in der Regel eine Dränage einzubauen, die das Wasser um die Mauer herumführt.

Ortbetonmauern haben durch ihre individuelle Anwendung den Vorteil genauer Anpassung an die Geländesituation. So können Wechsel von waagrechter und schräger Oberkantenlinie und damit problemlose Höhenwechsel besser bewältigt werden als mit Fertigteilen, die stets nur Sprünge zulassen. Die Herstellung von Ortbetonmauern fordert besondere Kenntnisse und Erfahrungen von den Ausführenden. Im Garten- und Landschaftsbau gehören solche Arbeiten heute zum Alltagsgeschäft. Kenntnisse in der Betonherstellung sind durch die Verwendung von Fertigbeton zwar nicht mehr so wichtig, aber der standsichere Schalungsbau, präzise Stahleinlage und gleichmäßige Betonverdichtung bleiben wichtige Grundbedingungen.

Mißratene Oberflächen werden verursacht durch Verformungen der Flächen, unscharfe Kanten und Ecken sowie ungleichmäßige Körnungsoberflächen (durch Entmischen des Beton oder durch Ausschalungsschäden). Wesentliches Qualitätsmerkmal ist das Bild einer gleichmäßigen Oberfläche.

Für die Mauerherstellung gilt DIN 18331, Beton- und Stahlbetonarbeiten, und eine Reihe weiterer DIN-Normen für Baustoffe und Ausführung z.B.:

DIN 1045, Beton und Stahlbeton, Bemessung und Ausführung
DIN 4226, Zuschlag für Beton
DIN 488, Blatt 1-4, Betonstahl
DIN 4235, Verdichten von Beton durch Rütteln

Betonfertigteile

Da Ortbetonmauern nur mit aufwendiger Technik und hohen Kosten herzustellen sind, haben sich Betonfertigteile im Garten- und Landschaftsbau relativ schnell durchgesetzt. Die Vorteile liegen in folgenden Punkten:

Vorteile, die Betonfertigteile dem Planer bieten:
– Maßgenauigkeit durch industrielle Herstellung
– gleichmäßige Betonqualität
– einheitliche Sichtflächen der Teilstücke
– Musterstücke zur Prüfung der gestalterischen Eignung
– kostengünstige Serienfertigung

Vorteile, die Betonfertigteile dem Ausführenden bieten:
– Bauteilherstellung in der Fabrik und damit delegierte Qualitätssicherung
– Unabhängigkeit von der Witterung und damit keine Gefahr für die Betonqualität
– Unterbrechnungen des Arbeitsablaufes sind leichter möglich als beim Betoniervorgang
– Teilmengenlieferung bei mangelnder Lagerfläche
– Weniger problematische Korrekturen bei Ausführungsfehlern
– Leichtere Behebung von Setzungsschäden

Wie man sieht, sind geländeabstützende, vorgefertigte Bauelemente eine gute technische Alternative zwischen Natursteintrockenmauer und Ortbetonmauer.

Für Stoffe, Bauteile und Ausführung gilt die DIN 18333, wenn die Bauteile betonwerksteintypisch bearbeitet wurden oder eine gestaltete Oberfläche aufweisen. Davon ausgenommen sind Betonplatten und Betonpflaster, hier gilt eine andere Norm.

Wie sieht es aber mit der Gestaltungseignung aus?

Der Baustoffmarkt stellt ein unübersichtliches Angebot von Formen, Größen und Farben aus dem Grundstoff Beton zur Verfügung. Die brauchbarste Leitlinie ist, wie so oft, auch hier das simpelste, einfachste, unauffälligste und für den jeweiligen Zweck geeignetste Element auszuwählen. Dazu möglichst wenig Sonderteile, sonst wird es wieder kompliziert. Die im Abschnitt »Steinschichtungen« (siehe S.61ff) behandelten Betonfertigteile für Böschungen zählen auch zu diesen Elementen. Hier sollen deshalb nur mauerähnliche Bauteile beschrieben werden. Ausgenommen sind von vornherein die sperrigen, aus langen Betonbalken bestehenden Systeme, die vorwiegend im Straßenbau Verwendung finden und für kleinräumige, differenzierte Anlagen ungeeignet sind.

Was ist nun zu empfehlen?

Nach meiner Erfahrung gibt es nicht viel gestalterisch befriedigendes. Wenn es nicht Naturstein sein kann und Ortbeton nicht sein muß, komme ich immer wieder auf ein handelsübliches serielles Bauteil zurück: den **L-Stein**, einem winkelförmigen Bauteil, dessen Fuß in den Hang einbindet.

Angefangen hat jedoch die Fertigteilanwendung Anfang der sechziger Jahre mit dem U-Stein, auch »Karlsruher Gartenstein« genannt. Dessen Variabilität im Einsatz hat jedoch keine Schule gemacht. Heute ist er zum Flickwerk verkommen. Andere gute Systeme, die in Zusammenarbeit von Landschaftsarchitekt und Betonhersteller entwickelt wurden, sind heute nicht mehr im Handel. Dazu zählen der »Dabau-Trockenstein« (ohne Mörtel aufsetzbare Betonsteine, deren Form trotzdem eine unverrückbare Verzahnung boten) und der schön schwingende, gut proportionierte »Dabau-Profilstein«. Beide Bauteile wollten die Trockenbauweise der Natursteinmauer auf das Material Beton übertragen, ohne die Natursteinmauer nachahmen zu wollen.

L-Steine

Geblieben ist von den einfachen Elementen der L-Stein, auch Stuttgarter Mauerscheibe genannt. Er wurde aus dem Prinzip der Stehstufen für Sportstadien entwickelt. Mit diesem Fertigteil kommt man fast überall im Hang bis zu einer Höhe von 150 cm gut zurecht. Es gibt zwar auch höhere Steine, nur sind diese im Hang kaum mehr zu transportieren, allenfalls am Übergang zur Ebene. Das L-förmige Betonteil, im Prinzip eine Winkelstützmauer, bindet mit dem stahlarmierten Stützschenkel sicher in den Hang ein. Vorteilhaft ist die Wandstärke von 10 cm für alle Steinhöhen von 55 bis 155 cm. Erst ab 170 bis maximal 300 cm wächst die Wandstärke auf etwa 20 cm, aber nur im Bereich des Stützschenkels. Dadurch lassen sich je nach Gelände unterschiedliche Steinhöhen aneinandergereiht zu einer im oberen Abschluß gleichdicken Mauer zusammenbauen.

Die Steinbreiten liegen bei 50 und 100 cm (letztere für die sehr hohen Elemente). Die Betonoberflächen werden glatt geschalt,

 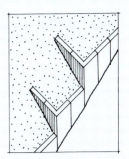

Oben ganz links: L-Stein aus Stahlbeton in verschiedenen Höhen. Regelschnitte

Unten ganz links: Mit dem Betonfertigstein L-Stein lassen sich Terrassierungen mit klaren Mauerlinien und schmalen Oberkanten bauen, die auch unbewachsen ansehnlich sind.

Links: Konkave Linienführungen aus L-Steinen zu Sitzterrassen gestaffelt folgen genau der Rasenmulde und die Mauerenden laufen werkgerecht rechtwinklig wieder in den Hang zurück. So ausgeführt wirkt eine Terrassierung wie mit dem Gelände verwachsen.

Steigende und fallende Maueroberkanten mit L-Steinen sind nur mit Höhensprüngen lösbar
Das ist ein Nachteil dieses Baumaterials. Jeweils Ansichtszeichnung

Oben links: Eine unruhig wirkende Höhenstaffelung durch viele Mauersprünge.

Oben rechts: Eine gelungenere Staffelung mit Einstichen.

brettgeschalt, ausgewaschen und sandgestrahlt gehandelt. Für Ecken und verschiedene Abwinklungen oder Eckrundungen gibt es einfache Sonderteile serienmäßig. Die an allen Kanten und Ecken abgerundete Spielart wirkt sehr plastisch durch tiefe Kerben in Stoßfugen und Oberkanten. Ich bevorzuge die einfachen, glatten, kantigen und betonfarbenen Normalsteine, allenfalls noch die sandgestrahlte Variante. Ein Nachteil des L-Steines ist, daß nur waagrechte und keine steigenden oder fallenden Oberkanten baubar sind. Jede Höhenänderung ist nur mit Sprüngen möglich. Höhensprünge müssen deshalb gut überlegt sein, damit keine Willkür und unnötige optische Unruhe entsteht. Größere Höhensprünge in den Oberkanten sind wie beim Naturstein durch Einstiche in den Hang am besten zu lösen. Mit den serienmäßigen Eckelementen ist das problemlos möglich. Mauern mit Anlauf sind ebenfalls nicht herstellbar. Weiterhin können gekrümmte Mauerverläufe nur konkav ausgeführt werden, bei konvexen ist der Stützfuß hinderlich.

Die Fundamentierung muß nicht frostfrei starr ausgeführt werden (siehe Abschnitt Mauerfundamente, Seite 73, 74). Hangwasser kann durch die offenen Stoßfugen aussickern. Die Einsatzvariabilität ist groß: Fußmauern, schmale und breite Mauerterrassen, Brüstungsmauern als Tröge. Mit diesem Mauerelement lassen sich ruhige, lange, schmale Linien bilden und einheitliche, durch regelmäßige senkrechte Fugen gegliederte Mauerflächen herstellen.

Geschwungene Mauerlinien mit L-Steinen sind wegen des Stützwinkels nur in konkaver Form möglich
Jeweils Grundrißdarstellung

Oben links: Ein konkaver Mauerverlauf ist realisierbar.

Oben rechts: Ein konvexer Mauerverlauf, der nicht gebaut werden kann.

Mitte links: Eine Brüstungsmauer kann auch mit L-Steinen als bepflanzter Trog ausgebildet werden. Schemaschnitt

Unten: Betonpalisaden

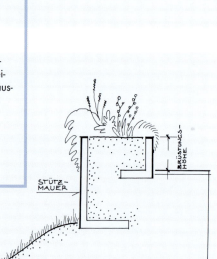

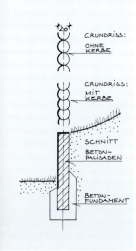

Betonpalisaden
Mit diesen, den Holzpalisaden nachempfundenen Stützelementen lassen sich Kurven, Rundungen und Abtreppungen im Mauerverlauf herstellen. Es gibt sie in verschiedenen Längen von 40 bis 300 cm, betongrau oder eingefärbt, vollrund oder mit einseitigen Einkerbungen zur gegenseitigen Stabilisierung. Der Querschnitt beträgt meist 20 cm. Die Einzellängen werden stets senkrecht dicht nebeneinander in einem Betonfundament verankert. Obwohl das Element ohne Sonderteile sehr flexibel einsetzbar ist, gefallen mir die stark gerundeten Oberflächen einer Mauer nicht sehr. Es entsteht eine etwas aufdringliche Plastizität, die verglichen mit der Struktur von Holzpalisaden steril wirkt. Es gibt allerdings eine bessere Variante mit rechteckigem Querschnitt, die unauffälligere Mauerflächen ergibt. Auch wird mit willkürlichen Höhenabtreppungen viel Unfug gemacht.

Die IGA-Mauer
Zur Internationalen Gartenbauausstellung 1993 in Stuttgart wurde von den Landschaftsarchitekten Luz und Partner eine neue Stützmauer entwickelt, welche die Vorteile der Natursteintrockenmauer mit den statischen Vorzügen einer Betonmauer verbindet. Ein Betonfachwerk, bestehend aus senkrecht gestellten Pfeilern und waagrecht aufgelegten Balken bildet das Skelett. Verschraubungen halten die Konstruktion zusammen. Eine dünne Fundamentplatte genügt als Auflage. Das Ganze wird mit 15 bis 20 % Anlauf errichtet. Die Mauer ist deutlich gegen den Hang geneigt. Höhensprünge sind möglich, auch Eckausbildungen von 90° und 135°. Das Ausfachen der 2 m breiten und 1 m hohen Felder erfolgt als Trockenbauweise, da das Betonbalkensystem der vorgefertigten Stahlbetonelemente die statische Funktion voll übernimmt. Auf der IGA wurde die Füllung mit dem traditionellen Schichtenmauerwerk aus Sandstein vorgenommen. Es können genauso Klinker, Bruchsteine oder andere schichtbare Steine sein. Entscheidend ist, daß damit Trockenmauerflächen entstehen,

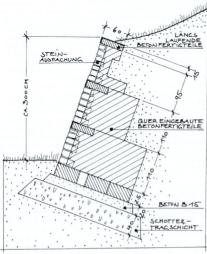

die ökologisch wertvolle Ansätze für Vegetation und Fauna bilden. Sichtbar bleiben nur die waagrechten Betonteile. Diese bilden horizontale, ruhige Steinbänder, die eine gute Gliederung der vielfugigen, kleinteiligen Ausfachung in der Höhe ergeben. Die senkrechten Betonpfeiler werden, weil zurückgesetzt, vom Ausfachungsmaterial überdeckt.

Sehr wirtschaftlich und kontinuierlich kann der Aufbau abgewickelt werden, weil das abgegrabene Aushubmaterial unmit-

Oben: Die IGA-Mauer (Stuttgart 1993) verbindet die Vorteile der Natursteintrockenmauer mit der Statik eines Betonskelettes. Es ist ein Fachwerkprinzip ohne Mörtel. Die »Natursteinpäckchen« werden portioniert einfach in ein »Betonregal« gesetzt.

Links: Konstruktion der IGA-Mauer (Internationale Gartenausstellung, Stuttgart 1993). Regelschnitt.

Mauern errichten

Oben: Wenn Holz als Mauerbaustoff eingesetzt wird, halten niedrige Bauhöhen und liegende Hölzer bei fortschreitendem Materialzerfall länger dem Erddruck stand. Auch ist eine Erneuerung nur aufgelegter Hölzer leichter möglich als bei senkrechten in Beton verankerten Hölzern. Bei diesem Beispiel war eine Angleichung an die Holzverkleidung des Eingangsbereiches entscheidend für die Materialwahl.

Rechts: Bauprinzip einer Stützmauer aus Holzschwellen oder Holzpalisaden. Regelschnitt

telbar hinter den bereits fertigen Mauerteilen verfüllt wird. Die technischen und visuellen Vorteile der Trockenmauer, wie Wasserdurchlässigkeit, Bepflanzbarkeit, lebendiges Fugenbild oder Natürlichkeit gehen nicht verloren. Die Trockenmauer wird lediglich in »Päckchen« portioniert in ein »Betonregal« gesetzt, das große Mauerhöhen standsicher zuläßt.

Der Einsatz in kleinräumigen Außenanlagen ist durch die relativ großen Betonbauteile mit einem Gewicht von maximal 2 Tonnen je Stück etwas eingeschränkt. Es muß genügend Spielraum sein, um die Höhensprünge von 1 m und Längsteilungen im 2 m-Rhythmus einpassen zu können.

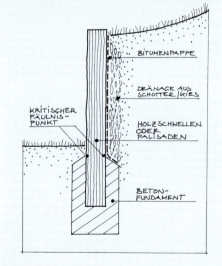

Stützmauern aus Holz

Der Werkstoff Holz ist sehr beliebt. Seine Anwendung im Garten als Stützmauer in Form von Schwellen oder Rundhölzern, ist deshalb häufig zu sehen. Solche Mauern aus europäischen Holzarten weisen jedoch eine zeitlich begrenzte Haltbarkeit auf. Der kritische Punkt liegt bevorzugt in der wechselfeuchten Zone zwischen Erde und Luft. Dort wird das Holz vorrangig zerstört. Spätere holzschützende Anstriche nützen da nichts. Allenfalls mit Tiefenimprägnierungen vorbehandeltes Holz kann diesen Prozeß hinauszögern. Alte Bahnschwellen waren einige Zeit Mode. Das lange Eisenbahnleben im durchlüfteten Schotterbett und eine Tränkung mit Steinkohleteer garantierte eine längere Haltbarkeit. Inzwischen weiß man, daß gesundheitliche Bedenken angebracht sind. Alte Bahnschwellen sollen wegen der Teeröltränkung nicht mehr im Wohnumfeld eingebaut werden, vor allem dort nicht, wo ein regelmäßiger Hautkontakt (z.B. Sitzmauern) zu erwarten ist. Es sei denn, die Imprägnierung ist älter als 15 Jahre. Diese Regelung gilt seit dem 1. März 1992. Begründet wird das mit möglichen krebsartigen Hautschäden, die auf derartige Holzbehandlungen zurückgeführt werden. Es sind deshalb nur neue, kesseldruckimprägnierte Schwellen oder Palisaden zu empfehlen.

Holzarten sind üblicherweise Kiefer, Fichte, seltener Eiche. Durch die gesundheitlich unbedenkliche **Kesseldruckimprägnierung** wird ein Tiefenschutz von bis zu 1 cm erreicht. In der Regel sind es salzhaltige Lösungen, die geruchlos sind und ein grünlich-braunes Aussehen des Holzes ergeben, das oberflächlich allmählich ausbleicht. Ein solcher chemischer Schutz, vor allem gegen Pilzbefall, ist unumgänglich, wenn Holz mit Erde in Berührung kommt und für absehbare Zeit (bis etwa 15 Jahre) stabil bleiben soll. Nachträgliche Holzbearbeitungen sollten unterbleiben, um den Imprägnierschutz vollständig zu erhalten. Eine Dachpappen- oder Folienlage auf der erdangefüllten Seite kann auch nicht verhindern, daß die Hölzer stark durchfeuchten.

Da Schwellen und Rundhölzer senkrecht in einem Betonfundament stecken müssen, um dem Erddruck standzuhalten, ist die Übergangsstelle Holz-Boden besonders fäulnisanfällig. Hier liegt der Schwachpunkt der noch so gut imprägnierten Hölzer. Es staut sich Wasser und dringt in das Holz ein. Der Erddruck sorgt dann zusätzlich für ein frühzeitiges »Ausbrechen der Zähne aus dem Kiefer«. Einzelne Palisaden können auch nicht ausgetauscht werden, es sei denn, das Fundament wird herausgeschlagen. Da dies, ohne an den meist ebenfalls angegriffenen Nachbarpfosten Schäden anzurichten nicht abgeht, ist in der Regel die ganze Mauer erneuerungsbedürftig. Etwas günstiger ist die Bauweise mit horizontal verlegten Schwellen, weil diese nicht im Beton stecken. Man kann sie abnehmen und neue aufsetzen, ohne in das Fundament eingreifen zu müssen.

Für neues Kantholz gilt die DIN 4074, Blatt 1 und für neues Baurundholz das Blatt 2 der selben DIN-Norm.

Generell ist aus den genannten Gründen von einer Holzbauweise für Stützmauern abzuraten, außer es handelt sich um vorübergehend notwendige Mauern, z.B. bei Gebäudeerweiterungen in absehbarer Zeit oder Geländeaufschüttungen zu Nachbargrundstücken, die demnächst ebenfalls aufgefüllt werden.

Es soll aber auch vorkommen, daß jemand nach 15 Jahren sowieso einen neuen Garten will und deshalb froh ist, wenn etwas kaputt geht.

Verbindungen herstellen

Ohne dauerhafte **Treppen und Wege** kommt kein Hanggarten aus. Die schrägen Flächen erfordern eine planerisch vorbestimmte, möglichst bequeme und gehsichere, oft auch befahrbare Erschließung. Man kann sich nicht, wie im ebenen Garten, in jede Richtung frei bewegen und unter Umständen auf befestigte Flächen ganz verzichten, wenn die Bodenverhältnisse das zulassen. Die Gestaltung der Topografie legt bereits die Trassen für Verbindungen fest.

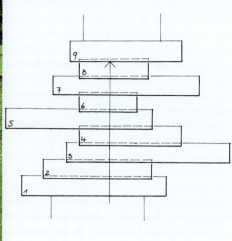

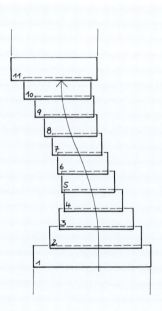

Oben links: Treppen sind nicht nur funktionell wichtig, sondern bieten auch spielerische Gestaltungsansätze. Einzelne unterschiedlich weit herausgezogene Stufen schaffen eine gute Verzahnung mit dem Hang und lassen die Treppe nicht als isoliertes Element erscheinen.

Oben rechts: Mit extrem unterschiedlichen Stufenlängen können auch starke seitliche Versätze erzeugt werden, die eine optisch breite Treppe ergeben mit guter Bepflanzbarkeit der Verzahnungslücken. Grundriß

Mitte links: Mit kontinuierlich verlängerten Stufen kann eine Treppe aufgeweitet werden. Das ermöglicht neben der geradeaus geführten Hauptgehrichtung eine zwanglose seitliche Richtungsänderung. Die Treppe wirkt großzügig in der Fläche.

Mitte rechts: Der seitliche Versatz, die zur Treppenmitte hin kürzeren Stufen bewirken eine »elegantere« Treppenführung, dort wo keine Podeste eingefügt werden können, um sie zu unterbrechen. Grundriß

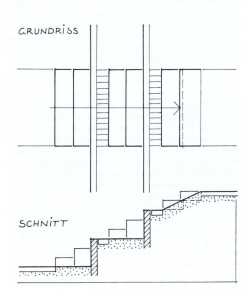

Unten: Podeste ermöglichen einen bequemen Richtungswechsel des Treppenlaufs. Grundriß

Ganz unten: Die Wendelung von Einzelstufen und Podesten erlaubt eine genaue, der Hanglage angepaßte Treppenführung. Das geht um so besser, je schmaler der Treppenlauf ist.

Verbindungen herstellen

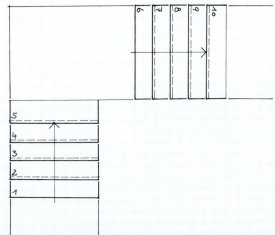

Oben: Stufen, die über niedrige Mauern geführt werden, unterbrechen den Mauerverlauf nicht. Eine Pflasterung bildet den Stufenauftritt auf der Mauer.

Verbindungen herstellen

Links: Gewendelte Treppe. Grundriß

Rechts: Eine Treppe mit gleichbleibender Treppenbreite zwischen Mauerwangen mit Anlauf. Um diese Lösung herzustellen, muß der Mauerwinkel die Rechtwinkligkeit verlassen und stumpfwinklig gegen die Treppe gerichtet werden.

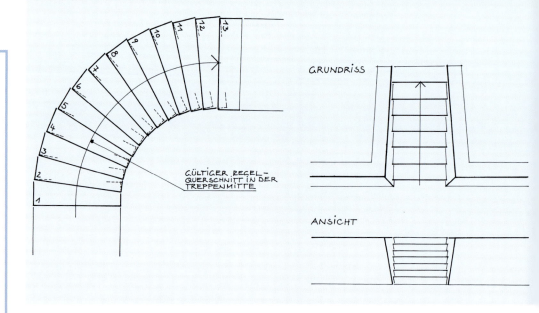

Daraus ergibt sich aufgrund des Geländegefälles die Lage und Dimensionierung von Treppen und Wegeführungen. Größere Freiheiten erlauben lediglich die Ebenen im Hang.

Treppen

Wenn die Gehflächen zu steil werden, müssen Stufen eingebaut werden. Die Grenze liegt bei etwa 7 % Weggefälle (das sind 7 cm Höhendifferenz auf 100 cm Wegstrecke). Treppen sind aber nicht nur praktische Notwendigkeit, sondern auch ein wichtiges Gestaltungselement. Da wir uns im Garten unbewußt freier bewegen als im Haus, sollen die Stufen mehr auf das Gehen als auf das Steigen eingerichtet sein. Am flachen Hang werden wir deshalb die Stufen weiter auseinanderziehen und flacher ausbilden als am steilen Hang, der eine engere Stufenfolge mit höherem Auftritt erfordert. Auch wirken an einer hohen Stützmauer steilere Treppen besser, weil hier die Gehbewegung durch die Mauer optisch eingeschränkt wird und das Gehen konzentrierter erfolgt. Treppen dürfen also nie schematisch vorgesehen, sondern ganz aus dem Gelände heraus entwickelt werden.

Unterschiedliche Stufenlängen und seitlicher Versatz sind ein bewährtes Gliederungsmittel, um vielstufige Treppen im Gelände gefälliger erscheinen zu lassen. Bei niedrigen Mauern, über die der Weg geführt werden soll, lassen sich statt der üblichen seitlichen Mauerwangen die Stufen vor die Mauer legen, so daß der Mauerverlauf nicht unterbrochen wird und Materialwechsel in der Treppe diese optisch auflockern.

Auf seitliche Einfassungen bei frei im Gelände liegenden Treppen ist möglichst zu verzichten. Solche Treppen wirken immer »eingeschnürt«.

Mit Podesten werden Richtungsänderungen vorgenommen. Diese können rechtwinklig oder stumpfwinklig gedreht aber auch gerundete bis geschwungene Treppen sein. Podeste sind auch zweckmäßig, wenn zu viele Stufen aufeinander folgen. Mehr als zwölf sollten es am Stück nicht sein, sonst wird das Treppensteigen ungemütlich.

Mit Wendelungen läßt sich die Richtung innerhalb der Treppe ändern, wobei der Regelquerschnitt im Mittelbereich der Treppe liegen muß.

Bei Treppen zwischen Mauerwangen mit Anlauf sind spezielle Bedingungen zu beachten. Hier sind die Mauerwinkel so auszurichten, daß die Laufbreite trotz Anlauf gleich bleibt, und die Stufen nach oben nicht immer länger werden müssen.

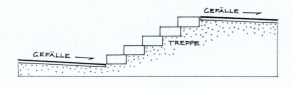

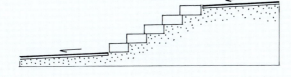

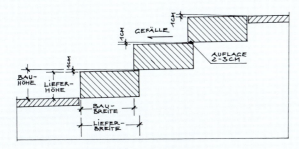

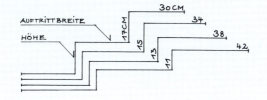

Wegeanschlüsse an Treppen. Hier ist es wichtig, daß das Längsgefälle des Weges richtig zur Treppe hinführt oder wieder wegführt
Jeweils Schemaschnitt

Ganz oben: Falscher Weganschluß

Oben: Richtiger Weganschluß

Unten: Regelmaße für Normalstufen. Schnitt

Ganz unten: Maßverhältnisse von Höhe und Auftrittbreite bei Stufen im Garten. Formel: 2 × Stufenhöhe + Stufenbreite = 64 cm. Schemaschnitt

Als optisch angenehmer wird auch empfunden, wenn der Weg zur Antrittsstufe (unterste Stufe einer Treppe) ansteigt und nach der Austrittsstufe (letzte Stufe der Treppe) ebenfalls weiter steigt. Abgesehen davon, daß sich vor der Antrittsstufe Regenwasser auf dem Weg sammeln kann, ist es seltsam, wenn man zum Treppenaufgang hinuntergeht. Auch wenn der Weg nach der Austrittsstufe abschüssig verläuft, gewinnt man den Eindruck, es sei eine Stufe zuviel gebaut worden.

Grundsätzlich müssen die Auftrittsflächen der Stufen im Freien ein Gefälle aufweisen, damit Niederschlagswasser ablaufen kann. Deshalb sind die Einzelstufen stets etwas niedriger und breiter zu liefern, als die berechnete Höhe beziehungsweise Breite. Die Auftrittsflächen müssen außerdem rauh und trittsicher sein.

Für die Stufenhöhe gilt im Garten- und Landschaftsbau die Formel:
2 × die Höhe + Stufenbreite = 64 cm.
z.B. bei 15 cm Stufenhöhe ergibt das eine Auftrittsbreite von 34 cm.
Je höher die Stufe, um so schmaler der Auftritt und umgekehrt: Je flacher der Höhenunterschied, desto niedriger kann auch die Stufenhöhe sein. Das hängt mit dem Schrittmaß zusammen: Je höher der Schritt desto kürzer die Schrittlänge.

Podeste sind nicht unter 120 cm Tiefe anzulegen, damit ein Schrittwechsel bequem erfolgen kann. Das gilt vor allem bei langen Treppen, bei denen die Podeste eine angenehme Unterbrechung des Treppensteigens bedeuten.

> Oben: Knüppelstufen sind zwar billig in der Herstellung, erfordern aber laufenden Unterhalt für die Gehsicherheit (Ausschwemmung der Podeste, Holzstabilität) und überzeugen nur in einem naturnahen Gestaltungsumfeld.
>
> Rechts: Knüppelstufen. Regelschnitt

Zur **Laufbreite** von Treppen ist zu sagen, daß bei Begegnungsverkehr mindestens 1,20 m bis 1,50 m erforderlich sind. Darüber hinaus spielen natürlich noch seitliche Bewegungsfreiheit und nicht zuletzt Gestaltungsabsichten eine große Rolle.

Seitliche Rampen für Kinderwagen oder Fahrräder sind nicht problemfrei. Vor allem bei zu steilen Treppen ist das Aufwärtsschieben sehr anstrengend; und die heutigen kleinrädrigen, autogerecht zusammenklappbaren Kinderwagen (Buggy's) und beladene Fahrräder kommen mit dem Gefällewechsel schlecht zurecht. Es ist und bleibt ein notwendiges Übel. Serpentinenwege bieten sich hier als Lösung an. In öffentlichen Anlagen sind, wenn es nur

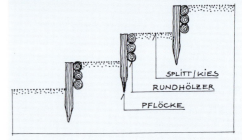

irgendwie geht, ohnehin rollstuhlgerechte Steigungen (nicht über 6 %) anzulegen.

Treppengeländer müssen einen festen und griffsicheren Handlauf haben. Bis zu einer Anzahl von maximal fünf Stufen kann man auf das Geländer verzichten, wenn die Treppe *nicht* über das seitlich anschließende Gelände herausragt (Landesbauordnung Baden-Württemberg). Das gilt aber im Prinzip auch in anderen Bundesländern.

Bei Stellstufen bildet nur ein Kantenstein die Stufenhöhe. Die Auftrittsfläche besteht aus Belagsmaterial. Damit kann der an die Treppe herangeführte Belag, in diesem Beispiel Natursteinpflaster, ohne Unterbrechung über die Stufen gezogen werden.

Unten links: Stellstufen. Regelschnitt.

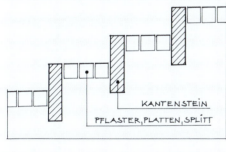

Stufenarten

Knüppelstufen. Sie sind die einfachste und billigste Ausführungsart. Eingeschlagene Pflöcke und dahinter waagrecht befestigte Rund- oder Halbrundhölzer bilden die Stufenhöhe. Die Auftrittsfläche wird mit Schotter und Splitt hergestellt. Diese einfache Konstruktion ist nicht sehr dauerhaft. Die Haltepflöcke werden durch die stetige Belastung allmählich nach vorne gedrückt, die aufgefüllte Auftrittsfläche setzt sich, und es entstehen ungleich hohe Stufen mit einem Sicherheitsrisiko. Deshalb sind derartige Stufen nur bei provisorischen Treppen zu empfehlen (z.B. bei starken Bodensetzungen, wenn man besser mit dem endgültigen Treppenbau noch abwartet).

Stellstufen. Stufen aus senkrecht eingebauten 8 – 10 cm dicken Kanten- oder 12 – 15 cm starken Bordsteinen bilden die Stufenhöhe; die Auftrittsfläche kann aus ganz anderen Materialien bestehen. Bei dieser Stufenart läßt sich der Wegebelag mit nur geringer Unterbrechung sehr schön über die Treppe führen. Die Stufenkanten markieren gleichzeitig die Höhenabsätze und sind deshalb beim Abwärtsgehen gut wahrnehmbar. Nachteilig können sich leichte Setzungen des Auftrittbelages auswirken, es entstehen empfindliche Stolperkanten. Das passiert um so leichter, je weniger tief die

Legestufen bestehen aus Auftrittplatte und Unterlegstein. Diese Stufenart wird vor allem beim Naturschutz angewendet, weil das billiger ist, als Massivblöcke einzubauen. Allerdings liegen diese Stufen wegen des geringen Gesamtgewichtes nicht so sicher. Vorteilhaft ist aber die horizontale Schattenfuge. Damit wirkt eine solche Treppe etwas »leichter«.

Oben rechts: Legstufen
Regelschnitt

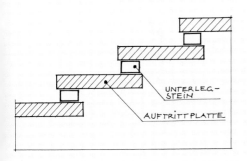

Stellkanten ins Gelände einbinden. Bei einer Stufenhöhe von 15 cm muß deshalb mindestens ein 30 cm tiefer Kantenstein verwendet werden. Das Risiko, daß sich die Stellstufe hangabwärts absenkt, läßt sich durch eine »Rückenstütze« aus Beton erheblich mindern. Die Breite des Auftrittes ist, abgestimmt auf die Stufenhöhe, so zu bemessen, daß Pflastersteine oder Platten ohne Zuschnitt eingepaßt werden können. Wendelungen erfordern allerdings Paßschnitte, weil die Parallelität der Stufen aufgehoben ist. Um den seitlichen Geländeausgleich herzustellen, müssen die Stellkanten nach jeder Seite mindestens um das 1,5 fache der Stufenhöhe länger sein als die geplante Laufbreite, damit die Stufenenden bündig ins Gelände laufen. Der Vorteil dieser Stufenart ist, daß der Auftrittsbelag gleich dem Wegebelag sein kann und die Stufen grafisch, locker und gut verzahnt im Gelände liegen.

Legstufen. Auftrittplatte und Unterlegstein bilden die Legstufe. Beide sind etwa gleich dick und bestehen aus dem gleichen Material. Die Plattenlänge ist auf etwa 1,50 m begrenzt, um die Transportstabilität zu gewährleisten. Die Vorderkante der Auftrittplatten ragt 2 – 5 cm über die Unterlage hinaus. Es entsteht damit eine horizontale Schattenfuge an jeder Stufe, die der Treppe eine Leichtigkeit verleiht und besonders bei langen Treppenläufen angenehm auffällt. Diese Lagerfuge sollte stets knirsch, das heißt ohne Mörtel, ausgeführt sein. Solche Mörtelfugen würden voll im Blickfeld liegen. Da sie leicht ungleich dick geraten, sähe das entsprechend häßlich aus. Bei Natursteintreppen ist diese Stufenart noch sehr verbreitet, weil massive Stufenblöcke erheblich teurer sind. Bei Betonstufen ist der Preisunterschied zu vernachlässigen, so daß hier Blockstufen in der Praxis bevorzugt werden. Legstufen sind nicht so lagestabil. Wegen des geringeren Gewichts gegenüber Blockstufen können Verschiebungen bei nicht starrer Fundamentierung auftreten. Auch die seitlichen Anschlüsse sehen nicht immer gut aus, denn der Unterbeton schaut gelegentlich heraus, wenn Rasen oder niedrige Pflanzung anschließen. Bei gewendelten Treppen ist zu beachten, daß die Auftrittplatte nach der maximalen Stufentiefe bemessen wird.

Blockstufen. Die stabilste Stufenart ist die Blockstufe. Sie besteht aus einem Stück und kann sowohl aus Naturstein gearbeitet als auch aus Beton gegossen sein. Blockstufen liegen dank ihres Gewichtes besser als Legstufen und verschieben sich deshalb nicht so leicht. Sie wirken als Treppe massiver und schwerer als die mit Schattenfugen ausgestatteten Legstufen. Durch entsprechende Profilierung des üblichen Rechteckquerschnittes läßt sich auch bei Blockstufen dieser optische Vorteil darstellen. Meist beschränkt sich dieser Kunstgriff aber auf sehr breite Treppen, um eine zu monolithische Gesamtwirkung zu vermeiden. Bei Naturstein kann durch unterschiedliche Bearbeitung, wie beispielsweise Ansichtsflächen gebosst und Auftritt glatt, auf einfache Weise eine Gleichförmigkeit vermieden werden. Bei Betonstufen ist eine deutliche Unterscheidung durch Bearbeitung weniger gut herstellbar und deshalb eine Profilierung durch entsprechende Schalung wirkungsvoller. Die Auftrittkante ist meist abgefast, damit keine scharfe Kante verbleibt. Das hohe Transportgewicht von Blockstufen, das besonders die Verarbeitung am Steilhang einschränken kann, bringt es mit sich, daß die Stufeneinzellängen nicht über

Blockstufen aus Beton ergeben eine kräftige Struktur. Der spielerische »Trick« einer leichten seitlichen Verschiebung jeder Einzelstufe vermeidet einen zu starren Treppenlauf, führt aber trotzdem zielgerichtet zum Gebäudeeingang.

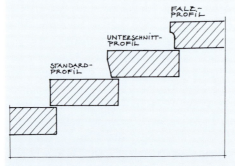

Rechts: Blockstufen mit verschiedenen Möglichkeiten der Profilausbildungen. Regelschnitt

2 m betragen sollten. Bei Naturstein liegt ohnehin die Grenze für die Transportstabilität bei 1,50 m Länge. Betonstufen sind durch Stahlbewehrung auch in längeren Einheiten herzustellen. Mit Blockstufen können Treppen in Verbindung mit niedrigen Mauerterrassierungen entstehen, ohne daß die Mauer durch seitliche Wangen unterbrochen wird (siehe hierzu Zeichnung Seite 91, oben). Im Garten- und Landschaftsbau hat sich die Blockstufe aufgrund ihrer bautechnischen Vorteilen durchgesetzt. Sie wird deshalb häufiger realisiert als andere Stufenarten.

Rampen neben Treppen

Um Kinderwagen und Fahrräder über Treppen transportieren zu können, werden üblicherweise Rampen neben die Treppen gebaut. Für Kinderwagen sind zwei Fahrspuren mit Mittelstufe erforderlich, die sich auch für Fahrräder eignen. Die Fahrspuren sind entweder durch aufgelegte Dreiecksblöcke oder durch Längsstufen des gleichen Stufenmaterials gebildet. Immer erhält die Treppe jedoch eine starre Form, denn die Rampe kann keinem Treppenlauf mit locker angeordneten Stufenlängen oder einer Wendelung folgen. Etwas weniger störend sind Rampen, wenn nur die Fahrradnutzung eingeplant werden muß. Dann genügt ein einfaches Anpflastern neben der Treppe, weil man das Fahrrad seitlich führt. Eine solche Pflasterung läßt sich auch flexibel dem Treppenlauf anpassen. Besonders in öffentlichen Anlagen haben sich Fahrradrampen als notwendig erwiesen. Dort umfahren Kinder und Jugendliche sonst einfach die Treppen, wenn diese frei im Gelände liegen und zerstören damit die anschließenden Pflanzungen.

Handläufe

Bei mehr als fünf Stufen müssen in der Regel Handläufe neben Treppen angebracht werden. Die Höhe beträgt 90 cm, sie wird jeweils von der Stufenoberkante aus gemessen. Senkrechte Absturzhöhen bis zu

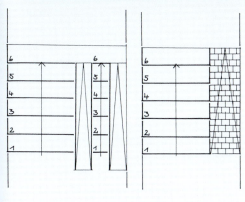

Oben: Das Beispiel zeigt, daß außer den üblichen Rampen für Kinderwagen und Fahrräder in der Treppe auch Lösungen zu finden sind, die treppenunabhängig zum Ziel führen. Immer ist dazu aber ein planerisch vorher überlegter Ansatz aus der Gesamtkonzeption heraus zu entwickeln.

Ganz links: Kinderwagenrampe mit zwei Fahrspuren und Mitteltreppe. Grundriß

Links: Fahrradrampe mit einer Fahrspur, gepflastert. Grundriß

1 m neben der Treppe erfordern baurechtlich keine Absicherung. Über diese Höhe hinaus sind jedoch regelrechte Geländer mit senkrechter oder treppenparallel geführter Stabfüllung erforderlich. Wird die Treppe durch Körperbehinderte oder alte Menschen genutzt, so müssen, jedoch unabhängig von einer baurechtlichen Notwendigkeit, in jedem Fall Handläufe montiert werden.

Im Garten sind diese Sicherheitseinrichtungen möglichst einfach und unauffällig auszuführen. Dazu genügen verzinkte Metallrohre mit runden oder rechteckigen Querschnitten. Wo es angebracht ist, können Handläufe auch kleine »Kunstwerke« sein. Begleitet eine hohe Mauer die Treppen, wird der Handlauf an der Mauer befestigt. Ergibt sich ein senkrechter Höhenunterschied neben der Treppe, wird der Handlauf entweder seitlich an den Stufen beziehungsweise der darunter liegenden Mauer angebracht oder mit Flanschen auf der Auftrittfläche aufgeschraubt. Bei gleicher Höhe von Treppe und seitlichem Gelände kann der Handlauf ebenfalls aufgeschraubt, besser jedoch in einem separaten Fundament neben der Treppe installiert werden. Niemals sollten Handlauf- oder Geländerverankerungen durch groß dimensionierte Bohrungen in die Auftrittsflächen der Stufen erfolgen. Dort sammelt sich Niederschlagswasser, weil die Fuge niemals dicht herstell-

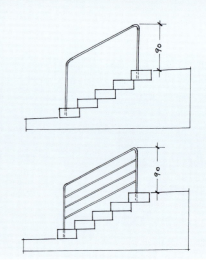

Oben links: Dieses Bild vermittelt einen guten Eindruck dazu, wie unauffällig notwendige Handläufe sein können. Die leicht profilierten Stufen mit den Schattenfugen verstärken noch die Leichtigkeit der Treppe.

Oben rechts: Ein einfacher Handlauf aus Stahlrohr. Regelschnitt

Unten rechts: Ein einfaches Stabgeländer aus Rundstahl. Regelschnitt

bar ist, das einbetonierte Stahlrohr rostet, und bei Frost kann »weiches« Stufenmaterial, wie zum Beispiel Sandstein, abplatzen.

Stufenmaterialien

Stufen aus Naturstein. Naturstein gilt als das wertvollste, ist aber auch das teuerste Material. Das Sortiment im Handel ist sehr vielfältig, obwohl Haltbarkeit und Frostbeständigkeit die Verwendung im Freien einschränken. Neben der Witterungsbeständigkeit ist eine weitere Voraussetzung, daß große Stücke aus dem jeweiligen Material herausgearbeitet werden können, denn die einzelnen Stufenteile dürfen nicht zu klein ausfallen, um sicher zu liegen. Während spaltbares, plattiges Material für Leg- und Stellstufen noch geeignet ist, können Blockstufen nur aus kompaktem Fels gefertigt werden. Neben diesen technischen Einschränkungen ist auch zu entscheiden, ob eine Angleichung an das Material von Wegen und Plätzen wünschenswert ist oder ein Kontrast gesucht wird. Normalerweise wird eine Materialeinheit vorgezogen. Auftrittsflächen dürfen wegen der Gehsicherheit nicht zu glatt sein – also *keinesfalls* sollen geschliffene oder gar polierte Flächen verwendet werden.

Als härtestes und dauerhaftestes Material gelten Urgesteine wie Granit, Porphyr, Gneis, Quarzit. Diese Gesteine, ausgenommen Granit, lassen sich zu Platten spalten, die für Legstufen geeignet sind. Nur der Granit kann auch zu Blockstufen gesägt werden. Die Spaltflächen sind rauh und stets etwas uneben; die Kanten ebenfalls gespalten. Gesägte Blockstufen weisen völlig ebene, leicht rauhe Oberflächen auf, wobei die Vorderseite auch nachbearbeitet (bossiert oder gespitzt) werden kann, um eine monotone Treppe zu vermeiden. Durch Beflammen wird die gesägte Trittfläche noch etwas griffiger.

Die Farbpalette reicht von Weißgrau über Rotgrau bis Grünlichgrau. Bei Porphyr dominiert der braunrote Farbton. Alle diese Gesteine weisen ein dichtes Gefüge auf, die Verschmutzung ist deshalb gering. Moose und Algen siedeln sich kaum an.

Basaltlava und Kalktuffgesteine sind porös, aber sehr hart und widerstandsfähig. Das Material ist nur gesägt im Handel. Es lassen sich alle Stufenarten herstellen. Während Basaltlava grauschwarz aussieht, hat Kalktuff eine gelbbraune Farbe, die später vergraut. Die Porosität bewirkt in Schattenzonen jedoch eine schnelle Moosbesiedelung (Rutschgefahr).

Sedimentgesteine wie Muschelkalk, Travertin, Sandstein oder Grauwacke sind durch Schichtungen gekennzeichnet. Das Material ist schlecht spaltbar; ausnahmslos werden daraus nur gesägte Stufen hergestellt, deren Vorderseite nachträglich bearbeitbar ist. Glatte Flächen wirken bei Kalksteinen aber durch die im Kalkschlamm eingeschlossenen Muscheln und Höhlungen sehr lebendig. Muschelkalk ist grau bis bläulich oder auch gelblich; Travertin ist mehr gelbbraun. Die Kalksteine sind gegen normale Witterungseinflüsse unempfindlich, jedoch nicht gegen Säure (saurer Regen!).

Über eine gleichmäßige feine Materialstruktur verfügen Sandsteine. Die Stufenkanten sind deswegen nicht so scharfkantig. Die Farben reichen von Hellgelb über Gelbgrün bis Rotbraun und Grau. Die Haltbarkeit von Sandstein ist je nach Bindemittel sehr verschieden: Steine mit tonigem Bindemittel zerfallen bereits nach einigen Jahren; kalkgebundenes Material ist beständiger, jedoch gegen Säure empfindlich. Durch die poröse Struktur ist eine hohe Wasseraufnahmefähigkeit gegeben, Frostschäden, wie abschiefern beziehungsweise absanden der Oberfläche, werden dadurch gefördert. Am dauerhaftesten sind mit Kieselsäure verkittete Sandsteine.

Auf verschatteten und feuchten Treppen bilden sich schnell Algen- und Moosbeläge, erhöhte Rutschgefahr ist hier die Folge.

Hinweise für Material und Verarbeitung sind in der DIN 18332, Naturwerksteinarbeiten, zu finden. Die Abmessungen sind nicht genormt.

Stufen aus Beton. Der Beton ist für Stufen ein sehr brauchbares Material. Der einfache Produktionsprozeß ermöglicht einen günstigeren Preis im Vergleich zum Naturstein. Deshalb dominiert bei diesem Material auch die *Blockstufe*, weil die Materialkosten keine entscheidende Rolle spielen. Neben der normalen Betonfarbe sind zahlreiche Oberflächenvorsätze im Handel, die ebenfalls bei Platten- und Pflasterbelägen Anwendung finden. So kann ohne Schwierigkeiten die Materialeinheit vollzogen werden. Herstellbar sind praktisch alle Natursteinfarben durch Verwendung von griffigem Splitt, der auf den Beton aufgepreßt wird. Künstliche Einfärbungen sollen vermieden werden, sie bleichen mit der Zeit unter Witterungseinwirkungen aus. Normale Betonoberflächen und Vorsatzbeton können durch Auswaschungen und Aufrauhungstechniken (Spitzen, Stocken, Sandstrahlen) eine Struktur erhalten.

Der rauhe Auftritt und gebrochene Kanten (Fase) sind bei der Betonstufe wichtig! Letzteres vermindert beim Transport und Setzen die Beschädigungsgefahr und sieht auch besser aus. Betonblockstufen werden in der Regel nicht mit Stahlbewehrung ausgestattet, ausgenommen große Längen über 250 cm. Aber am Hang sollten nicht zu große Längen Verwendung finden, da das Versetzen immer noch durch Handarbeit geschieht. Ein Meter Blockstufe wiegt bereits 120 – 140 kg, je nach Querschnitt.

Stellstufen werden meist ohne besondere Teile hergestellt. Vielmehr sind handelsübliche Kanten- und Bordsteine mit einer Tiefe von 40 cm in Gebrauch, die in einer Betonbettung stabilisiert werden. Da bei diesem Material die Oberflächen schmal bleiben und der Auftritt aus Belagsmaterial des Weges besteht, ist ein veredelnder Vorsatz nicht üblich.

Für Betonstufen gilt die DIN 18333, Betonwerksteinarbeiten.

Stufen aus Klinkern. Sind für eine Gartenanlage Klinkermauern und Klinkerbeläge vorgesehen, liegt es nahe, bei erforderlichen Stufen auch diese aus dem Material herzustellen. Das ist grundsätzlich möglich, wenn ein starres Betonfundament die Basis bildet. Die Klinker werden darauf als Rollschicht aufgemauert. Besonders sorgfältig müssen die Fugen behandelt werden, sonst passiert das Gleiche wie bei den Mauern: Kalkausblühungen und Frostschäden sind die Folge. Selbstverständlich muß das Klinkermaterial frostbeständig sein. Hier gilt das Gleiche wie bei Klinkermauern (siehe Seite 80). Gegenüber einer massiven Blockstufe ist eine aus vielen Einzelteilen zusammengesetzte Stufe immer schadensanfälliger und deshalb nur in besonderen Fällen empfehlenswert.

Für Materialqualität, Steingröße und Verarbeitung gilt die DIN 105.

Stufen aus Holz. Holztreppen werden gerne propagiert, um der oft gewünschten

Links: Die Treppe ruht auf einem Plattenfundament, das auf Streifenfundamenten oben und unten lagert. Nachteilig wirkt sich aus, daß das Sickerwasser nicht in den Baugrund ablaufen kann, sondern durch die Lagerfugen austritt. Es können sich dort Kalkausblühungen bilden. Grundriß und Schnitt

Rechts: Die Treppe lagert auf einem Streifenfundament. Vorteilhaft ist hier die bessere Versickerung von Niederschlagswasser im Baugrund. Grundriß und Schnitt

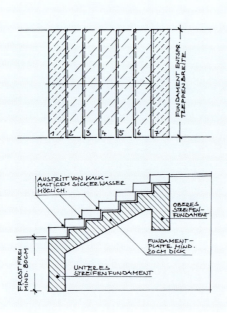

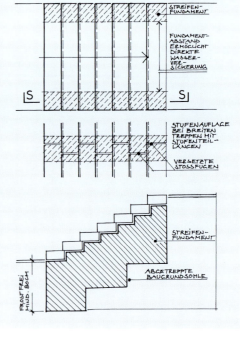

Naturgartenvorstellung zu entsprechen. Leider ist dieser Baustoff nur von begrenzter Haltbarkeit, wenn er Erdberührung erfährt. Akzeptiert man diesen Nachteil, können blockstufenartige, massive, kesseldruckimprägnierte Balken eine gute Lösung sein. Kiefer und Fichte, seltener Eiche sind geeignete heimische Hölzer, wobei die Fichte die geringste Lebensdauer aufweist. Aber bis etwa 15 Jahre hält eine Treppe, wenn ein wenigstens 30 cm dickes, wasserdurchlässiges Schotterbett in bindigen Boden gelegt wurde. Tropische Hölzer, wie Teak, Bongossi oder Afzelia halten zwar länger, sollten aber aus ökologischen Gründen nicht verwendet werden. Außerdem ist dieses Holz in massiver Form sehr teuer. Von den früher viel verwendeten alten Bahnschwellen wird inzwischen abgeraten, weil die damals übliche Teerölimprägnierung unter Krebsverdacht geraten ist. Hier gilt das Gleiche wie bei den Holzmauern (siehe Seite 88ff.). Die Gefährdung besteht aber nur bei längerem Hautkontakt, was bei Treppen nicht die Regel ist. Die Anwendung muß folglich jeder für sich selbst entscheiden. Auch solche Schwellen sind nach 25 Jahren von innen heraus vermorscht und die Auftrittsflächen brechen ein. Die Ausführung von Knüppelstufen wurde bereits bei den Stufenarten (siehe Seite 95) beschrieben.

Holzstufen werden bei Nässe sehr rutschig, weil das Holz Feuchtigkeit speichert und sich dann dünne Algenschichten auch in sonnigen Lagen bilden können.

Treppenfundamente

In der landschaftsgärtnerischen Praxis gibt es verschiedene Meinungen, wie ein zweckmäßiges Treppenfundament herzustellen ist. Je nach Situation kann sowohl eine starre als auch flexible Fundamentierung notwendig sein. Starre Fundamente bestehen aus **frost- und setzungssicher** gebauten Betonkonstruktionen, die abgetreppt in den Hang gesetzt werden und bis zum gewachsenen oder verdichteten Baugrund reichen, aber *mindestens* 80 cm tief (Frosttiefe) sein müssen. Das ist, bei stabilem Baugrund, die sicherste aber auch teuerste Methode.

Fundamentplatten, die der Treppenbreite entsprechen, werden auf Streifenfundamenten gelagert. Aber auch allein die Streifenfundamente können zur Gründung der Treppe dienen. Erstere Gründungsart erfordert mehr Material und die Stufen liegen mit voller Länge auf. Bei dieser Lösung kann das Niederschlagswasser, das durch die Treppenfugen eintritt, nicht im Boden versickern. Es tritt, weil es breitflächig auf der Platte abfließt, dann manchmal an den unteren Stufen aus und verschmutzt die Treppe mit Kalkschlieren (siehe hierzu Ausblühungen auf Seite 78 ff. hinterbetonierte Natursteinmauern). Solche Plattenfundamente sind deshalb nur bei schmalen oder kurzen Treppenläufen mit geringer Wasseransammlung gerechtfertigt.

Streifenfundamente sind abgetreppte Betonscheiben, die senkrecht zur Stufenlänge stehen. Die Stufen liegen jeweils nur mit den Enden auf. Werden Treppen aus Stufeneinzellängen zusammengesetzt, liegen die Fundamente unter den Stoßfugen. Der Hohlraum zwischen den Streifen wird mit Boden oder Schotter verfüllt. Der Aufwand für die Schalung und Abtreppung der Fundamente ist erheblich. Vorteilhaft ist aber die Versickerung von Oberflächenwasser oder Hangsickerwasser zwischen den Fundamentscheiben. Die Treppe bleibt vor Kalkausblühungen verschont. Solche Gründungen sind, wegen des hohen Aufwandes, nur bei sehr breiten Treppen oder exakten Anschlüssen an Bauten, die unverzichtbar stabil bleiben müssen, zu vertreten.

Treppen, die frei im Gelände liegen und nicht zu breit sind, erfordern nur selten diese aufwendige Fundamentierung. Hier erfüllt eine **flexible Gründung** in den meisten Fällen ihren Zweck. Auf dem verdichteten Baugrund wird eine Schotterschicht aufgebracht, die bei bindigen Böden mindestens 30 cm Dicke betragen soll. Darauf werden die Leg- oder Blockstufen in 10 cm Splitt oder Magerbeton verlegt. Bei undurchlässigen Böden ist für eine solche flexible Gründung eine mindestens 80 cm tiefreichende Frostschutzschicht aus hohlraumreichem Mineralgemisch unter Umständen erforderlich. Die zusätzliche Schotterschicht kann dann entfallen. Sie wird durch die Frostschutzschicht ersetzt. Um den hangabwärts gerichteten Kräfte-

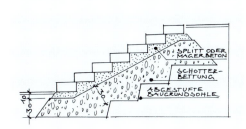

Flexible Schotterfundamente sind für die meisten Treppen ausreichend. Regelschnitt

schub vorzubeugen, ist die Baugrundsohle stets waagrecht und senkrecht abzutreppen und niemals schräg verlaufend herzustellen.

Diese flexible Gründung ist in den meisten Fällen ausreichend und wirtschaftlich vertretbar, wenn kleinere Verschiebungen der Treppe in späteren Jahren in Kauf genommen werden. Stellstufen müssen jedoch grundsätzlich in Beton verankert werden. Besonders wichtig ist hier eine »Rückenstütze«, damit sie dem hangabwärts gerichteten Schub standhalten und nicht nach vorne abkippen.

Fahr- und Gehwege

Befahrbare Wege im Hang gehören zu den schwierigsten Trassierungen, besonders wenn es steil und eng ist. Die Serpentine ist oft die einzige Lösung, um eine kontinuierlich verlaufende Fahrbahn herzustellen. Aber auch das ist nicht immer einfach, besonders wenn die Forderung besteht, am Hang die Fahrbahnbreite von mindestens 2,50 m einzuhalten. Hinzu kommen Aufweitungen in Kurven mit mindestens 6,50 m Außenradius für große PKW. Bei Feuerwehrzufahrten sind es sogar 3,00 m auf gerader Strecke und 5,00 m in Kurven sowie ein Außenradius von mindestens 10,5 m. Steigungsgrenzwerte von maximal 15 % (bei Feuerwehrzufahrten 10 %) begrenzen ebenfalls den Gestaltungsspielraum. Da für Feuerwehrzufahrten auf Grundstücken die DIN 14090 gilt, ist es kaum möglich, die Feuerwehrleute zu Kompromissen zu bewe-

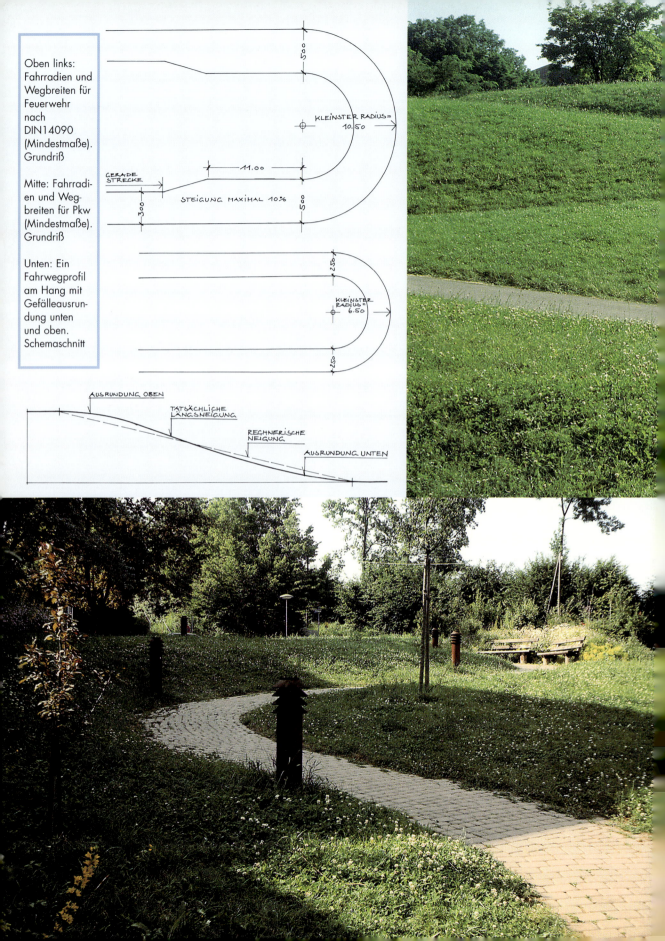

Oben links: Fahrradien und Wegbreiten für Feuerwehr nach DIN 14090 (Mindestmaße). Grundriß

Mitte: Fahrradien und Wegbreiten für Pkw (Mindestmaße). Grundriß

Unten: Ein Fahrwegprofil am Hang mit Gefälleausrundung unten und oben. Schemaschnitt

Links, großes Bild: Geschwungene Wege vermindern im Hang durch Streckenverlängerung das Gefälle. Für rollstuhlgerechte Wegeverbindungen, wie in diesem Beispiel, kann das entscheidend sein. Der Weg liegt etwas tiefer im Gelände; dieser Kunstgriff läßt die Anlage ganz selbstverständlich erscheinen.

Oben, großes Bild: Ein echter Serpentinenweg kann neben der reinen Zweckerfüllung auch eine optisch willkommene Hanggliederung ergeben, besonders wenn die Wegtrasse mit einer linearen Struktur deutlich ablesbar ist und damit die Topografie prägt.

Mitte, kleines Bild: Fahrwegserpentinen sind wegen der erforderlichen Wegbreiten und weiten Kurven nur nahtlos ins Gelände einzufügen, wenn genügend Umfeld angepaßt werden kann und damit eine großzügige Höhenangleichung möglich ist.

Unten, kleines Bild: Manchmal helfen auch Serpentinen und Treppen nichts, wenn wie hier der Steilhang und Gebäude aufeinandertreffen, ohne daß sich beides berührt. Stege sind dann ein willkommenes Hilfsmittel, um Gartenzugänge herzustellen.

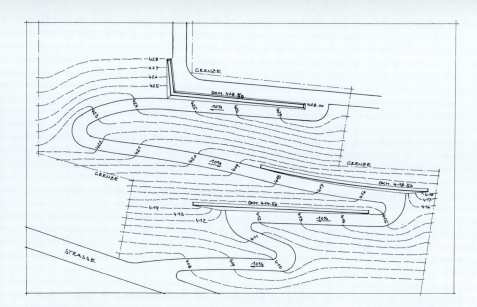

Oben: Beispiel für einen Gehweg ohne Fahrfunktion am Steilhang. Nur mit Stützmauern sind die engen Kurven zu bewältigen. Grundriß

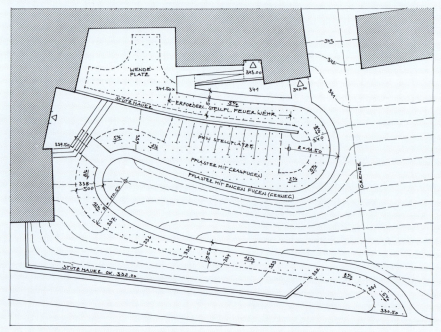

Unten: Beispiel einer Hangauffahrt mit kombiniertem Gehweg einschließlich Feuerwehrradien und -aufstellflächen. Grundriß

gen, mögen die Hangverhältnisse noch so schwierig sein. Das prägt die neue Topografie und schränkt die Gestaltungsfreiheit ein.

Immer sind auch die Ausrundungen bei Gefällewechsel in der Längsrichtung einzurechnen, damit die Fahrzeuge nicht vorn oder hinten aufsitzen. Diese Ausrundungen bewirken, daß die Steigung noch etwas steiler wird als zunächst bei grober Rechnung angenommen. Genaues und detailliertes Rechnen ist deshalb in solchen Situationen bereits beim Entwerfen unentbehrlich und nicht erst in späteren Planungsphasen. Manche Außenanlage ist oft in Zuschnitt, Flächengliederung und Formgebung zwangsläufig von den Fahrtrassen abgeleitet. Die »Kunst« ist es, keine Straße entstehen zu lassen, sondern eine in den Garten integrierte, durchgrünte und mit unauffälliger Randbegrenzung ausgestattete Fläche zu schaffen, die zwar befahren werden kann, aber als Gartenweg erscheint.

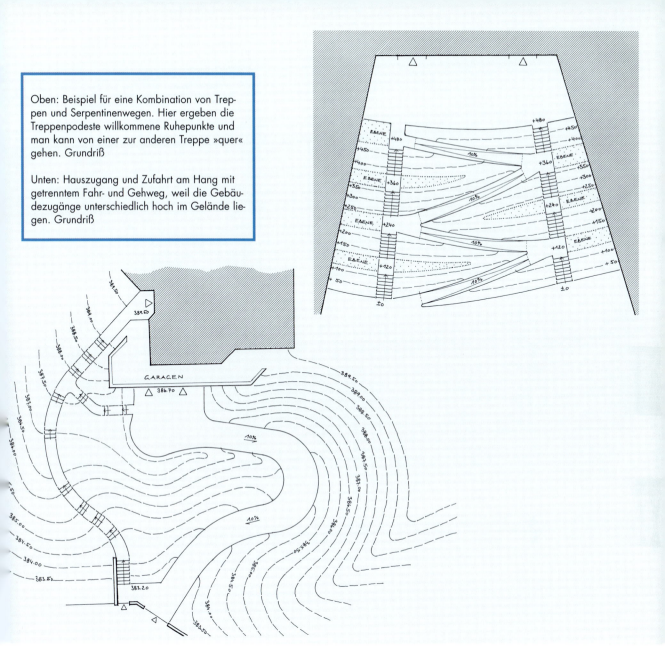

Oben: Beispiel für eine Kombination von Treppen und Serpentinenwegen. Hier ergeben die Treppenpodeste willkommene Ruhepunkte und man kann von einer zur anderen Treppe »quer« gehen. Grundriß

Unten: Hauszugang und Zufahrt am Hang mit getrenntem Fahr- und Gehweg, weil die Gebäudezugänge unterschiedlich hoch im Gelände liegen. Grundriß

Gehwege sind leichter in die Topografie einzufügen. Die Wahl der Wegbreiten und das Einsetzen von Treppen machen das Planen leichter. Plätze lassen sich besser angliedern, die Oberflächenentwässerung ist weniger problematisch. Während Fahrwege im Hang kurvenreiche, serpentinenartige Trassierungen ergeben, lassen sich mit Gehwegen gerundete, weiche und eckige, scharfe Wegkehrungen planen, mit der Chance, Plätze, Mauern und Treppen als »Gelenke« zu nutzen.

Da das Wegesystem als Einheit zu gestalten ist, müssen Fahr- und Gehwege gleichzeitig entworfen werden, damit nicht »Straße mit Gehweg« das Ergebnis ist. In der Regel ist die Fahrfunktion zuerst zu lösen und dann die Gehrichtungen. Im Endprodukt »Entwurf« muß beides miteinander verknüpft sein. Wie das zu geschehen hat, ist aus der jeweiligen Aufgabe zu entwickeln.

Dazu vier konkrete Beispiele an unterschiedlichem Gelände (siehe Zeichnungen).

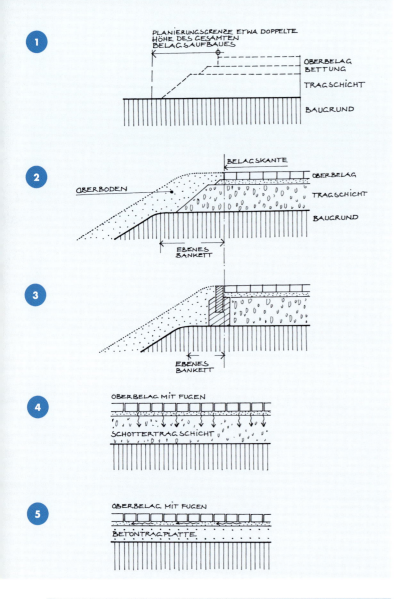

Der Bau von Wegen und anderen Belagsflächen am Hang

Für den Bau von Hangwegen gelten *nicht nur* die normalen Bautechniken und Regeln wie für Wege in der Ebene, denn der Hang bringt auch hier besondere Probleme mit sich. Dazu sollen in der Folge praxiserprobte technische Hinweise und Regeln zur Planung beschrieben sowie Belagsmaterialien und deren Einbau speziell für Hangwege vorgestellt werden.

Baugrundprofilierung

Ein einwandfrei verdichteter Baugrund der künftigen Belagsflächen ist unerläßlich. Längs- und Quergefälle sind entsprechend der Tragschicht- und Endbelagsdicke zu profilieren und herzustellen. Die Planierungsfläche ist dabei stets etwas über den geplanten Belagsrand hinaus vorzubereiten, um den Schüttkegel der Tragschichten aufnehmen zu können. Das Quergefälle breiter Wege ist in der Regel zur Bergseite hin geneigt. Dort sind Randausspülungen weniger schadensträchtig als auf der Talseite. Je breiter der Weg, um so wichtiger ist die Querneigung zum Hang. Hinzu kommt noch, daß auf langem Weggefälle mehr abfließendes Niederschlagswasser anfällt als auf kurzem. Lediglich bei schmalen, untergeordneten Wegen, auf denen sich wenig Wasser sammeln kann, spielt die Querneigung zum Hang eine untergeordnete Rolle.

Tragschichten

Je nach zu erwartender Verkehrslast sind, wie allgemein üblich, Einbaudicke und Materialien so zu wählen, daß keine Verformungen im Wegebelag entstehen können. Folglich erhalten Fahrflächen Einbaudicken zwischen 40 und 50 cm. Bei reinen Gehflächen genügen 20 – 30 cm. In der Regel werden für Fahrflächen eine kornabgestufte, ungebundene Schotterlage, Körnung 0/32 oder 0/45, bestehend aus Schotter, Splitt und Brechsand verwendet. Geh-

1 Baugrundplanierung bei Wegen ohne Randbegrenzung.

2 Eine Tragschicht mit Schüttkegel erfordert ein breiteres Bankett.

3 Eine Tragschicht mit Randbegrenzung erlaubt ein schmaleres Bankett.

4 Sickerfähige Mineraltragschichten sind zu bevorzugen. Das Wasser kann langsam versickern.

5 Starre Betontragschichten sind ungünstig. Das Sickerwasser »kriecht« zu den Tiefpunkten und kann sich dort anstauen.

Jeweils Regelschnitt

flächen kommen auch mit einem Kies-Sand-Gemisch, Körnung 0/32 aus. Schottertragschichten sind jedoch aufgrund der gebrochenen Körnung stabiler. Das Material verkeilt sich bei Verdichtung besser miteinander als die rundlich-glatten Steine einer Kiestragschicht. Bei sehr bindigen und wasserhaltenden Böden können zusätzliche, bis an die Frostgrenze von mindestens 80 cm reichende Frostschutzschichten erforderlich werden, wofür die oben genannten Materialien ebenfalls Verwendung finden. Die Tragschichten können seitlich ohne Randbegrenzung mit einem Schüttkegel enden. Das bedingt einen breiteren, ebenen Randstreifen (Bankett) neben dem Weg. Die Talseite bietet im Steilgelände dafür nicht immer genügend Raum. Besser ist an solchen Stellen eine Randbegrenzung (Pflasterzeile, Bordstein), die den Rand exakt stabilisiert. Hier kann die Hangneigung unmittelbar danach beginnen.

Diese flexiblen mineralischen Tragschichten sind im Vergleich zu betonierten Flächen stets zu bevorzugen. Keinesfalls darf aus Furcht vor Setzungen bei hohen Auffüllungen zu einer starren Betontragschicht, anstelle einer flexiblen Mineraltragschicht gegriffen werden. Die erhoffte Setzungssicherheit ist trügerisch: Einmal kann Oberflächenwasser nicht vertikal aussickern, sondern »kriecht« jeweils zu den Tiefpunkten und staut sich dort an. Zum anderen ergeben die Übergänge zwischen starrer Betonplatte und wechselfeuchtem Geländeanschluß im Belag stets sichtbare und sich verändernde Unebenheiten.

Belagsmaterialien
Während auf ebenen Flächen alle gebräuchlichen harten und weichen Belagsmaterialien möglich sind, sowie weitgehend durch formale Gestaltung und geplante Nutzung

> Nur zwei Belagsmaterialien bestimmen die Gartenwege: Betonpflaster mit engen Fugen für die Hauptwege und mit breiten Rasenfugen auf den Plätzen. Rasenklinker für den Nebenweg als Zwischenglied, um die Rasenfläche möglichst geringfügig zu stören. Wenn die Rasenfugen voll entwickelt sind, wird sich die Dominanz der Steinflächen verringern.

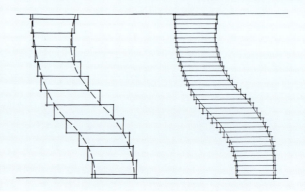

Geschwungene Wegführungen
Jeweils Grundrißdarstellung

Links: Bei großen Steinformaten ergibt sich ein starker Randversatz.

Rechts: Bei kleinen Steinformaten bildet sich ein schwacher Randversatz.

Hangparallele Wege verlaufen im gleichmäßig geneigten Steilhang immer zwangsläufig geradlinig. Mit unregelmäßig behauenen Natursteinplatten kann die starre Linie aufgelöst werden.

entschieden werden, gelten am Hang Einschränkungen. Je nach Gefälle und Flächengröße ist bei allen Materialien zu prüfen, ob durch schnell abfließendes Oberflächenwasser eine erhöhte Erosion und damit häufiger Reparaturaufwand zu erwarten ist. Hierzu zählen die wassergebundenen Kies-, Splitt-, Sand- oder Rindenschrotdeckschichten. Auf den gefällelosen oder schwach geneigten Terrassierungen können diese Materialien selbstverständlich ohne Einschränkung verwendet werden. Steile Rasenwege sind zumindest bis zum Erreichen einer stabilen Gräserdecke stark erosionsgefährdet. Diese Ausführung wird ohnehin wegen der mühsamen Mäharbeit am Hang selten erwogen. Selbst die beständigen Platten-, Pflaster- oder bituminösen Schwarzbeläge dürfen bei starken Steigungen keine zu glatten Oberflächen ergeben, um die Geh- und Fahrsicherheit nicht zu beeinträchtigen. Grüne Steinbeläge sind immer möglich, wenn die Steine den Belastungsdruck aufnehmen und die Ränder stabilisiert sind. Überhaupt ist der Randausbildung, besonders von steilen Fahrwegen, besondere Aufmerksamkeit zu widmen, um Belagsfestigkeit und Erosionsschutz zu gewährleisten. Die so wichtige Detailausbildung solcher Ränder wird in einem besonderen Abschnitt behandelt (Seite 120 ff.).

Beeinflußt wird die Materialwahl weiterhin durch die Geometrie der Gestaltung: Winklig angeordnete und wenig geneigte Wege und Plätze lassen sich mit relativ großformatigen Belagselementen herstellen. Für kurvige und geschwungene Wege und Plätze erweisen sich dagegen kleinformatige Belagsstrukturen anpassungsfähiger an wechselnde Höhenverhältnisse. Fazit: Je größer das Einzelteil eines Belages, umso starrer wird die Flächenform. Je nach Formgebung eröffnen sich aber auch vielgestaltige Kombinationen, wenn beide Prinzipien richtig eingesetzt werden. Beim Entwerfen sollte deshalb stets das mögliche Material mitbedacht werden, damit Form und Material im Einklang zueinander stehen. Eigentlich sind solche »Weisheiten« selbstverständlich, aber man sieht in dieser Hinsicht immer wieder erstaunliche Ergebnisse.

Natursteinplatten

Das traditionelle, aber teure Material ist

nach wie vor beliebt. Seine Verwendung scheitert meist nur an den Kosten. Es behält seine vorgegebene Struktur und Farbe und altert »anständig«. Für den Freibereich muß es ausreichend frostbeständig sein, auch die Verkehrsbelastung entscheidet über den Einsatz. So sind Granite und die verwandten Gneise stabiler als Sandsteine oder Kalkgesteine. Bei Granitplatten ist gesichert, daß sie auf normalen Tragschichten größere Verkehrslasten unbeschädigt überstehen. Jedoch muß die Normalplattenstärke von etwa 5 cm auf 10 – 15 cm verstärkt werden, wodurch sich eine zusätzliche Teuerung ergibt. Es ist deshalb bei Fahrwegen in der Regel von Plattenbelägen abzuraten. Die gelegentlich gewählte Lösung einer Betontragschicht ist keine gute Lösung (siehe Seite 108, 109, Tragschichten) Die Platten müßten sonst auch in Mörtel verlegt werden, wobei die Fugen niemals wasserdicht herzustellen sind. Durch die Fugen eindringendes Oberflächenwasser löst bei Frost die Platte, diese wackelt und zerbricht dann unter Belastung. Grundsätzlich ist zu empfehlen, Platten in einem Sand- oder Splittbett von 3 – 5 cm auf die mineralische Tragschicht zu verlegen und die Fugen mit Sand einzuschlämmen. Zu beachten ist am Hang ebenfalls die Gehsicherheit der Oberflächen. Wasserspeichernde Gesteine, wie Sandstein, Kalktuff, Basaltlava bewachsen sich in Schattenzonen schnell mit Algen und Moos. Es wird rutschig. Gespaltene Steinflächen (Granite, Gneise, Porphyr) mit unregelmäßiger Oberfläche bieten gute Sicherheit bei starken Gefälleneigungen. Gesägte Platten können zusätzlich durch Nachbehandlung, wie Sandstrahlen oder Beflammen, aufgerauht werden. Genauere Materialbeschreibungen sind bereits unter dem Abschnitt »Stufen aus Naturstein« (siehe Seite 100) aufgeführt. Die Auswahl zwischen regelmäßigen rechtwinkligen Formaten, unterschiedlichen Größen und polygonalen, das heißt unregelmäßigen Formen, ermöglicht eine breite Anwendungspalette. Besonders die polygonalen Platten erlauben jede Richtungsänderung bei Hangwegen. Auf Wunsch wird jedes Format und jede Dicke geliefert, denn die Urform sind natürliche Felsen. Bei Betonplatten ist das anders, da ist die Form durch die Maschine vorgegeben.

Spezielle DIN-Normen gibt es für Natursteinplatten nicht. Allgemeine Grundsätze über Plattenbeläge enthält die DIN 18318 und DIN 18332, Naturwerksteinarbeiten; letztere im Hinblick besonders auf Maßtoleranzen.

Betonplatten

Vielfältige Formate, Farben und Oberflächenstrukturen bestimmen das Angebot von Betonplatten. Sie sind erheblich billiger als Naturstein und unbegrenzt haltbar, wenn keine Verkehrslasten darüber rollen. Hier gilt das Gleiche wie bei Natursteinplatten: Befahrbare Betonplatten müssen ebenfalls erheblich dicker (bis 15 cm) als normale (5 cm) und gegebenenfalls sogar stahlarmiert sein. Es überwiegen im Handel quadratische oder rechteckige Formate. Ornamentale Aufdringlichkeit ist uninteressant, außerdem wirken an Anschlüssen abgeschnittene Muster unglücklich. Die maschinengeformte Regelgrößen sind 40 × 40 cm, 40 × 60 cm oder 50 × 50 cm und viele Größen dazwischen. Die Plattendicke beträgt in der Regel 5 cm. Das erlaubt sicheres Lagegewicht bei einem flexiblen Sand- oder Splittbett. Die Flächen sollten ausreichend griffig sein. Neben der normalen Betonfarbe, die selten gefällt, sind zahlreiche Oberflächenvorsätze im Handel. Es sind zweischichtige Platten: Auf den Normalbeton ist ein mindestens 1 cm dicker Vorsatzbeton aus Natursteinkies oder -splitt aufgepreßt. Diese Platten sind im Gegensatz zu eingefärbten sehr farbbeständig. Diese Vorsätze können wie normaler Beton auch durch Auswaschen oder Aufrauhungstechnik (Sandstrahlen, Stocken) noch griffiger hergestellt werden.

Die Güteanforderungen an Betonplatten sind in der DIN 485 niedergelegt. Die Ausführung ist in der DIN 18318 geregelt.

Grundmuster für Natursteinplatten
Jeweils Grundrißdarstellung

Oben: Unregelmäßig, polygonal.

Mitte: Rechtwinklig, verschiedene Größen im »römischen Verband«.

Unten: Rechtwinklig, verschiedene Größen im Reihenverband.

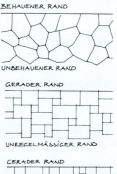

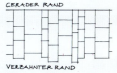

> Betonplatten und Treppen verlaufen parallel zum Gebäude hangaufwärts. In Anlehnung an das Bauwerk ist hier die präzise Linienführung der Betonerzeugnisse folgerichtig.

Für gerade Wege mit eckiger Richtungsänderung paßt das Material gut. Schwierig wird es bei geschwungenen Wegführungen. Hier müssen durch das Verschieben der Plattenreihen oder auch durch Einfügen von Pflasterungen mehr oder weniger starke Versätze an der gewünschten Ideallinie »entlanghangeln«. Das ist nicht zwangsläufig nachteilig, sondern kann bei bewußter Detailplanung zu reizvollen grafischen Gestaltungen führen. Selbstverständlich lassen sich auch durch Abweichungen von der Verlegerichtung Richtungsänderungen erzeugen, nur ist das mit erheblicher Einpaßarbeit verbunden und ergibt oft kleine Reststücke an den Anschlüssen. Die oben beschriebene eingeschränkte Befahrbarkeit von Betonplatten hat dazu geführt, daß auch kleinformatige und dickere Platten entwickelt wurden, die aber deshalb mehr in die Nähe von Pflaster rücken. Die großen Umsätze, das wurde von den Herstellern schnell erkannt, lassen sich nur mit befahrbaren Belägen erzielen, wie sie beispielsweise für Fußgängerzonen mit Lieferverkehr gefordert werden.

Für »grüne Plattenbeläge« wurde die Rasengitterplatte entwickelt. Die mehr oder weniger großen Löcher (Perforationen) werden mit Oberbodensubstrat gefüllt und mit Gras eingesät. Für begehbare Flächen sind ebene Oberflächen mit möglichst kleinen Löchern auszuwählen. Ausschließlich befahrbare Wege (Feuerwehr) können auch aus Platten mit großen Erdkammern bestehen. Gegenüber dem flexibler anwendbaren Betonpflaster mit Grasfugen kann die Großformatigkeit (Plattengröße etwa 40 × 60 × 10 cm) im Hanggarten ungünstig sein. Kurvenbau und Gefällewechsel sind schwierig herzustellen.

In diesem Zusammenhang ist noch auf ein neues Produkt hinzuweisen, das aus Recycling-Kunststoff entwickelt wurde: Die Rasenwabe. Wie Bienenwaben sind sechseckige, durch senkrechte schmale Stege verbundene Öffnungen zu Platten von etwa 40 × 60 × 5 cm verbunden. Mit Erde verfüllt sind die schmalen Kunststoffstege kaum zu sehen, bei Rasenbewuchs nahezu nicht mehr. Das Ganze ist hoch belastbar mit Feuerwehrzulassung und unverrottbar. Die Begehbarkeit ist allerdings wegen der schmalen Stege nicht günstig. Überall dort aber, wo das Betongitter der Rasenplatten längere Zeit sichtbar bleibt, ist die Wabe kaum mehr zu sehen, aber trotzdem als »armierter Rasen« belastbar.

Natursteinpflaster
Pflastersteine ergeben immer kleinteilige und fugenreiche Beläge. Aus Naturstein wirken sie, bedingt durch Farbvariationen und spaltrauhen Oberflächen, besonders lebendig. Die Kosten sind allerdings auch

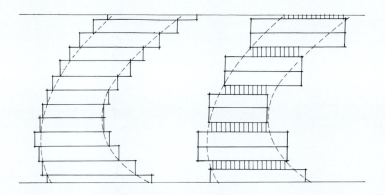

Geschwungene Wegeführung mit Plattenbelag
Jeweils Grundrißdarstellung.

Kurven werden am einfachsten durch Verschieben der Plattenreihen entlang der gedachten Wegelinie gebildet. Plasterstreifen können dazwischen eingefügt werden.

Spitzenklasse. Hartgesteine, allen voran Granite gefolgt von Porphyr, weniger Melaphyr oder Basalt sind das Ausgangsmaterial. Andere Gesteine sind weniger gebräuchlich, allenfalls noch gelegentlich Kalksteinpflaster oder Sandsteine. Beides aber mehr an historischen Anlagen. Die normale Steinform ist der Würfel mit allseits gebrochenen Flächen und scharfen Kanten. Es werden in der Regel drei Größen gehandelt: Mosaikpflaster 4 – 6 cm, Kleinpflaster 8 – 10 cm, Großpflaster 12 – 16 cm (jeweils Kantenlänge). Die Farbpalette reicht von Weißgrau über alle Graustufen bis Dunkelgrau und rötlichen Farbtönen bei Graniten. Porphyr ist meist violettbraun bis grau-rötlich, Basalt tiefschwarz, Melaphyr rotbraun oder grüngrau. Die Haltbarkeit dieser Hartgesteine ist nahezu unbegrenzt. Bei Porphyr kann es jedoch gelegentlich Abplatzungen geben, wenn die Steine nicht aus tiefen, unter hohem Druck entstandenen Abbauschichten stammen. Pflasterungen sind ohne Einschränkungen befahrbar, die Steine nehmen dadurch keinen Schaden. Die spaltrauhe Oberfläche ergibt auch eine ausreichende Griffigkeit, lediglich Basalt kann bei Nässe sehr glatt werden. Nahezu alle Flächenformen sind herstellbar, weil die unregelmäßigen Maßtoleranzen von bis zu 2 cm jede Anpassung erlauben. Wichtig ist die ausreichende Randstabilisierung, um ein seitliches Ausweichen des Pflasterbelages zu verhindern. (Siehe hierzu Abschnitt »Randabschlüsse« Seite 120 ff.)

Versetzt werden Pflastersteine üblicherweise engfugig in 3 cm Sand- oder Splittbett. Gepflastert wird in unterschiedlichen Verbänden. Am häufigsten und stabilsten ist die Pflasterung in Bögen, danach folgt der Reihenverband. Segmentbögen oder Schuppenpflasterung als Variante des Bogenverbandes sind wenig verbreitet und auch nur mit kleinen Formaten möglich. Der Polygonalverband (unregelmäßige Steinanordnung) ist ebenfalls selten anzutreffen. Alle drei Varianten sind auch handwerklich schwierig und deshalb wenig verbreitet. Die Fugenverfüllung erfolgt mit Flußsand und Wasserzugabe. Damit entsteht dann erst die Deckenstabilität. Anfangs ist mehrmaliges Nachsanden unbedingt erforderlich, da sich durch Niederschlagswasser der Sand in die Tragschicht einwäscht.

Grasdurchwachsene Natursteinbeläge sind durch einfaches Auseinanderrücken der Steine zu erreichen. Die Fugen erhalten anstelle der Sand- eine Erdverfüllung mit Grasansaat. Allerdings ist der Verbund der Steine durch die breiten Fugen sehr geschwächt und bei Fahrbewegungen ist mit Verformungen zu rechnen. Für ständig befahrene Steilflächen ist Graspflaster nicht zu empfehlen und wenn überhaupt, dann nur als Großpflasterformat. Durch das höhere Gewicht des Steines wird der Belag belastbarer. Ist die Grasnarbe mit der Zeit dicht und fest geworden, wird Graspflaster auch zunehmend stabiler.

Rasengitterplatten mit einer ebenen Oberfläche
Jeweils Grundrißdarstellung.

1 Betonplatten mit kleinen Erdkammern sind gut begehbar. Der Fuß kann die punktuelle Grasfläche überbrücken.

2 Betonplatten mit großen Erdkammern sind schlechter begehbar. Der Fuß kann beim Laufen verkanten.

3 Rasenwaben aus Kunststoff sind nur mit breiten Sohlen gut begehbar, weil die schmalen Stege des Gitters dünnen Absätzen keinen Halt bieten.

Verbindungen herstellen

Gebräuchliche Verlegearten bei Natursteinpflaster, mit Wegrandzeile
Jeweils Grundrißdarstellung.

1 In Bögen, zum Befahren ist es die stabilste Pflasterungsart.

2 In Reihen, beim Befahren können Steinverschiebungen auftreten.

3 Unregelmäßig, weist die geringste Fahrstabilität auf.

4 Pflasterrasen aus Naturstein. Bei Fahrwegen erhöhen quer zur Fahrtrichtung laufende und versetzte Fugen die Stabilität.

GEH- UND FAHRRICHTUNG

OFFENER WEGRAND

gleichen, verbleibt immer ein deutlicher Unterschied. Die formale Flexibilität des Natursteins, besonders bei Kurven, Anschlüssen und Gefällewechseln kann vom Betonpflaster nicht erreicht werden. Es ist deshalb zweckmäßig, bei der Planung stets von exakten Maßen und bei Richtungswechseln ohne aufwendiges Absägen von Steinen auszugehen, das heißt aus dem Steinformat eine dieser Gesetzmäßigkeit entsprechende Flächenform zu entwickeln. Bei Kurven ist es deshalb günstig, Längsreihen vorzusehen, um nicht ständig Richtungswechsel durch Sägefugen oder gar Einfügen von Keilen aus Natursteinpflaster bewerkstelligen zu müssen.

Es sind gefaste und scharfkantige Steine im Handel. Gefaste Steine nehmen kleinere Setzungen besser auf, ohne daß Stolperkanten entstehen. Allerdings wirken solche Beläge durch die kräftigen Fugen deutlich strukturiert. Scharfkantige Steine ergeben dagegen eine ruhigere Gesamtfläche. Das genormte rechtwinklige Format ist am verbreitesten. Die genormten Abmessungen bewegen sich zwischen 6 × 6 × 6 cm und 16 × 16 × 14 cm bei den Quadratformaten beziehungsweise 10 × 20 × 8 cm und 16 × 24 × 14 cm bei rechteckigen Steinen.

Die DIN 18501 regelt die Abmessungen und Qualitätsanforderungen dieser rechteckigen Formate. Für die Ausführung gilt DIN 18318. Zusätzlich existieren zahlreiche Abmessungen und Formen außerhalb der

Für Güteanforderungen und Abmessungen der Steine gilt die DIN 18502. Die Ausführung ist in der DIN 18318 geregelt.

Betonpflaster
Pflaster aus Beton ist die billigere Alternative zum Natursteinpflaster. Die maschinelle Steinherstellung ergibt immer technisch exakte Belagsflächen, und alle Steine sind maßgenau. Trotz mancher Bemühungen, Betonprodukte mit abgerundeten und variablen Kanten dem unregelmäßigen Flächenbild des Natursteinpflasters anzu-

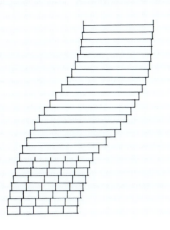 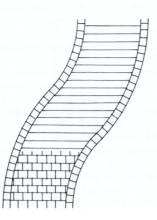 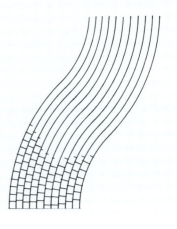

Oben: Geschwungene Wegeführung mit Betonpflasterbelag
Jeweils Grundrißdarstellung.

Links: Querreihen mit offenen, versetzten Rändern. Die Randsteine sollten bei befahrenen Flächen mit einem Mörtelkeil stabilisiert werden.

Mitte: Querreihen mit längslaufenden Pflasterzeilen als Belagsrand. Die Anschlüsse müssen eingepaßt werden. Eine arbeitsintensive Variante, durch die vielen zurechtzusägenden Paßsteine.

Rechts: Längsreihen ergeben eine präzise Linienführung und exakte Wegränder. Häufiges Befahren jedoch kann Steinverschiebungen durch seitlich wirksame Schubkräfte ergeben. Ein absolut stabiler Betongurt für die Randzeile ist dann unerläßlich. Einpaßarbeiten entfallen an den Wegrändern.

Unten Mitte: Gekurvte Pflasterwege lassen sich durch quer zur Gehrichtung laufende Steinreihen, die seitlich verschoben werden, herstellen. Es entsteht dabei ein verzahnter Rand, der so bleiben kann.

Unten: Ein ruhigerer Wegeverlauf bei Kurven ergibt sich gegenüber dem vorigen Beispiel, wenn die Steinreihen mit Längsfugen in Gehrichtung liegen. Der Weg erhält eine gleichmäßige Breite und klare Ränder.

Verbindungen herstellen

Links: Obwohl Betonverbundsteine nicht mehr gerne verwendet werden, haben sie doch am Hang gewisse Vorteile. Das Beispiel zeigt, daß trotz erheblicher Einwirkungen auf den Belag durch Bodenrutschungen die Belagsfläche (noch) zusammenhält.

Unten: **Handelsübliche Abstandshalter zur Stabilisierung des Rasenpflasters.** Ihr Einsatz ist nur bei gleichbleibenden Fugenbreiten möglich.
Jeweils Detail, Grundriß und Schnitt

1 Abstandshalter aus Beton.

2 Abstandshalter aus Kunststoff.

3 Abstandshalter am Stein angeformt.

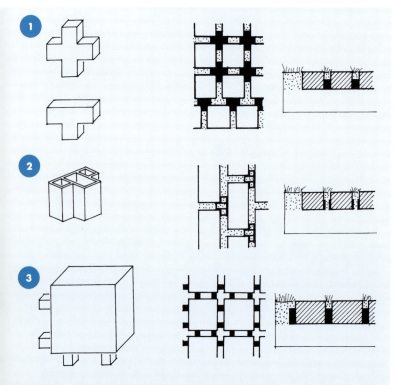

Normen, auf welche allerdings die Gütebestimmungen ebenfalls zutreffen.

Um die Randstabilisierung zu verbessern, wurde der Verbundstein erfunden, den es, abgeleitet vom Doppel-T-Format, inzwischen in zahlreichen Formen gibt. Das Prinzip der gegenseitigen Steinverzahnung zum seitlichen Rand hin ergibt einen lagestabilen Belag ohne zusätzliche Randbefestigung. Allerdings hat die einleuchtende Funktionsverbesserung zu oft aufdringlichen und unruhigen Steinformen geführt, so daß die Beliebtheit solcher Beläge zugunsten ruhiger rechteckiger Steinformen in letzter Zeit wieder nachgelassen hat. Die Oberflächenstrukturen bieten die gleiche Auswahl bei Natursteinvorsätzen und Nachbehandlungen der Ansichtsflächen wie bei den Betonplatten (siehe Seite 111).

Wegen der Vielfugigkeit des Belages wirken jedoch reine Betonsteine nicht so öde wie das bei Betonplatten manchmal der Fall ist.

Für »grüne Steinbeläge« ist es gegenüber dem Natursteinpflaster vorteilhaft, die Fugenabstände durch Abstandshalter stabilisieren zu können, bevor eine dichte Grasnarbe gewachsen ist. Für Abstandshalter sind genaue Steinmaße nötig, deshalb funktioniert das nicht bei Natursteinen, die

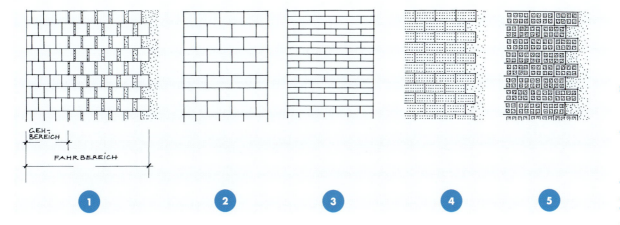

Maßtoleranzen aufweisen. Bei Hangwegen ist der Abstandshalter aus Beton oder Kunststoff ein großer Vorteil: Die Steine können sich trotz Schub- und Scherkräften beim Befahren auch anfangs nicht verschieben. Um diese Eigenschaft noch zu verbessern, empfiehlt es sich, Steingrößen nicht unter 20 × 10 cm, besser noch 16 × 16 cm zu verwenden. Es gibt auch Betonsteine mit bereits angegossenen Abstandsnocken, das ist noch praktischer. Sollen bei Fahrwegen, die mehr begangen als befahren werden, die dafür stets recht breiten Fahrbahnen weniger in Erscheinung treten, ist es optisch günstig, die Pflastersteine nur im Gehbereich dicht aneinander zu fügen. Zur Fahrbahn hin kann jedoch das Pflaster kontinuierlich mit immer breiter werdenden Fugen auseinander gezogen werden. Damit wird dann ein kaum spürbarer Übergang zur daran angrenzenden Grasfläche erreicht. Da in diesem Falle keine Abstandshalter zwischen den Steinen anwendbar sind, können sich mit der Zeit kleine Verschiebungen innerhalb der Reihen einstellen. Wegen der wechselnden Fugenbreite fällt das aber nicht unangenehm auf.

Klinkerpflaster

Als Klinker werden bis zur Sinterung hartgebrannte Vollziegel aus Tonerde bezeichnet. Die Normformate sind rechteckig in den Regelgrößen 24 × 11 cm und 20 × 10 cm. Die Steine werden scharfkantig oder abgefast hergestellt. Bei letzteren sind die Kanten gebrochen. Die Mindestdicke beträgt 4 cm. Darüber hinaus werden zahlreiche Sonderformate, wie Verbundsteine oder quadratische Kleinsteine, z.B. 5 × 5 × 5 cm gehandelt. Die natürliche Färbung reicht von Gelb über Rot bis Dunkelbraun mit allen Zwischenstufen und Schattierungen. Sehr wichtig ist die frostbeständige Qualität. Dichte und Härte des Materials sind von hohen Brenntemperaturen abhängig. Die Wasseraufnahme darf sechs Gewichtsprozente nicht überschreiten, sonst ist die Frostbeständigkeit gefährdet. Eine geringe Kapillarität bewirkt gleichfalls einen herabgesetzten Transport wasserlöslicher Salze an die Verdunstungsfläche und damit eine Verminderung der Ausblühungsgefahr. Die Steine können sowohl flach als auch hochkant gestellt (Rollschicht) verlegt werden. Mit geschicktem Wechselspiel lassen sich variationsreiche Belagsstrukturen aus dem gleichen Material entwickeln. Außerdem sind Kombinationen mit anderen Materialien, vor allem

1 Betonpflaster kontinuierlich von dicht gestoßenen Fugen zu allmählich breiter werdenden Rasenfugen verlegt. Zwischen den Reihen bleiben die Fugen durchgängig dicht gestoßen. Somit verschieben sich die Reihen nicht mehr gegeneinander. Grundriß

2 Pflasterklinker als Flachschicht. Grundriß

3 Pflasterklinker als Rollschicht. Grundriß

4 Fein gelochte Rasenklinker (Vormauerungsklinker). Grundriß

5 Grob gelochte Rasenziegel. Grundriß

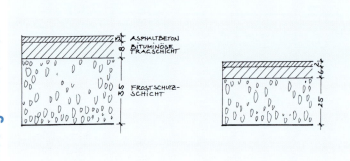

Bitumen gebundene Beläge

Jeweils Regelschnittdarstellung

Links: für gering belastete Fahrbahnen.

Rechts: für Gehwegflächen.

Platten möglich. Griffigkeit und Ebenflächigkeit sind gut. Lediglich an dauerfeuchten Stellen ist Veralgung und damit Rutschgefahr zu befürchten.

Als Güteanforderungen und Prüfkriterien für die Herstellungsqualität gilt die DIN 18503.

Für die Randausbildung gilt das gleiche wie für Pflaster aus Naturstein oder Beton: eine stabilisierende Kante ist erforderlich. Verbundsteine aus Klinkermaterial werden ebenfalls hergestellt. Nur ist hier das Problem, daß durch den Brennvorgang die Maßgenauigkeit geringfügig variieren kann und komplizierte Formen dann nicht immer genau ineinanderpassen. Der rotbraune Farbton ist beliebter als eine Betonfarbe, deshalb werden die deutlich teureren Klinker einem normalen Betonstein vorgezogen. Die Befahrbarkeit ist gewährleistet, wenn die Steine wenigstens 7 cm dick sind.

Mit gelochten Klinkern lassen sich auch »grüne« Steinbeläge herstellen. Neben den üblichen grobgelochten Pflasterklinkern sind auch Vormauerungsklinker für Gebäudefassaden geeignet, die viele kleine Löcher aufweisen. Stein und Grün verschmelzen bei dieser Klinkerart zu einem feinstrukturierten Gesamtbild. Es sind auch Rasenziegel im Handel, nur sind diese nicht hart gebrannt, so daß die Beständigkeit des Materials nicht immer gewährleistet ist. Vorteilhaft für den Graswuchs ist allerdings die höhere Wasserspeicherung der Steine, eine Folge des »normalharten« Brandes ohne Sinterung. Für selten benutzte Flächen ist diese mangelnde Witterungsbeständigkeit auch nicht so wichtig, wenn das Grün üppig dominiert.

Bitumengebundene Beläge

Diese Bauweise stammt aus dem Straßenbau und wird im Unterschied zu den zuvor beschriebenen Belägen fugenlos hergestellt. Eine absolute Flächenversiegelung ist das Ergebnis. Der Grundstoff Bitumen, aus Erdöl gewonnen, wird mit Kies, Splitt oder anderen Mineralkörnungen gemischt und unter der Bezeichnung Asphaltbeton heiß (120 – 140 °C) als Deckschicht auf einer ebenfalls bituminösen Tragschicht aus gröberen Materialkörnungen eingebaut. Darunter muß immer eine Frostschutzschicht aus mineralischer Körnung, wie Schotter oder Kies hergestellt werden. Der Aufbau ist für Fahr- und Gehflächen prinzipiell gleich, nur variieren die Einbaudicken des Materials.

Bitumenbelag auf Fahrbahnen und Gehwegen (siehe Zeichnung)
- Für Fahrbahnen (PKW und kleine Lieferfahrzeuge) 3 cm Asphaltbeton (Deckschicht), Körnung 0/5 mm, 8 cm bituminöse Tragschicht, Körnung 0/32 mm, etwa 35 cm Frostschutzschicht (je nach Bodenart, bei sandigen weniger, bei stark wasserhaltigen Lehmböden auch mehr).
- Für Gehflächen 2 cm Asphaltbeton (Deckschicht), 6 cm bituminöse Tragschicht, 25 cm Frostschutzschicht.

Die gestalterische und technische Anwendung bitumengebundener Beläge ist von einigen Bedingungen abhängig.

Gestalterisch wichtig sind:
- Gute Gliederung der eintönigen Flächen.
- Klare Begrenzungen durch befestigte Ränder (Pflasterzeile, Bordstein).
- Genaue Planung der Flächengröße, da nicht wie bei Pflasterungen oder Platten die Flächen beliebig vergrößert oder verkleinert werden können, ohne häßliche »Nähte« zu hinterlassen.

Technische Voraussetzungen für Bitumenbeläge am Hang:
- Ein absolut setzungsfreier Baugrund – das ist beim Hanggarten besonders problematisch –, sonst entstehen Risse im Belag, die zwar mit Bitumenemulsion auszugießen sind, aber immer häßlich bleiben.
- Eine ausreichende Dicke der Frostschutzschicht, um ein Auffrieren des Belages zu verhindern.
- Unbedingt eine Randbegrenzung zur Sicherung der Deckenränder, dies ist am Hang talseitig besonders wichtig.
- Das genaue Einpassen von Entwässerungspunkten, wie Abläufe und Rinnen.
- Flächen, die groß genug sind, um Handeinbau zu vermeiden.
- Flächen, die mit Walzen erreichbar sind, also möglichst keine Treppenpodeste oder engen Höfe.

Der Einbau wird meist in zwei Arbeitsgängen vorgenommen:

Frostschutzschicht und bituminöse Tragschicht schaffen als ersten Arbeitsgang zunächst eine benutzbare Fläche. Erst nach Abschluß aller Bauarbeiten wird als zweiter Arbeitsgang die Asphaltbetondeckschicht aufgebracht, um Beschädigungen während der Bauzeit zu vermeiden. Vor Aufbringen der Deckschicht ist die Tragschicht zu reinigen und mit einem bituminösen Bindemittel anzuspritzen, um die Haftfähigkeit der Deckschicht sicherzustellen.

Vorteile bituminöser Belagsdecken:
- Es entstehen ebenflächige Beläge ohne Stolperkanten und schwierigen Anschlüssen.
- Problemloses Zusammenbinden unterschiedlicher Höhen zu einer homogenen Fläche.
- Durch entsprechende Mineralstoffmischung der Deckschicht läßt sich der Rauhigkeitsgrad steuern.

Nachteile bituminöser Belagsdecken:
- Reparaturen von Setzungen oder Beschädigungen erzeugen ewig sichtbare »Flickenteppiche«.
- Die schwarzen, strukturlosen Flächen gefallen nicht jeden. Rote Einfärbungen sind auch nicht schön, relativ teuer und außerdem durch die Farbbeimischung (Eisenoxid) nur eingeschränkt haltbar.

Um die Oberflächenstruktur zu verbessern, lassen sich auch durch Oberflächenbehandlung, das heißt ein Ansprühen der Deckschicht mit bituminösem Bindemittel, anschließendem Abstreuen mit Splitt oder Kies und Walzen körnige Strukturen erzeugen, die ein wesentlich gartengemäßeres Bild ergeben. Nachteilig ist, daß auf Fahrflächen, besonders in Kurven, Anfahr-

Bei bituminösen Belagsflächen an Hängen kann eine Reparatur schwierig werden, wenn wie hier die haltgebende Pflasterzeile nachgegeben hat. Die entstandenen Risse lassen sich zwar mit Bitumenemulsion ausgießen, aber schön sieht es nicht mehr aus. Pflasterungen sind da einfacher und ohne bleibende Schönheitsfehler zu reparieren.

> Tränkdecke als einfacher bituminöser Belag.

> **Funktionelle Grundprinzipien für die Ableitung von Niederschlagswasser am Hang**
> Jeweils Grundrißdarstellung
>
> Links: Längsgefälle ohne Querneigung. Niederschlagswasser fließt auf ganzer Wegbreite ab.
>
> Rechts: Längsgefälle mit Querneigung. Niederschlagswasser fließt nur an einer Kante ab.

beziehungsweise Bremsstrecken oft ein ungleichmäßiger Abrieb dieser Splittschicht stattfindet, der dann besonders an Gefällestrecken durch Niederschläge abgeschwemmt wird. Der Belag kann dann wie ein »räudiges Fell« aussehen.

Bei zu kleinen Flächen erzeugt Handeinbau bei unqualifizierter Ausführung ungleiche manuelle Verdichtung. Das Aussehen der Flächen wirkt uneinheitlich, auch die Haltbarkeit leidet. Besonders Ränder können mit der Zeit schneller zerbröseln.

Die Ausführung bituminöser Beläge geschieht nach umfangreichen Regelwerken des Bundesverkehrsministeriums, die auf den Straßenbau gemünzt sind, aber auch für alle Wegebauarbeiten gelten. Um Qualität und Dauerhaftigkeit sicherzustellen, muß jedes Leistungsverzeichnis auf dieser Grundlage aufgebaut werden. Es werden danach unter anderem bestimmt: die Mineralstoffgemische, das Mischgut, die Mischgutart und die Bindemittelart. Für bituminöse Tragschichten gelten die »Zusätzlichen Technischen Vertragsbedingungen mit Richtlinien für Tragschichten im Straßenbau«, abgekürzt ZTVT-StB, zur Zeit Ausgabe 1986. Für bituminöse Deckschichten gelten die »Zusätzlichen Technischen Vorschriften und Richtlinien für den Bau bituminöser Fahrbahndecken«, abgekürzt ZTV bit-StB, zur Zeit Ausgabe 1984. Auch die DIN 18317, Oberbauschichten mit bituminösen Bindemitteln, zählt zum Regelwerk.

Eine konstruktiv einfache, bituminöse Belagsbefestigung stellt die **Tränkdecke** dar. Bei dieser Bauweise wird eine normale Schottertragschicht mit bituminösem Bindemittel angespritzt und eine Edelsplittschicht, Körnung 8/11 mm eingewalzt. Dieser Vorgang wird danach mit einer zweiten Lage, Körnung 2/5 mm, wiederholt. Es kann genausogut Rundkornkies verwendet werden. Damit wird eine körnige, der wassergebundenen Belagsdecke nahekommende Oberflächenstruktur erzeugt, die abschwemmsicher und auch etwas wasserdurchlässig ist. Allerdings ist die Belastbarkeit und Strapazierfähigkeit geringer als der zweischichtige Aufbau aus bituminöser Trag- und Deckschicht, aber für einfache Wege und gering belastete Zufahrten im Garten in vielen Fällen natürlich ausreichend.

Belagsränder und Oberflächenentwässerung

Die beiden Begriffe werden hier zusammen aufgeführt, weil sie technisch eng miteinander verknüpft sind und sich zum Teil gegenseitig bedingen. Da gerade der geregelte Abfluß von Niederschlagswasser am Hang so wichtig für die Stabilität von Gelände und Belägen ist, muß beides bei Planung und Ausführung miteinander in funktioneller und gestalterischer Hinsicht genau überlegt werden. Am Hang gelten vor diesem Hintergrund zwei **funktionelle Grundprinzipien**:

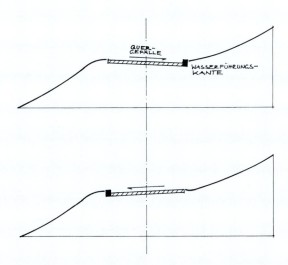

Oben: Das Regelquergefälle verläuft zum Hang hin. Die Wasserführungskante liegt an der Bergseite. Optisch nachteilig wirkt sich die Erhöhung des Geländeprofils durch die Wegkante auf der Talseite aus. Regelschnitt

Mitte: Ein optisch vorteilhaftes Hangprofil gegen die Regel! Das Quergefälle verläuft zum Tal. Nachteilig wirkt sich die talseitige Wasserführungskante mit dem erhöhten Geländerand aus. Regelschnitt

Unten: Ein Beispiel für den Seitenwechsel der wasserführenden Kante bei bergseitigem Quergefälle. Das Prinzip ist bei talseitigem Gefälle gleich – nur seitenverkehrt. Grundriß

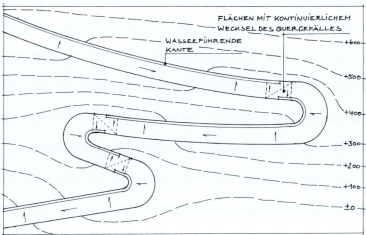

1. Jede längsgeneigte Belagsfläche am Hang führt Niederschlagswasser beschleunigt zum jeweils tiefsten Punkt ab. Bleibt es beim Längsgefälle, läuft das Wasser auf der ganzen Flächenbreite gleichmäßig. Quer dazu liegende Entwässerungsrinnen nehmen das Wasser gleichmäßig auf und führen es unterirdisch durch Rohre ab. Die Belagsränder können bündig gefaßt sein, denn der Abfluß an den Rändern ist nicht stärker als in der Mitte. Randausspülungen sind kaum zu erwarten.
2. Tritt jedoch zum Längsgefälle ein Quergefälle hinzu, entsteht eine wasserführende Kante am Belagsrand mit der Gefahr verstärkter Ausspülungen des anschließenden Geländes. Es ist folglich eine erhöhte Kante zu bauen, um das Wasser schadlos abfließen zu lassen. Die Sammelpunkte müssen dann auch Ablauftöpfe sein, die in der Fließrichtung liegen und punktuell das Niederschlagswasser aufnehmen und nicht breitflächig wie die Rinnen. Dieses zweite Prinzip hat den Vorteil, daß der Wasserabfluß planerisch besser zu steuern ist und die Geh- und Fahrflächen nicht so breit »überschwemmt« werden. Auch bilden sich durch die doppelte Gefällerichtung bei kleineren Setzungen weniger häufig Pfützen.

Obwohl generell der flächenbündige Randabschluß sich besser einpaßt und damit ein homogenes Gesamtbild ergibt, ist am Hang ein zusätzliches Quergefälle meist funktio-

Verbindungen herstellen

1 Ein stabiler Wegrand bei Verbundpflaster durch Verzahnungseffekt. Es ist keine zusätzliche Randbefestigung erforderlich. Eine erhöhte Wasserführungskante kann aber auch hier erforderlich sein. Grundriß und Regelschnitt

2 Randstabilisierung mit Mörtelkeil. Auf Dauer nicht sehr stabil, bröckelt mit der Zeit ab. Grundriß und Regelschnitt

nell besser. Weil die Wasserführungskante auf der Talseite aber zu einer zusätzlichen Erhöhung führt, wird deshalb oft für eine erhöhte Kante die Bergseite gewählt. Es kann aber auch sein, daß das Quergefälle entgegen dem Hangverlauf topografisch unglücklich wirkt und deshalb die Kante auf der Talseite das geringere Übel ist.

Gestalterisch schwierig wird es, wenn das Quergefälle mit seiner einmal festgelegten Querneigungsrichtung berg- oder talseits beibehalten werden soll. In solchen Fällen muß beim Übergang in die nächste Gerade das Quergefälle von der einen zur anderen Richtung »verdreht« werden, die Wasserführungskante *muß* wechseln. Das erfordert genaues Höhennivellement, um Beginn und Ende der jeweiligen Kante zu bestimmen. Die einfachste Lösung ist eine grundsätzlich beidseitig wasserführende Kante, auch wenn diese zur Wasserableitung nur partiell genutzt wird, und der Weg etwas »eingeschnürt« wirkt.

Niemals jedoch dürfen lange Wegkantengefälle kombiniert mit Quergefälle zur Talseite ohne erhöhte Randbegrenzung gebaut werden. Das führt unweigerlich zu Erosionsschäden. Neben dieser entwässerungstechnischen Funktion erfüllen Ränder selbstverständlich auch konstruktive Aufgaben der Belagsstabilisierung und sind ein wichtiges Gestaltungsmerkmal.

Welche **Möglichkeiten der Randausbildung** und damit verbundener Regenwasserableitung bieten sich unter dem Gesichtspunkt der Hangproblematik im einzelnen für eine gartengemäße Ausführung an?

Verbundpflaster

Betonpflastersysteme mit Steinformen, die sich gegenseitig verzahnen und somit ein seitliches Ausweichen verhindern, sind seit den sechziger Jahren im Gebrauch. Hier kann auf gesonderte Randstabilisierung verzichtet werden, eine flächenbündige Ausführung ist die Regel. Eventuell erhöhte Kanten aus Gründen der Wasserführung müssen wegen der Steingeometrie meist aus anderem Material (Bordstein, Pflasterzeile) sein. Das sieht selten gut aus. Auch sind die betont technisch aussehenden Steinformen nicht mehr gefragt, obwohl es am Steilhang das funktionell beste Material ist, um dauerhafte Beläge herzustellen. Starre Verlegesystematik mit geringen Gestaltungsspielräumen, Probleme bei der Kurvenausbildung, schwierige Anschlußdetails und nicht zuletzt mitunter aufdringliche Steinformen sind besonders für kleinräumige Gartenanlagen nachteilig. Es gibt aber durchaus Geländeverhältnisse, die eine Verwendung des Materials rechtfertigen, zum Beispiel bei dauernd unstabilen geologischen Schichten, wie Knollenmergel oder Gipskeuper in Südwestdeutschland.

Mörtelkeile

Das ist bei homogenen Belägen und besonders schmalen Wegen die unauffälligste Lösung, wenn die Geländeanschlüsse gefährdet sind. Die Randstabilisierung ist oberflächlich nicht sichtbar. Der Belag bildet von Rand zu Rand eine gleichmäßige Struktur und schmale Wege wirken optisch nicht eingeengt. Randverzahnungen von Platten- und Pflasterbelägen können frei ins Gelände auslaufen. Diese Lösung ist aber nur bei kleinen Flächen mit wenig anfallendem Niederschlagswasser und geringem Gefälle geeignet, um ein Freispülen der Mörtelfläche zu vermeiden, weil die Kanten stets bündig sind. Auch muß die Erdüberdeckung dick genug sein, damit der Mörtelkeil überwachsen wird. Leider wird es oft zu gut gemeint: die Mörtelkeile sind zu breit und zu hoch, mit der Folge, daß die Vegetation bei Trockenheit an den Wegrändern vergilbt. Nachteilig ist ebenfalls, daß die stabilisierende Wirkung mit der Zeit nachläßt. Da der Mörtelkeil nicht tief genug einbindet, können Unterspülungen eintreten und der Rand abrutscht. Frosteinwirkungen und Geländebewegungen erzeugen Risse, das Mörtelband löst sich in einzelne Stücke auf und wandert hangabwärts.

Bündige Randeinfassungen

Im Vergleich zum Mörtelkeil ist das die langfristig stabilere Lösung. Pflasterzeilen oder Bordsteine sind in einem tiefreichenden **Betonfundament** eingebettet, das wenigstens bis zur Sohlenplanie reicht und somit sämtliche Oberbauschichten einfaßt. Die Anwendung liegt wie beim Mörtelkeil im Bereich geringer Gefälle und wenig zum Rand zu führendem Niederschlagswasser.

Stets wird die Einfassung vor der Fläche gebaut. Der Wegebelag wird in einem zweiten Arbeitsgang paßgenau eingefügt. Bei Natursteinpflaster ist ein problemloses Einpassen möglich. Betonpflaster oder Platten müssen jedoch mit großem Arbeitsaufwand durch zurechtsägen des Belages eingepaßt werden.

Bituminöse Schwarzbeläge dagegen ergeben keine derartigen Schwierigkeiten. Bei geschwungenen Wegen werden vor allem bei bituminösen Schwarzbelags- oder wassergebundenen Flächen gelegentlich auch **Bandeisenbegrenzungen** mit angeschweißten Steckeisen zur Verankerung eingesetzt. Sie ergeben einen kaum sichtbaren Rand, der bedingt durch das Endlosband des Eisens sehr stabil ist und jede Wegrundung ermöglicht, was bei Bordsteinen mit geraden Längen und vorgefertigten Radiensteinen schwieriger ist. Das Bandeisen verrostet mit der Zeit, Edelstahl- und Aluminiumprofile bieten sich hier als Alternative an. Das ist zwar teurer, aber unbeschränkt haltbar.

Fließrinnen

Hier handelt es sich um mehrzeilige, belags- und geländebündige Pflasterzeilen, die jeweils mittig 2 – 3 cm abgesenkt sind, somit das Niederschlagswasser sammeln und zu den Einläufen führen, die an tiefen Geländepunkten bereits installiert wurden. Bei dieser Lösung gelangt kein abfließendes Wasser ins Gelände, es werden Ausspülungen vermieden. Nachteilig ist, daß die Wege um das Maß der Rinnen breiter zu bauen sind, weil die Rinne nur eingeschränkt als Geh- und Fahrfläche nutzbar ist. Das Ganze muß einschließlich der Fugen vermörtelt sein, um eine ausschwemmungssichere Fläche zu erhalten.

Erhöhte Randbegrenzungen

Für alle Beläge mit starken Gefälleneigungen und großflächigem Niederschlagsabfluß mit Führung zu den Rändern sind erhöhte Randstabilisierungen unerläßlich, wenn die zuvor erwähnte Fließrinnenlösung nicht sinnvoll ist. Gestalterisch ist von Bedeutung, daß der Weg stets vertieft gegenüber dem umgebenden Gelände erscheint. Die erhöhte Kante bildet somit eine deutlichere Weggrenze als der bündige Rand. Natürlich ist es selten erforderlich, 12 – 15 cm hohe Kanten auszubilden, es sei denn, die Flächen werden häufig befahren und die Bordkanten müssen zusätzliche Schutzfunktionen gegen den Verkehr erfüllen.

Dafür sind dann **Bordsteine** die richtige Lösung. Im Garten reichen in der Regel aber 3 – 5 cm hohe Ränder als Wasserführungskante aus. Wegen der besseren Einbindetiefe werden Beton- und Granitbordsteine, 6 – 8 cm breit, aber auch weniger tief einbindende Pflasterzeilen (vorzugsweise aus größeren Formaten, wie 16 × 16 × 10 cm) in einen Betongurt gesetzt, um die Ränder damit stabil auszubilden.

Die **Pflastersteine** sind entweder gegen die Belagsfläche 3 – 5 cm herausgehoben

---

Bündige Randeinfassungen
Jeweils Grundriß und Regelschnitt.

3 Pflasterzeilen ein- oder mehrzeilig im tiefreichenden Betongurt.

4 Bordstein mit tiefreichendem Betongurt.

5 Bandeisenbegrenzung mit angeschweißten Steckeisen. Sehr schön ist der kaum sichtbare Rand.

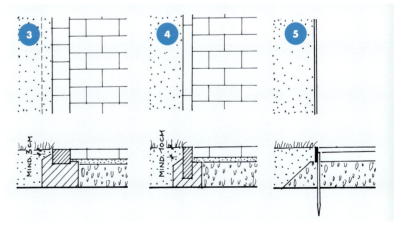

Oben: Gepflasterte Fließrinnen sind Lösungen zur geordneten Wasserableitung zwischen bündiger und erhöhter Randausbildung. Beispiel für dreizeilige Rinnen im Mörtelbett auf Betongurt.
Grundriß und Schnitt

Erhöhte Randbegrenzungen als wasserführende Kanten
Jeweils Regelschnittdarstellung.

1 Bordstein.

2 Aufgekantete Pflasterzeile.

3 Schräg eingebaute Pflasterzeile.

4 Mehrere schräg eingebaute Pflasterzeilen.

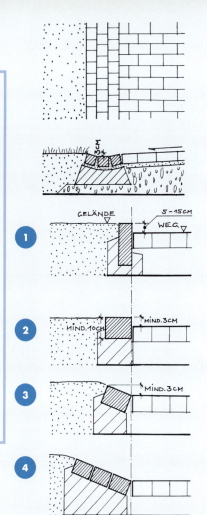

Grenzen ziehen

Das die Gestaltung von Grundstücksgrenzen am Hang nicht immer einfach ist, wird jeder bestätigen, der sich schon damit beschäftigt hat. Das wäre nicht weiter problematisch, wenn die Grenzen nicht immer näher an die Häuser rücken würden und damit alle Maßnahmen zu Abwehreinrichtungen mutierten. Während in der Ebene ein normaler Zaun oder eine Sichtschutzeinrichtung relativ einfach zu errichten sind, ist am steilen Hang alles wieder anders: Soll beispielsweise die Abgrenzung mit dem Gelände schräg verlaufen oder ist es besser, jeweils horizontal abzustufen? Selbst eine hohe Heckenpflanzung ist fragwürdig: Der Schnitt ist am Hang selten mit Leitern möglich. Bleibt die Hecke jedoch niedrig, bietet sie keinen Sichtschutz. Außerdem muß ja auch die Grenzgestaltung ins Gartenkonzept passen. Untersuchen wir auch hier die sich bietenden Möglichkeiten.

oder nur schräg gestellt. Beides erfüllt die Funktion der Wasserableitung. Mehrzeilige Schrägen bilden außerdem einen wirkungsvollen Schutz für Vegetationsflächen, die dann deutlich höher liegen als die Belagsdecke. Das kann in öffentlichen Anlagen sinnvoll sein und ersetzt höhere, senkrechte Abgrenzungen. Es ist allerdings zu berücksichtigen, daß am Steilhang jede Geländeerhöhung talseits schwierig werden kann.

Zusammenfassend ist festzuhalten, daß die Randkonstruktionen ein stabilisierendes Widerlager zwischen Belag und Geländeflächen sind, aber genauso der geordneten Wasserableitung dienen können. Wichtig ist jedoch *immer* eine optisch befriedigende Gestaltungslösung, denn das Ergebnis bleibt sichtbar.

Grenzhecken

Unter dem Begriff Hecke wird nachbarrechtlich eine schmale, lange Reihung *gleichartig* wachsender Gehölze verstanden, die einen dicht geschlossenen Pflanzenkörper bilden. Die Grenzabstände sind jeweils in den einzelnen Bundesländern etwas unterschiedlich geregelt. Generell kann von 0,5 m Grenzabstand, bei Hecken bis zu 2,00 m Höhe, ausgegangen werden. In Baden-Württemberg sind es aber beispielsweise nur 1,80 m. Es empfiehlt sich deshalb, die jeweiligen Erkundigungen einzuholen. Bei höheren Hecken muß der Grenzabstand entsprechend der Mehrhöhe 1 : 1 vergrößert werden.

Hecken werden meist als **Schnitthecken** definiert, weil nur bei diesen eine Höhenentwicklung im gesetzlichen Rahmen gewährleistet ist. Wird die Hecke höher, kann der Grenzabstand ja nicht mehr verändert werden. Am Hang ergeben sich aber für einen Schnitt mitunter Probleme, weil

Der Steilhang erschwert den Heckenschnitt erheblich. Eine Schnitthecke ist in einem solchen Gelände besser nicht zu empfehlen.

Ist der Hang flach, bedeuten geschnittene Grenzhecken kein Pflegeproblem. Der Schnitt kann auch noch von einer Leiter aus erfolgen, wenn die Hecke Sichtschutzhöhe erreichen soll.

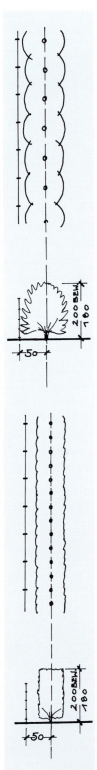

> **Grenzhecken**
> Jeweils Grundriß und Regelschnitt.
>
> Oben: Freiwachsende Hecken brauchen viel Platz. Der gesetzliche Grenzabstand entspricht dem einer Schnitthecke. Die Garantie der Wuchshöhe ist jedoch schwierig. Sicherheitshalber ist etwas mehr Grenzabstand einzukalkulieren.
>
> Unten: Schnitthecken brauchen wenig Platz. Im Hanggefälle sind sie oft schwierig zu schneiden. Der Grenzabstand beträgt mindestens 50 cm bei 2,00 m Höhe beziehungsweise 1,80 m in Baden-Württemberg. Eine Mehrhöhe ist bei entsprechender Grenzabstandsvergrößerung 1:1 möglich.

die Zugänglichkeit der Schnittflächen in der Hangschräge schwierig sein kann, Leitern lassen sich nur auf Ebenen sicher aufstellen. **Freiwachsene Hecken**, also ungeschnittene Sträucher in Reihung, sind da praktischer. Es gelten die gleichen Grenzabstände wie bei der Schnitthecke, nur ist guter Rat teuer, wenn die Sträucher trotz sorgfältiger Auswahl höher als 2 m beziehungsweise 1,80 m wachsen. Nur oben schneiden sieht fürchterlich »gestutzt« aus. Da hilft entweder nur strenger Normalschnitt, oft auf Kosten der Blütentriebe und mit zuvor erwähnten Zugänglichkeitsproblemen oder ein »skulpturaler« Schnitt der Einzelformen unter Einhaltung der nachbarrechtlich zulässigen Höhe. Geschnitten wird in solchen Fällen je nach Zugänglichkeit unterschiedlich hoch und breit, so daß sich die Maße jeweils im nachbarrechtlichen Rahmen bewegen. Bei Hecken aus verschiedenen Sträuchern kann es sogar sinnvoll sein, bewußte Einzelformen zu schneiden.

Um da etwas Spielraum zu erhalten, ist es deshalb empfehlenswert freiwachsende Hecken mit einem *größeren* Abstand zur Grenze zu pflanzen, um das eventuell höhere Wachstum aufzufangen. Natürlich wirkt sich nicht nur der größere Grenzabstand räumlich auf den eigenen Garten ungünstig aus, sondern hinzu kommt auch noch ein erhebliches Breitenwachstum der Heckenpflanzen im Laufe der Jahre. Der Gartenraum wird somit ständig enger und optisch kleiner. Das muß berücksichtigt werden, bevor eine freiwachsenden Hecke gesetzt wird. Bei *engen* Gartenraumverhältnissen sollten deshalb die nachbarrechtlichen Pflanzabstände möglichst knapp bleiben und sicherheitshalber Sträucher ausgewählt werden, die garantiert die nachbarrechtlichen Wuchshöhen nicht überschreiten.

Ein Lösungsansatz ist auch, beide Vegetationsformen kombiniert zu verwenden: für die ebene Hangterrasse eine Schnitthecke, für die Steilböschung eine freiwachsende Hecke. Daraus lassen sich mit einiger Phantasie und eventuell »skulpturalem« Schnitt abwechslungsreiche Raumfolgen gestalten, wenn das jeweilige Heckenthema mit dem Garteninneren korrespondiert.

Zäune

Ein Zaun ist die Regel zur Grenzmarkierung und Abwehr unerwünschter Eindringlinge. Ein einfacher **Maschendrahtzaun** im Geländeverlauf mit senkrechten Holz- oder Stahlpfosten ist ohne Schwierigkeiten schnell gezogen. Auch die beliebten, aber nicht sehr schönen »Jägerzäune« lassen sich dem Hangverlauf anpassen, wobei bei wechselnder Geländeneigung die Rautenform der Lattung auch wechselnde Schrägen ergeben. Das sieht schlecht aus. Besser sind Holzzäune mit senkrechten Latten oder Brettern. Pfosten und Latten bleiben auch bei wechselnden Geländeneigungen gleichmäßig senkrecht, lediglich die Querriegel verlaufen mit dem Gelände.

Bei **Holzzäunen** mit waagrechten Latten oder Brettern ist zu entscheiden, ob die ursprünglich horizontal gedachten Holzteile dem Gelände in angepaßter Neigung folgen sollen, wodurch eine gleichmäßige Zaunhöhe beibehalten wird, oder ob die Horizontale präzise durchgehalten wird und entsprechende Höhensprünge einen Aus-

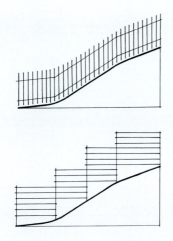
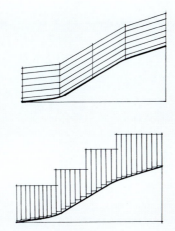

gleich schaffen. Schwierig wird bei letzterem die bodennahe Zone, dort bleiben offene Dreiecke übrig. Mit senkrechter Latten- oder Bretteranordnung läßt sich das Dreieck unter Beibehaltung der horizontalen Oberkante mit angepaßten Einzellängen füllen.

Sichtschutzwände

Bei sichtschützenden Mauern, Holzwänden oder berankten Holzgittern sind die Entscheidungen am Hang wegen der stets über 1,70 m (Sichtschutzhöhe) liegenden Oberkante noch gravierender, weil durch die Hanglage immer größere Flächen einsehbar sind. Abtreppungen oder schräge Oberkanten wirken nicht selten willkürlich und zufällig, wie anhand der zuvor dargestellten Zäune sichtbar wurde. Hier ist anzustreben, mit solchen sichtschützenden Einrichtungen möglichst nicht am Hang zu arbeiten, sondern das Ganze in den ebenen Hangterrassen zu installieren. Dort sind ohnehin meist Sitzplätze und andere zu schützende Einrichtungen untergebracht.

In diesem Zusammenhang sind die Vorteile von **Holzgitterkonstruktionen** hervorzuheben. Diese bieten einmal die Möglichkeit leichter Anpassung an die Topografie und wirken zudem transparenter. In vielen Fällen genügt das als Sichtschutz. Massives Mauerwerk oder Palisaden passen nicht überall. Mit den Lattenabständen lassen sich Blickschutz sowie Licht und Schatten im voraus einrichten.
Kletterpflanzen schaffen zusätzliche Dichte während der Jahreszeiten, in denen man sich gerne draußen aufhält (im Winter kann es etwas offener sein) und bringen vertikale Vegetation wirksam ins Blickfeld. Das alles mit minimalem Grenzabstand und geringer Breitenausdehnung (im Vergleich zu Hecken). Außerdem hat der Nachbar die gleiche »schöne« Seite, das wird ihn wohlwollender stimmen.

> **Prinzipielle Konstruktion bei Holzzäunen am Hang**
>
> Oben links: Senkrechte Lattenzäune bleiben auch bei wechselnder Hangneigung immer gleich lang und senkrecht. Es entsteht ein ruhiges Gesamtbild.
>
> Oben rechts: Lange Stangen oder Bretter müssen der jeweiligen Hangneigung angepaßt werden, wenn der Zaun gleichhoch bleiben soll. Das Ergebnis ist ein etwas unruhiges Bild.
>
> Unten links: Horizontale Zaunteile (z.B. Fertigzäune) bilden mit starken Sprüngen bei mangelnder Geländeanpassung ein sehr unbefriedigendes Bild.
>
> Unten rechts: Horizontale Abstufungen mit senkrechten Holzteilen erlauben dagegen ein Schließung der »Dreiecke« des Geländeverlaufes. Es entsteht ein besseres Gesamtbild. Die Oberkante kann aber auch, wie am Beispiel Lattenzaun, dem Gelände ohne Abstufung folgen.

Für Zäune aus Holz ist am Hang eine senkrechte Lattenanordnung am besten. Wechselnden Hangneigungen kann der Zaunverlauf problemlos folgen. Sie verändern nicht das einheitliche Bild des Zaunes. Die senkrechte Ausrichtung bleibt immer erhalten.

Einrichtungen einfügen

Sichtschutzwand am Hang. Hier erweist sich ebenfalls eine senkrechte Brettanordnung als sinnvoll, denn die Unterkante der Bretter kann dem Geländeverlauf angepaßt werden. Ob die Oberkante gestuft ausgebildet wird oder nicht, bleibt davon unabhängig.

Geländeprofilierung mit ebenen Terrassierungen, Böschungen oder Stützmauern sowie Wege- und Treppenverbindungen kann man durchaus als die »Infrastruktur« eines Hanggartens bezeichnen. Von ihrer konzeptionellen Qualität hängt der Nutzungsgrad des Gartens ab. Wurden möglichst viele und günstig miteinander verbundene, ebene Terrassen geschaffen, ist es relativ einfach Sitzplätze, Spielflächen, Wasserflächen, pflegeintensive Pflanzungen und auch Nutzgartenbereiche anzuordnen. Überwiegen jedoch steile Hangneigungen, so ist zu entscheiden, welche Einrichtungen im Hang einzubauen sind, um die mühsam und oft kostspielig und nur schmal hergestellten Ebenen für die nur auf ebener Fläche realisierbaren Nutzungen zu reservieren.

So läßt sich ein Hang sehr gut für Wassertreppen nutzen. Da Wasserflächen am Berg zwangsläufig dem Hangverlauf folgende, schmale oder auskragende Becken, Rinnen oder Gräben sind, lassen sich interessante kleine Kaskaden, schnell oder langsam fließendes Wasser mit ruhigen Stellen als Umlenkpunkte und anderes gestalten. Hier bietet der Hang Möglichkeiten, die in der Ebene nicht realisierbar sind. Auch Nutzgartenbereiche sind durch Terrassierungen in Böschungen denkbar. Je nach Geländeprofil werden das schmale, hangparallele Beete oder auch breitere Nutzflächen. Mauern zwischen den Höhendifferenzen müssen nicht zwangsläufig sein. Kurze Steilböschungen, richtig und dauerhaft bepflanzt, reichen bei nicht zu steiler Hangneigung oft aus.

Fließendes Wasser

Die ruhige Teichfläche ist nur auf einer nach allen Seiten hin horizontalen Fläche möglich, wobei die flächige Wirkung umso stärker ist, je mehr ebenes Umfeld anschließt. Eigentlich eine Binsenweisheit – trotzdem wird oft krampfhaft versucht, Teiche in Hänge einzubauen, mit der Folge mächtiger Hangeinschnitte und Aufwölbungen talseits. Das ganze wirkt dann erzwungen und unnatürlich, denn ein **Teich** ist eher am Hangfuß »natürlich«. Wieviel einfacher und situationsgerechter ist es, das Prinzip »**Wassergraben**« als Gestaltungselement im Hang anzuwenden. Er ist beliebig lang hangparallel zu führen, kann entsprechend der Hangneigung schmaler oder breiter gehalten werden, ganz auf die Gesamttopografie ausgerichtet.

Mehrere hinter- und übereinander angeordnete schmale Wasserflächen lassen sich einfach durch kleine **Kaskaden** verbinden. Erst am Hangfuß kann daraus, wenn es die Situation zuläßt, ein Teich werden. Von dort wird das Wasser zum Quellpunkt zurückgepumpt. Dieses auf den Hang maßgeschneiderte Prinzip ist in jeder Größenordnung und Vielfalt realisierbar. So können bei kleinräumigen Situationen im Anschluß an Gebäude die »Gräben« zu gestaffelten kleinen **Becken** werden. Solche Wasserflächen lassen sich gut bepflanzen, wenn auch nicht mit Seerosen. Das Sumpfpflanzensortiment ist jedoch geeignet und deren Wachstum durch den begrenzten Ausdehnungsraum leicht zu lenken.

Natürlich ist das alles planerisch kompliziert, ausführungstechnisch differenziert, sowie von einem stabilen, setzungsfreien Gelände abhängig und auch etwas kostspieliger als ein simpler Teich.

Sogenannte »natürliche« Formen sind nicht sinnvoll. Naturstein oder Beton sind das adäquate Material, nicht unbedingt die Folie. Formal straffe »Gräben« und Abstufungen müssen das Wasser sicher ohne Versickerungsverluste weiterleiten. Eine präzise Detailplanung der Höhenwechsel ist hier unumgänglich. Die »Gräben« können flach sein, denn große Wassermengen müssen nicht umgewälzt werden. Die Wasserpflanzen können punktuell eingesetzt sein. Eine geschlossene Uferbepflanzung wie bei einem Teich würde nach kurzer Zeit die kleine Wasserfläche zuwuchern. Eine solche Wasseranlage soll aber nicht zuwachsen, sondern das Wasser muß erlebbar, mit dem Auge nachvollziehbar und sich leicht plätschernd von der Höhe zum Tiefpunkt hin bewegen. Einige Beispielzeichnungen und Fotos (Seiten 131 bis 134) zeigen, wie so etwas gemeint ist und welche Bereicherung sich für den Garten ergibt.

Aufenthaltsplätze in Nischen und auf Bastionen.

Der Hanggarten bietet mit eingemuldeten Nischen und vorgewölbten Bastionen Ansätze für **Sitzplätze**, wie es der ebene Garten nicht erfüllen kann. Während die Nische einen durch die Topografie gegebenen räumlichen Schutz bietet, entsteht mit der Bastion ein offener Bereich. Zwei gegensätzliche Sitzplatztypen sind folglich zu gestalten:

– Die **Nische**, mit Rückendeckung durch eine Steilböschung oder Stützmauer, wobei die Stützmauer auch zur Auflage einer Pergola oder eines Daches nützlich sein kann. Seitlich gering eingegrenzt und nach vorn immer offen, erlaubt die Nische ein »einschmiegen« in den Hang.
– Die **Bastion** dagegen ist ringsum offen, zum abfallenden Hang durch einen Wall,

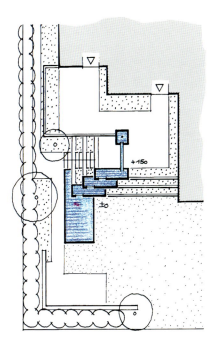
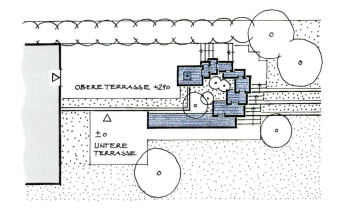

Oben links: Gestaffelte Wasserbecken verbinden zwei Gartenebenen. Der kleine Gartenraum mit geringer Höhendifferenz und kurzen Distanzen bildet mit gestaffelten, jeweils überlaufenden Becken einen »Wasserfall«. Grundriß

Oben rechts: Fließendes Wasser von einem Stockwerk zum anderen. Der Geschoßsprung zwischen unterer und oberer Terrasse wird zu einer lebhafter gestaffelten Wasserkaskade genutzt. Die direkt anschließende Treppenführung steigert den Erlebniswert. Grundriß

Mitte: Vom Quellbrunnen über Mauern zum Wassertrog: Der verbindende Wasserlauf verläuft parallel zur Treppe und nutzt die durchgehenden niedrigen Geländestützmauern (jeweils vier Stufen hoch) für kleine Kaskaden. Grundriß

Unten: Wasseranlage über die gesamte konvex geformte Hangbreite mit Kombinationen von hangparallelen stützmauergefaßten "Wassergräben" und durchlaufenden Serpentinenweg. Grundriß

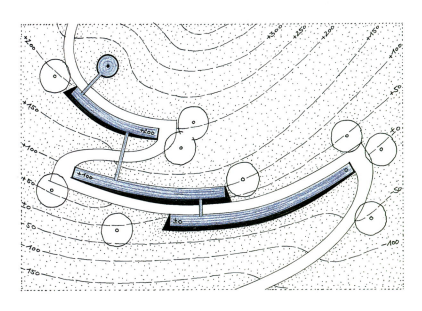

Einrichtungen einfügen

Der große Maßstab: Wechsel von fließendem und stehendem Wasser, jeweils unterschiedlich gestaltet und in Korrespondenz mit Wegen und Sitzplätzen ergeben einen großzügigen Aufenthalts- und Flanierbereich an einer Kurklinik. Grundriß

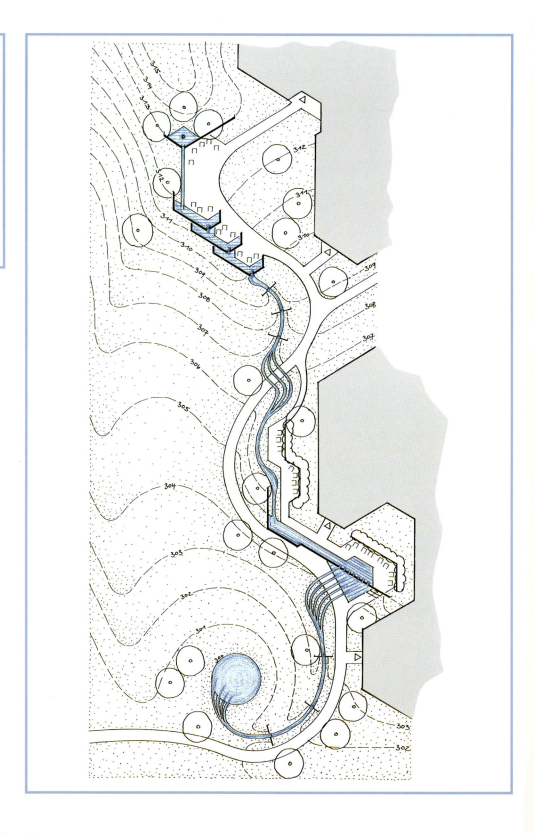

Ein gebauter Wasserlauf am Hang aus Beton und Klinkersteinen leitet das Wasser versickerungssicher in den Teich. Die kleinen Kaskaden sorgen für etwas gebremsten Abfluß. Eine dichte Randpflanzung aus Stauden steht zwar auf trockenem Gelände, vermittelt aber den Eindruck ufergerechter Vegetation.

Oben: Die Stützmauer wird durch eine Glasscheibe zu einem Wasservorhang, der zwischen einem oberen und einem unteren Fontänenbecken vermittelt. Eine aufwendige, aber effektvolle Wasserinzenierung.

Unten rechts: Im flachen Hang genügen oft Heckennischen zur Rücken- und Seitendeckung. Die entstehende Böschung der hangseitigen Abgrabung wird von der Hecke aufgenommen. Eine Stützmauer ist nicht erforderlich.

Dieser kaskadenartige Wasserlauf überzeugt auch völlig ohne pflanzliche Umgebung, wenn wie hier die gebaute Hangabstufung dem Wasser eine formal interessante Fließrichtung vorgibt und das Ganze in einem Gesamtkonzept erkennbar eingefügt ist.

niedrige Mauern oder eine niedrige Hecke gefaßt. Sie erlaubt ein »hinaustreten« aus dem Hang.

Solche Plätze bieten selten große zusammenhängende Flächen auf einer Ebene und eignen sich deshalb kaum für umfangreiche

Möblierungen. Die lassen sich aber ganz gezielt, einzeln oder in Gruppen, auf Ausblicke ausgerichtet, aufstellen: In der Nische mit Lehne zum Hang, auf der Bastion ohne Lehne, wenn die Aussichten wechselnde Richtungen aufweisen. **Bäume** auf Bastionen oder auch bei größeren Nischen können den Punkt wirkungsvoll markieren und Schatten spenden. Die Belagsstruktur soll sich dem jeweiligen, dem Hang abgerungenen Flächenzuschnitt anpassen können, also möglichst kleinteilig sein.

Einige Zeichnungen (Seite 138 bis 140) mit typischer Standardsituation deutet an, welche gestalterischen Spielräume in die-

Oben: Sitzbänke an einem steil vorbeiführenden Hangweg aufzustellen ist nicht einfach: Parallelaufstellung entlang des Weges führt zu ungleichen Sitzhöhen. Im Herausdrehen der Bänke gegen den Hang lag die Lösung, um eine annähernd gleich hohe Sitzfläche parallel zum Gelände herzustellen.

Oben: Sitznischen lassen sich auch in Stützmauern einarbeiten. Hier kann die Mauer überwachsen, lediglich die Nischenwand und die Sitzbretter bleiben ausgespart.

Großes Foto, rechts: Hier fokussiert die Bastionsmauer förmlich den Landschaftsausschnitt. Der Schlitz in der Mauer und die symmetrische Zuordnung von Bänken, Hecken und Bäumen verstärken den Effekt.

Kleines Foto, rechts: In diesem noch nicht ganz fertigen Garten wird bereits deutlich, welchen topografischen Gewinn eine Mauerbastion erzielen kann. Es entsteht ein räumlicher Abschluß und eine zusätzlich nutzbare Fläche. Auch ein »Hinaustreten« aus dem Hang wird möglich.

sem Thema »Nische und Bastion« liegen. Wenn man nur lange genug nachdenkt und die jeweils konkrete Hangtopografie prüft, lassen sich nahezu überall sinnvolle Lösungen herausarbeiten.

Am Steilhang ist für **Schwimmbecken**, die nicht allzu klein ausfallen sollen, die Platzsuche stets schwierig, wenn nicht ganz unmöglich. Mit einer Geländekombination von Nische und Bastion lassen sich aber am nicht zu steilen Hang durchaus ebene Flächen dafür herstellen. Das schützende Umfeld einer Nische wirkt sich für zugeordnete Liegeterrassen sogar sehr vorteilhaft aus (Seite 141, 142).

Die Nische als Kinderspielplatz

Die Ausnutzung topografischer Situationen für Spieleinrichtungen ist immer attraktiv. Im Hang eingegrabene Nischen bieten vielfältige Ansätze dazu, weil Hang und Nischenebene gleichwertige Voraussetzungen bieten (Zeichnungen Seite 143).

Der Hang erlaubt bei entsprechender Abtreppung variationsreiches **Klettern und Steigen**. Eine eingebaute Rutsche, die auf dem Hang aufliegt und nicht wie in der Ebe-

ne mit Aufstiegsleiter »herumsteht«, sorgt für den Bewegungskreislauf. Auch ist die Unfallgefahr geringer: man kann nicht senkrecht abstürzen. Der Hangfuß mit der Nischenebene bildet die Basis der Bewegungsspiele. Sand oder Rindenschrot sorgen für eine weiche Landung. Selbst wenn beispielsweise im Hausgarten das Ganze irgendwann nicht mehr gebraucht wird, ist die Rutsche schnell abgebaut, die Abstufungen bepflanzt und die Sandfläche befestigt oder ebenfalls bepflanzt und damit vollständig der Vegetation zurückgegeben.

Eine weitere Attraktion ist der Spielort **Höhle**. Das muß kein riesiges und tief in den Berg reichendes Loch sein. Mit geringen Mitteln wie Holzbalken lassen sich Sei-

ten- und Rückwand sowie Decke in den Hang hineinbauen. In romantischeren Zeiten hatte die der Natur nachgeahmte »Grotte« einen hohen Stellenwert im Garten. Wir sind heute etwas nüchterner, ziehen uns aber immer instinktiv in solche Raumstrukturen zurück, wenn wir ungestört sein wollen. Kindliche Phantasien lassen sich da besonders gut entfalten und ausleben.

Nutzpflanzenbeete am Hang

Der Anbau landwirtschaftlicher Produkte setzt in Hanglandschaften immer eine Herstellung mehr oder weniger breiter Terrassen voraus. Das gilt im Großen wie im Kleinen Maßstab. Wollen wir also **Gemüse, Beerenobst, Kräuter und Schnittblumen** anbauen, die für ihr Wachstum offenen Boden und intensivere Bodenbearbeitung, Düngung und Bewässerung verlangen, ist eine Hangterrassierung unerläßlich. Im flachen Hang genügen dazu meist Wechsel von leicht geneigten Bewirtschaftungsebenen und erosionssicher begrünten Steilböschungen. Der Steilhang erfordert dagegen Stützmauern, deren Höhe und Zwischenabstände von der gewünschten Bewirtschaftungse-

Einrichtungen einfügen

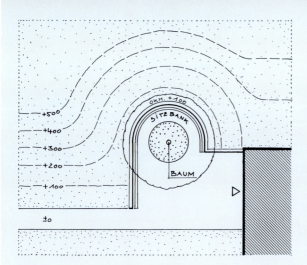

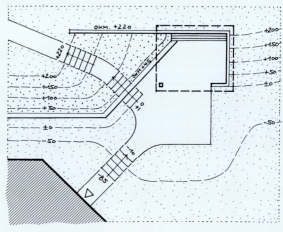

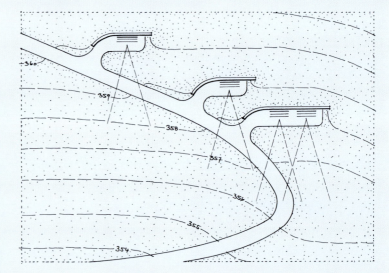

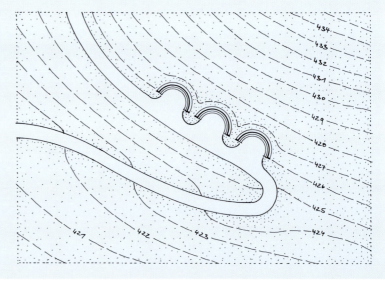

Oben links: Nische als Terrassenaufweitung. Die hohe Stützmauer bildet die Rückenlehne für die durchgehende Sitzbank. Die Baumkrone ist das Schattendach.
Grundriß

Oben rechts: Die überdachte Mauernische an einem aufgeweiteten Treppenpodest erlaubt den Ausblick sowohl hangaufwärts, der Treppe folgend, als auch hangabwärts.
Grundriß

Mitte: Hintereinander angeordnete Sitznischen an einem Hangweg. Niedrige Stützmauern geben visuellen Halt im Gelände. Das gegenseitige Versetzen durch Herausdrehen der Plätze aus der Wegrichtung erlaubt ungehinderten Ausblick. Mit der Drehung aus der Wegrichtung wird gleichzeitig eine horizontale Ausrichtung der Bänke möglich.
Grundriß

Unten: Sitznischen parallel und höhengleich zum Hang ausgerichtet. Die konkave Rundform erlaubt innerhalb einer Nische ein mehr zueinander ausgerichtetes Sitzen, das die Kommunikation verbessert.
Grundriß

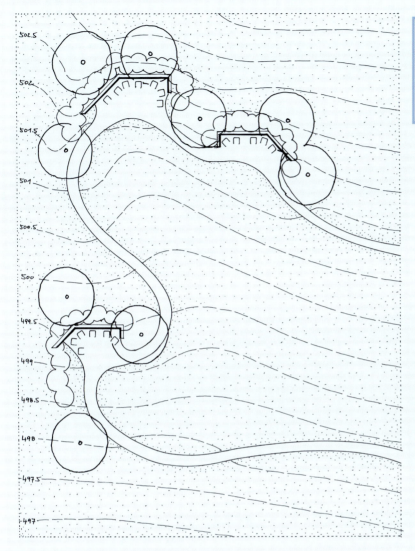

Geräumige Sitznischen am Hang für größere Gruppen und eine lose Möblierung. Der Weg erschließt die Plätze »im Vorübergehen«. Grundriß

Unten links: Klassische Aussichtsbastion. Bänke hinter der Brüstungsmauer ohne Lehne zum wechselseitigen Sitzen. Die Baumgruppe fixiert die Bastion weit sichtbar im Gelände. Grundriß

Unten rechts: Zur Bastionsspitze aufgeweitetes Treppenpodest an einem Hauszugang. Grundriß

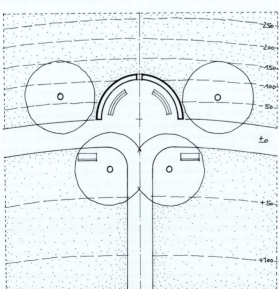

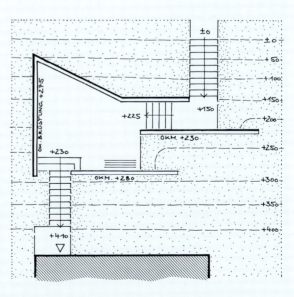

Einrichtungen einfügen

Einrichtungen einfügen

Oben: Bastion und Nische bilden sich auf einfache Weise durch die Treppenführung zum Hauseingang. Die Nische bildet einen Ruhepunkt auf halber Höhe mit Aussicht. Wegen des sehr steilen Geländes konnte nur das Podest als Nische in den Hang aufgeweitet werden. Die Bastion oberhalb der Nische mit der Brüstungsmauer schafft die Fläche für die hausnahe Terrasse. Der ansonsten unstrukturierte Hang wird als »Gebirgswiese« bewirtschaftet. Grundriß

Unten: Das Gestaltungsprinzip Nische und Bastion auf dreiseitig umbautem Hang. Bastionsartig vorgeschobene Brüstungsmauern unten und oben bilden Terrassen und sind kombiniert mit nischenartig ausgeformten, mauergestuften Pflanzterrassen. Das Ergebnis ist ein streng linear gebauter komprimierter Hanggarten mit gut zugänglichen Pflanzungen. Grundriß

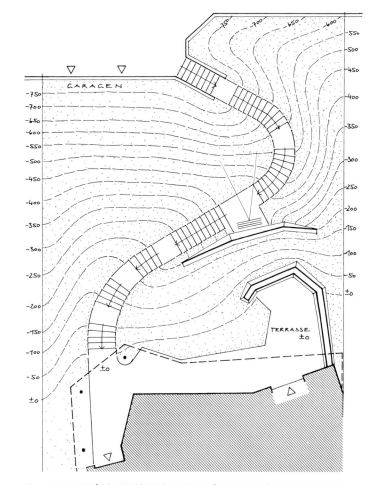

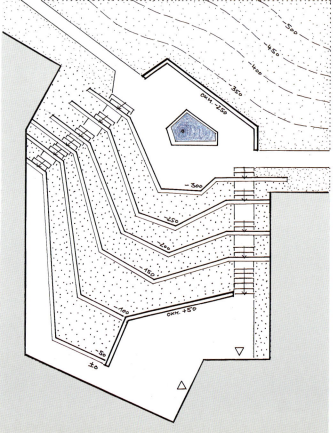

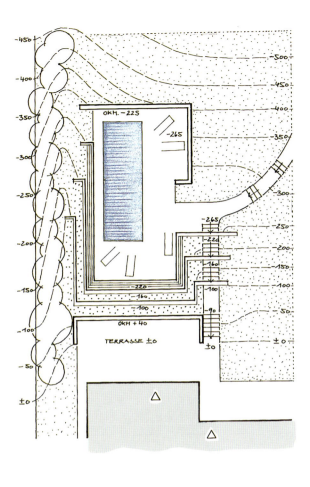

Schwimmbecken längs zum Hanggefälle anzuordnen ist spannungsvoller als quer im Hang. Mit dem Prinzip eingraben = Nische und aufschütten = Bastion kann es gelingen. Grundriß

bene abhängt. Je steiler der Hang und je breiter die Beete, um so höher und enger zusammengerückt die Mauern.

Selbstverständlich muß auch die Erschließung der damit geschaffenen Terrassen untereinander funktionieren, um eine gute **Bewirtschaftung** zu erreichen. Mühsam ist das immer, wenn alles getragen werden muß und Maschineneinsatz nur eingeschränkt möglich ist. Schon deshalb sind solche Flächen nicht zu umfangreich empfehlenswert, um die Kräfte nicht überzustrapazieren. Im Gegensatz zu jeder anderen Vegetationsdecke sind die Nutzgartenflächen stets offen zu halten und damit stärkerer Austrocknung und durch ständige Lockerungen verstärkter Aushagerung ausgesetzt als ausdauernde dichte Pflanzungen. Der Boden muß deshalb das Niederschlagswasser abschwemmungsfrei aufnehmen und wegen der meist stärkeren Besonnung am Hang auch besser festhalten können, denn nicht alle Nutzpflanzen vertragen schnelle Austrocknung und verstärkte Sonneneinstrahlung.

Nach Norden geneigte Hänge sind keinesfalls besser. Hier kann die Sonne zu gering einstrahlen, zumal wenn noch Baumschatten die Strahlung abschwächen. Nutzgartenbereiche vertragen sich ohnehin nicht gut mit **Schatten und Wurzeldruck** von Bäumen. Sie müssen möglichst eine freie Lage aufweisen und das ist im Hang noch wichtiger.

Zu bedenken ist ebenfalls, daß die Oberkante der Stützbauwerke der ständigen **Bodenbearbeitung** der Bewirtschaftungsfläche standhalten müssen. Das ist vor allem

Oben: Beispiel für ein Schwimmbecken im Hang. Die runde Form ergibt, durch das partielle Hineinschneiden in den mauerterrassierten Hang, eine Vergrößerung der davor liegenden ebenen Rasenfläche.

Unten, die Zeichnung zum Foto oben: Zusätzlich wird deutlich, daß die vorgeschobene Bastion die Fläche erweitert und mit einer Stützmauer zum weiter fallenden Hang begrenzt. Grundriß

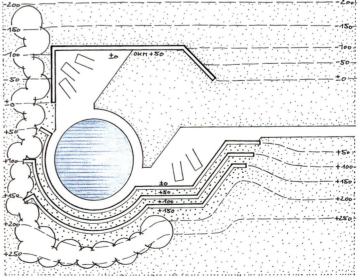

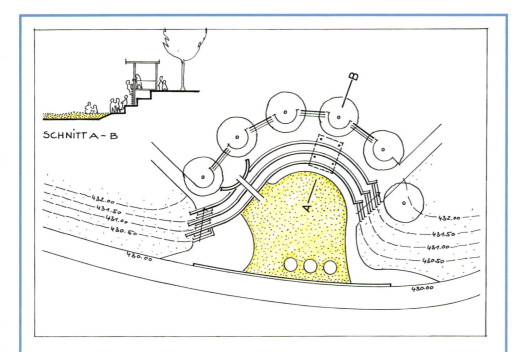

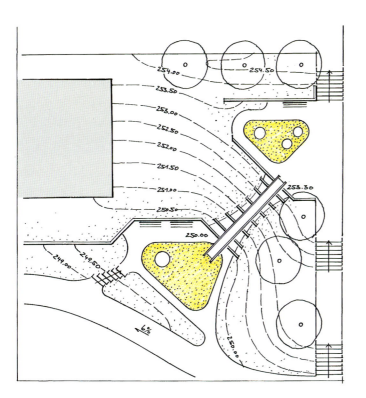

Oben: Der Spielplatz ist in den Hang eingemuldet. Die Abstufungen aus Holz erlauben vielfältiges Spielen. Die Höhendifferenz wird für Rutsche und eine über den Hang aufgeständerte Spielhütte genutzt. Die Nischensituation ergibt außerdem eine maximale ebene Spielfläche am Hangfuß, abgerückt vom vorübergehenden Weg. Grundriß und Schnitt

Unten: Hier verbindet der Hang zwei Sandspielplätze über eine Rutsche. Das entstandene Gefälle kann auf einfache Weise sinnvoll genutzt werden. Grundriß

Einrichtungen einfügen

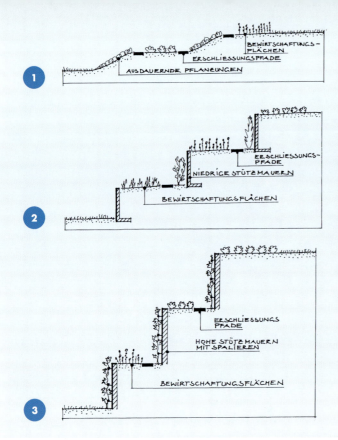

Nutzgartenbeete am Hang

1 Am flachen Hang genügen ausdauernd bepflanzte Böschungen zwischen nur leicht geneigten Bewirtschaftungsflächen. Schemaschnitt

2 Ist der Hang steiler, verbrauchen die Böschungsflächen zuviel Bewirtschaftungsfläche. Gestaffelte, nicht zu hohe Stützmauern erlauben eine fast vollständige Ausnutzung des Geländes für Beete und Erschließung. Schemaschnitt

3 Problematisch wird die Herstellung von Nutzgartenbeeten am sehr steilen Hang. Hier stehen die erforderlichen, sehr hohen Stützmauern im ungünstigen Verhältnis zur erzielbaren Bewirtschaftungsfläche. Allerdings können die Mauerflächen, wenn die günstig zur Sonneneinstrahlung liegen, gute kleinklimatische Verhältnisse und Voraussetzungen für Spaliere (Obst, Wein) schaffen.

bei Trockenmauern und anderen aus Einzelsteinen zusammengesetzten Mauern zu beachten. Treten Steilböschungen an die Stelle der Mauern, darf ebenfalls die obere Vegetationskante nicht beschädigt werden, um Erosionsschäden zu vermeiden. Deshalb ist es sinnvoll, die Beetzugänge und Beeteinteilungen dauerhaft mit Platten oder

Oben: Der Fuß dieser Steilböschung wird durch eine Stützmauer gefaßt, die dadurch gewonnene Fläche zu einer nutzbaren Ebene für die Beetbewirtschaftung angehoben.

Unten: Betonteile schaffen als niedrige Stützkanten die erforderlichen Beetebenen zur Bewirtschaftung. Eine einfache und dauerhafte Lösung.

Pflastersteinen zu befestigen, um zwischen den Bearbeitungsflächen ein Geflecht »ruhiger« Linien zu erhalten. Eine solche Kleinfeldaufteilung wirkt gleichzeitig einer großflächigen Erosion entgegen.

Die Bewirtschaftungsebene muß auch auf die **Bodenverhältnisse** abgestimmt sein. So können auf durchlässigen, nicht zum Verschlämmen neigenden Böden die Flächen steiler ansteigen als bei Böden mit gegenteiliger Struktur. Mehr als 20 % (20 cm Höhenunterschied auf 1 m Länge) sollen es aber generell nicht sein. Abschwemmungsbremsend wirkt sich ebenfalls eine hangparallele Bewirtschaftung aus, das heißt Pflanz- und Saatreihen sind quer zum Hangverlauf anzulegen.

Einrichtungen einfügen

Der Umgang mit Vegetation

Während tote Materialien die einmal geschaffene Dimension und Form behalten und lediglich der Verwitterung ausgesetzt sind, verändert sich Vegetation durch Wachstum, jahreszeitlichen Wechsel und sie regeneriert sich. Für das Erscheinungsbild heißt das: Gebautes verkörpert zunächst Raum und später Zeit durch Alterung. Vegetation dagegen verkörpert zunächst nur Zeit und erst später Raum über Entwicklung. Obwohl diese Feststellung eine Binsenweisheit ist, muß immer wieder auf diesen grundsätzlichen Unterschied der Materialverwendung hingewiesen werden.

Vegetation ansiedeln

Jede Pflanzung wird nach zwei Grundsätzen zusammengestellt ist: Es sind dies ein pflanzenkundlicher und ein gestalterischer Ansatz. Beide gehören bei der Pflanzplanung untrennbar zusammen. Sie bilden die Grundlage sowohl für die Entwicklungsfähigkeit einer Pflanzung als auch für das spätere ästhetische und räumliche Erscheinungsbild der Vegetation.

Der **pflanzenkundliche Ansatz** umfaßt die Wuchseigenschaften und Lebensbedingungen der Pflanzen. Gliederung und Wertmaßstäbe einer Pflanzengemeinschaft resultieren daraus. Gärtnerische Einzelkenntnisse sind die unumgängliche Grundlage. Beim **Gestaltungsansatz** einer Pflanzung sind die flächenmäßig und räumlich ausgewogene Anordnung, Differenzierung und Wuchscharakteristik (Habitus), Größenentwicklung sowie farblicher Ausdruck wesentliche Entscheidungskriterien.

Ziel beider Ansätze ist es, die getroffene Pflanzenauswahl zu einer tragfähigen, differenzierten, sich gegenseitig fördernden Pflanzengemeinschaft, die ein vorbestimmtes Gesamterscheinungsbild widerspiegelt, zusammenzufügen, selbstverständlich unter Berücksichtigung der künftigen Pflege.

Nach diesen allgemeinen aber unverzichtbaren, auf jede gärtnerische Anlage zutreffenden Grundsätzen sollen die speziellen Hangverhältnisse betrachtet werden. Dazu erscheint es mir zunächst erforderlich, wieder kurz den Unterschied von Ebene und Hangneigung in Bezug zur Vegetationsauswahl darzustellen, da eben am Hang immer alles anders als »normal« ist.

Die **Ebene** als Vegetationsfläche bedeutet kaum Einschränkungen in der Vegetationsansiedlung. Lediglich Flächenbegrenzung, Beschattung und Wurzelkonkurrenz vorhandener Gehölze setzen Grenzen. Hier kann unter Berücksichtigung von Boden, Klima und Wasser alles angesiedelt werden, was einer intensiven Betreuung bedarf. Die Pflanzen sind mühelos zugänglich. Es gibt keine Bodenerosion auch bei offenen Flächen. Bodenbearbeitung, Düngung und Bewässerung sind leicht durchzuführen. Auch alles was mit Ernten zusammenhängt, ist auf der Ebene besser zu bewirtschaften. Schnitthecken oder Formschnitt lassen sich ebenfalls leichter pflegen und das Aufstellen von Leitern ist ungefährlicher. Für jahreszeitlichen Wechselflor eignen sich ebene Flächen auch besser als schräge. Rasen- und Wiesenflächen unterliegen in dieser Hinsicht ebenfalls keiner Einschränkung. Die Ebene wirft in dieser Hinsicht also kaum Probleme auf.

Vegetation ansiedeln

Oben: Der Gestaltungsansatz für die Vegetationsansiedlung kann verschieden sein. So kann auf kleinen Hangflächen, wie in diesem Hausgarten, eine hohe Vielfalt in wenigen Stückzahlen dominieren, die ein kleinstrukturierendes, der Situation durchaus gerecht werdendes Bild, ergibt.

Unten: Werden Hangflächen durch Wege und Plätze durchschnitten, können die somit voneinander getrennten Flächen einheitlich bepflanzt sein, denn diese müssen sich durch die Trennung nicht stark voneinander unterscheiden.

Großes Foto oben: Eine Hangfläche kann durch strenge Gliederungen, wie hier eine die ganze Breite aufnehmende lineare Heckenstaffelung, geformt sein. Das Ergebnis ist ein ruhiges Bild mit variierenden Grüntönen und Blattformen.

Oben rechts: Auf diesem Foto ist zu sehen, daß ein ganzer Wald vor dem Wohnhaus auch nicht die Lösung ist. Die Aussicht wächst zu und die Hangfläche ist noch zum Pilze suchen und Reisig sammeln geeignet.

Mitte rechts: Die Korallenbeeren-Böschung (*Symphoricarpos chenaultii* 'Hancock') gehört ebenfalls zur Extremlösung, die neben der Langeweile keinerlei Hangnutzung zuläßt. Man gewinnt den Eindruck, daß die Grundstücksfläche als lästiger Rest gilt, mit dem man nichts anzufangen weiß.

Unten rechts: Der Umgang mit Hang und Bepflanzung ist eben doch nicht einfach: Hier wurde entschieden zu wenig gepflanzt. Die Pflanzenauswahl läßt auch darauf schließen, daß man nicht der natürlichen Ansiedlung vertraut.

Am **Hang** gilt als oberstes Gebot, Pflanzungen *immer* ausdauernd, langlebig und bodenstabilisierend anzulegen. Unter pflanzenkundlichen Gesichtspunkten heißt das: *Standortgerechtigkeit*, um Stabilität der Einzelpflanzen zu erreichen; *Vielfalt* und gute *Regenerierbarkeit*, um gegenseitige Ergänzung und Wachstumsförderung anzustreben; Pflanzen mit *gleichen Ansprüchen* zusammenpflanzen, damit eine möglichst lückenlose Pflanzendecke entstehen kann.

Diese funktionellen Bepflanzungsergebnisse lassen sich wiederum nur erreichen, wenn auch die Eigenschaften des Hanges richtig eingeschätzt werden:

- Stärke der *Hangneigung*: Von flach geneigt oder stark geneigt bis steil und sehr steil. Das hat Einfluß auf die Pflegbarkeit der Fläche, die Anordnung einer entsprechenden Wegeerschließung und den Bedeckungsgrad des Bodens durch die Pflanzen zur Bodensicherung.
- Die *Bodenverhältnisse mit Wasseraufnahmefähigkeit* und *-speicherung*. Das entscheidet über die Trockenheitsresistenz der Pflanzenauswahl.
- Die Besonnung schafft an steilen Südhängen im Sommer extreme *Hitze und Trockenheit*. Das mögen bestimmte Pflanzen sehr, andere nicht. West- und Osthänge sind weniger extrem, Nordhänge neigen zum anderen Extrem: Kühl und feucht.

Vegetation ansiedeln

1 Großflächige Bermen liefern im Hang die günstigsten Plätze zur Pflanzung von großen Solitärbäumen. Grundriß und Schnitt

2 Eine partielle Berme, nur um den Baum herum, wir durch Steinschichtungen oder Palisaden künstlich aus dem Hang herausgeschnitten. Grundriß und Schnitt

3 Ungünstiger Fall einer Solitärbaumpflanzung. Nische und »Bauchladen« passen nicht immer in ein Hangprofil. Meist entsteht damit im gleichmäßigen Hangverlauf eine unschöne »Verwerfung«. Grundriß und Schnitt

4 Es besteht Austrocknungsgefahr für den talseitigen Wurzelbereich, wenn der Hang sehr steil ist und der neue Baum in der Schräge steht. Schemaschnitt

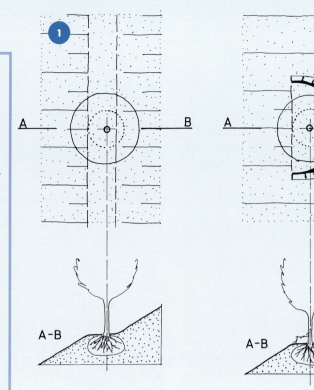

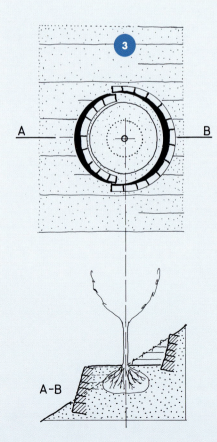

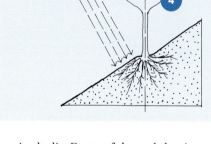

– Auch die *Frostgefahr* und damit verbunden eventuelle Auswinterungen empfindlicher Pflanzen ist zu beachten.

Bei Umsetzung dieser Vorgaben in ein Gestaltungskonzept bedeutet das: *Keine Extreme*, also weder Dekoration noch reine »Begrünung«, es sei denn, die Hangneigung ermöglicht noch eine Rasen- oder Wiesenanlage. Die *Cotoneaster*- oder *Symphoricarpos* 'Hancock'-Wüsten scheinen endgültig der Vergangenheit anzugehören. Sie boten keinen guten Lösungsansatz für die Pflegeleichtigkeit.

Topografische Eingriffe müssen auch nicht unbedingt immer kaschiert werden. Die gewollte Künstlichkeit einer Topografie kann durch außergewöhnliche Vegetation auch zu einem einmaligen, unwiederholbaren Ort gestaltet werden. Über Kontrast oder Anpassung ist stets von neuem zu entscheiden. Eine Topografie muß durch Vegetation immer unterstützt werden, beispielsweise werden Höhen durch Bäume oder Senken durch eine niedrige Bepflanzung betont. Erst das Gelände mit seiner Vegetation ergibt die Charakteristik des Erscheinungsbildes, wobei die späteren Bildveränderungen durch das Pflanzenwachstum zu den schwierigsten Einschätzungen zählen: Da gerät dann mitunter die sorgfältig ausgeknobelte Komposition durcheinander, wenn die Wachstumsdynamik unterschätzt wird.

Die Lage von Hangflächen zum Gebäude und die damit verbundene Einsehbarkeit hat ebenfalls Einfluß auf die Pflanzplanung. Verläuft beispielsweise das Hanggefälle vom Haus aus abwärts, ist der Hang nur teilweise ständig einsehbar. Hier kann die Vegetationsansiedlung auch eine teilweise natürliche Sukzession mit einbeziehen.

Anders dagegen beim Hang, der vom Haus aus ansteigt mit ständiger voller Einsicht. In einer solchen Situation wird es besser sein, ein sorgfältig austariertes Pflanzenbild mit einem Winteraspekt anzustreben und weniger der »Natur« zu überlassen. Aber das kann man auch ganz anders entscheiden. Wichtig ist nur ein nachvollziehbarer und bewußt konzipierter großer Zusammenhang der Gesamtvegetation einschließlich der Übergänge in eine Ebene und zu Rändern. Deswegen sind auch konkrete Bepflanzungsbeispiele nicht sinnvoll, weil keine Hangsituation der anderen gleicht. Lange Pflanzenlisten halte ich auch nicht für hilfreich. Besser erscheint es mir darzustellen, wie mit Bäumen, Sträuchern, Hecken, Rosen, bodendeckenden Gehölzen, Stauden und anderem am Hang umgegangen werden muß, um daraus Arbeitsgrundsätze für möglichst optimale Wachstumsbedingungen abzuleiten.

In diesem Zusammenhang ist auch hier auf die jeweils zutreffenden DIN-Normen zur Ausführung hinzuweisen.

Es gelten:
DIN 18916, Vegetationstechnik im Landschaftsbau für Pflanzen und Pflanzarbeit, ergänzt mit Gütebestimmungen der FLL (Forschungsgesellschaft Landschaftsentwicklung Landschaftsbau e.V.):

– für Baumschulpflanzen Stand 1995
– für Stauden Stand 1994.

DIN 18917, Vegetationstechnik im Landschaftsbau für Rasen- und Saatarbeiten, ergänzt mit Regelsaatgut-Mischungen Rasen RSM jährlich aktualisiert der FLL.
DIN 18320, Landschaftsbauarbeiten für Stoffe, Bauteile, Pflanzen und Pflanzenteile.

Bäume

Bäume erhalten im Freiraum in der Regel dominante Pflanzplätze, die sorgfältig zu bestimmen sind. Auch am Hang sollten sie sich frei entwickeln können, ob einzeln oder in der Gruppe. Unabhängig von Wuchsform und Größenentwicklung kann ein Pflanzplatz im Hang schwierig werden. Werden kleine Bäume, vielleicht noch ohne Erdballen gepflanzt, ist das Gefälle nicht so störend. Für einen kleinen Gießrand reicht es meist. Problematischer wird es, wenn große Solitärbäume mit einer Erdballenbreite, die bei gängiger Handelsware zwischen 60 cm und 1,50 m liegt, gepflanzt werden sollen. Nischen oder Bastionen mit ihren Ebenen sind unproblematisch.
Wie ist aber im steilen Hang die erforderliche Pflanzebene zu schaffen? Die beste Lösung ist es, wenn bei der Hangprofilierung dafür bereits Bermen vorgesehen wurden. Auf einer solchen Verebnung steht ein Baum auch selbstverständlicher. Ist keine

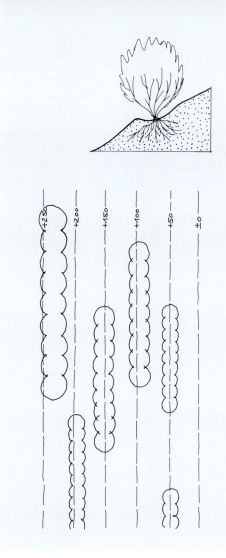

Oben: Bei Sträuchern, die in der Regel nur selten auf kleinen Ebenen stehen, wie es bei Bäumen sein soll, ist wenigstens ein kleiner Gießrand herzustellen. Schemaschnitt.

Unten: Das Prinzip hangparalleler Pflanzanordnungen von Sträuchern kann eine gute Gliederungsalternative zur üblichen Gruppenpflanzung sein. Grundriß.

frühzeitig vorzusehen, um verkrampfte Lösungen zu vermeiden.

Weiterhin können Schwierigkeiten in der Wasserversorgung auch auf der Talseite auftreten. Hier ist die Erddeckung über den Wurzeln oft geringer und die stärkere Sonneneinstrahlung verschärft das Problem. Die Folge ist, daß an extremen Standorten die Wurzelbildung sehr ungleichmäßig abläuft, und bei nicht ausreichend trockenheitsvertragenden Baumarten Schäden auftreten können.

Sträucher

Mit Sträuchern im Hang ist es etwas einfacher als bei den Bäumen. Erstens sind ihre Wurzelbereiche generell kleiner und die aus dem Wurzelstock wachsenden Triebe passen sich recht schnell den neuen Bedingungen am Hang an. Aber ein funktionsfähiger Gießrand muß immer realisierbar sein, sonst ist in der Anfangszeit das Anwachsen gefährdet, vor allem bei stark sonnenexponierten Hängen.

Im stark geneigten Hang sind möglichst Sträucher auszuwählen, die ein weit- und tiefreichendes **Wurzelsystem** entwickeln, um das Gelände im Laufe der Zeit immer besser zu stabilisieren. Auch sollte ein kräftiger Verjüngungsschnitt möglich sein, wenn das Ganze zu dicht wird. Die zur Geländestabilisierung so wichtige Verwurzelung bleibt dabei erhalten. Dazu eignen sich sowohl zahlreiche heimische Gehölze, wie zum Beispiel Hartriegel, Liguster, Haselnuß, Holunder, Kornelkirsche und Strauchweiden als auch Gartensträucher wie Strauchrosen, Sommerflieder, Ginster-Arten, Perückenstrauch, Ölweiden und Kornelkirsche.

Neben der üblichen unregelmäßigen **Einzel- oder Gruppenpflanzung** kann die Pflanzanordnung in hangparallelen **Reihen** sehr sinnvoll sein. Es ergeben sich markante Gliederungen des abfallenden Geländes, die Topographie wird kräftiger herausgearbeitet, und es bilden sich bei geschicktem

Berme vorhanden, muß diese durch Stützbauwerke künstlich als Nische in den Hang aus Steinschichtungen oder Palisaden geschaffen werden. Solche Einbuchtungen sind, wenn sie gut gebaut werden, gestalterisch meist vertretbar. Reicht das immer noch nicht aus, muß talseits ebenfalls ein Stützbauwerk errichtet werden und das wirkt selten geglückt, wird damit der Hangverlauf – mit einem solchen »Bauchladen« – doch meist empfindlich gestört. In solchen Fällen sollte unbedingt auf kleinere Baumgrößen zum Zeitpunkt der Pflanzung zurückgegriffen werden.

Fazit: Die Anordnung wichtiger Baumstandorte ist stets bei der Hangprofilierung

Oben: Niedrige Buchsbaumhecken dienen als Wegfassung, bevor das Gelände hinter der Hecke weiter abfällt. Sehr gelungen wirkt das mit dem Zusammenspiel der ansteigenden Böschung auf der rechten Wegseite. Der Weg erhält eine beidseitige angenehm kleinräumige Fassung.

Unten: Die etwas anspruchsvollere Wegfassung gegen das abwärts geneigte Hanggelände erlaubt wechselnde Ausblicke durch die herausgeschnittenen Fenster.

Vegetation ansiedeln

1 Eine Hecke zur Markierung der Hangkante als räumliche Begrenzung der Bastion zum Hang. Grundriß und Schnitt

2 Eine Hecke anstelle einer Mauerbrüstung auf einer Stützmauer begrenzt die vorspringende Ebene gegen die Senkrechte und schafft Sicherheit. Sie ersetzt die Mauerbrüstung. In der Hecke kann leicht ein Drahtzaun versteckt werden. Grundriß und Schnitt

3 Eine ausgemuldete Geländenische wird mit einer breiten, mehrreihigen, geschnittenen Hecke deutlich geformt. Grundriß und Schnitt

4 Vor Stützmauern gepflanzt ergeben sich grüne Maueransichtsflächen. Allerdings darf das Fundament nicht vorspringen, sonst fehlt der Wurzelraum direkt an der Wand. Grundriß und Schnitt

5 Die talseitige Begrenzung mit niedrigen Hecken am Serpentinenweg schafft eine optische Leitlinie und vermittelt Sicherheit zum »Abgrund« hin. Grundriß

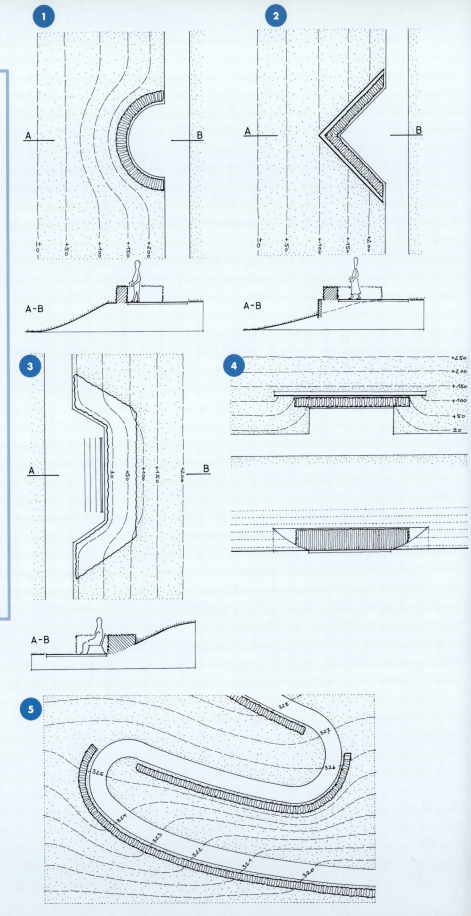

gegeneinander Versetzen der Reihen interessante, haltgebende Kleinräume für bodennahe Vegetation. Bei richtiger Zusammensetzung von niedrigen und hohen Strauchreihen kann die Verteilung von Sonnen- und Schattenflächen beeinflußt werden. Hangparallele Gehölzstreifen sind auch leichter zu pflegen, weil die Zugänglichkeit verbessert wird. Die Reihen können sowohl aus einer als auch aus mehreren Strauch-Arten bestehen. Die Mischung erfordert aber genaue Kenntnisse über das Wachstum und das Konkurrenzverhalten verschiedener Gehölzarten, um die Entwicklungsgrößen richtig einschätzen zu können. Die Reihen müssen auch nicht stur geschlossen sein. Ungleichmäßige Pflanzabstände in der Reihe schaffen zusätzliche Blickverbindungen und ermöglichen gleichzeitig anpassungsfähige Übergänge an den Hangrändern.

In diesen Zusammenhang noch einige Hinweise zu den vielgeliebten **Koniferen**. Breitwachsende Wacholder oder Latschenkiefern sind als Standort für sonnige Hanglagen meist gut geeignet. Sie können aber oft zu kolossalen Exemplaren heranwachsen, damit die Maßstäbe einer Pflanzung sprengen und alles, was um sie herum kleiner wächst, verdrängen. Das Ergebnis sind kahle Flächen, auf denen auch nichts mehr anzusiedeln ist, denn die Kahlstellen sind von Wurzeln durchzogen, extrem trocken und oft dunkel. Buchsbaum (*Buxus sempervirens*) beispielsweise ist als immergrünes Gehölz wesentlich besser einzugliedern. Er verträgt Schatten und Trockenheit und kann durch Schnitt geformt werden. Außerdem können darunter auch noch Stauden wachsen.

Hecken

Freiwachsende Hecken oder Schnitthecken ergeben neben den Bäumen immer ein hervorragend gliederndes und räumlich strukturierendes Vegetationselement. Mit Schnitthecken lassen sich vor allem eine gewisse Künstlichkeit gegenüber natürlich wachsender Vegetation herstellen. Damit verbessern sich in vielen Fällen räumliche Spannungsverhältnisse. Auf Dauer angelegt, sind auch hier am Hang einige Besonderheiten zu berücksichtigen.

Bei freiwachsenden Hecken aus einer oder mehreren Gehölzarten muß der Entwicklungsraum richtig eingeschätzt werden, viele Grundstücke bieten dafür zu wenig Platz. An steilen Grundstücksgrenzen jedoch ist diese Pflanzweise die einzige Möglichkeit, eine räumlich wirksame Abschirmung durch Gehölze zu erzielen, denn hohe Schnitthecken sind dort nur unter großen Schwierigkeiten in regelmäßigen Schnitt zu halten (siehe Seiten 124 bis 126 Abschnitt »Grenzen ziehen«).

Weiterhin ist die Hecke, ob freiwachsend oder geschnitten, auf Böschungskanten ein wichtiges, raumbegrenzendes Element. Damit lassen sich auf einfache Weise Gefällewechsel an der Bruchkante von Ebene zur Hangneigung gestalten. Solche Hecken müssen nicht zwangsläufig hoch sein, der Phantasie sind hier kaum Grenzen gesetzt: Niedrig, aber breit, ist oft die günstigste Dimension; vor Stützmauern gepflanzt, können auch grüne Maueransichtsflächen entstehen (Voraussetzung ist allerdings kein vorspringendes Fundament), vielleicht noch abgestuft in unterschiedlichen Höhen geschnitten oder sogar skulptural frei geformt.

Wichtig ist nur, stets die Hecke für einen mühelosen Schnitt niedrig zu halten, und günstige Standverhältnisse zur Ausführung der Schnittarbeit zu berücksichtigen. Die Frage, ob immergrünes oder laubabwerfendes Pflanzenmaterial angewendet werden soll, muß im Rahmen der konkreten Planung beantwortet werden, da auch die Exposition zur Sonne, Bodenverhältnisse und die Trockenheitsresistenz dabei eine entscheidende Rolle spielen. Bei immergrünem Material ist die Regenerierbarkeit entscheidend, denn bei Nadelgehölzen ist bekanntlich nur die Eibe in der Lage, problemlos auf den Schnitt zu reagieren. Immergrüne Laubgehölze wie Buchsbaum, Liguster und gelegentlich Kirschlorbeer sind klassische Gehölze für den Schnitt.

Abschließend ist noch darauf hinzuweisen, daß mit einem Vegetationskonzept, das Spannungsverhältnisse zwischen geschnittenen und freiwachsenden Gehölzformen nutzt, sehr überzeugende Gestaltungslösungen bei einfachster Pflanzenauswahl zu erreichen sind.

Rosen

Rosen sind nach wie vor sehr beliebt und gehören zu den Gehölzen, die in Vielfalt und Farbenpracht von keinem anderen Gehölz übertroffen werden. Der sonnige Hang bietet sich deshalb immer wieder für Rosenpflanzungen an. Hermann Mattern hat zur Bundesgartenschau in Kassel 1955 mit Rosen einen ganzen Hang aus Trümmerschutt gestaltet. Während für Beetrosen aus Gründen intensiver Pflege ebene Pflanzflächen besser geeignet sind, gehören einmal- oder dauerblühende Strauchrosen zum Pflanzmaterial am Hang.

Während die **Wildarten** meistens bis zu 5 m Umfang annehmen können, gibt es zahlreiche Züchtungen, die mit weniger Platz vorlieb nehmen. Die Strauchrosen haben den Vorteil geringer Pflegehäufigkeit. Sie können im Prinzip ungeschnitten wachsen. Von Zeit zu Zeit ist es aber notwendig sie auszulichten, damit kein undurchdringliches Dickicht entsteht und die Verjüngung des Holzes angeregt wird.

Seit einigen Jahren gibt es aber zusätzlich **bodendeckende Rosen** im Handel. Wie ist nun ihre Eignung für den Hang? Selbstverständliche Voraussetzung ist ein sonniger und luftiger Pflanzplatz ohne Hitzestau, möglichst kein Tropfenfall von höheren Gehölzen, um Mehltau und Rosterkrankungen an deren schneller Ausbreitung zu hindern. Diese Gefahr ist bei großflächigen Monokulturen besonders groß. Da es absolute Resistenz dagegen auch bei entsprechender Sortenwahl nicht gibt, sollten Sorten bevorzugt werden, bei denen befallene Stellen wieder überwachsen.

Ein Problem bildete lange Zeit auch das Durchwachsen der Unterlage bei gleichzeitigem Verkümmern des Edelreises. Das verursachte eine ständige Kontrolle und regelmäßiges Ausschneiden der Wildtriebe, um ein hohes Dickicht zu vermeiden. Deshalb sind besonders auf großen Flächen stecklingsvermehrte – also wurzelechte Rosen – zu empfehlen. Diese wachsen nach Angabe der Rosenfachleute schwächer als veredelte.

Sehr wichtig ist die richtige Wuchsform: Neben den flach niederliegenden, starkwachsenden Sorten, die auf kleinen Flächen kaum beherrschbar sind, gibt es auch niederliegende, schwachwachsende und mehr buschig-aufrechtwachsende Sorten, die erst nach allmählicher Breitenentwicklung geschlossene Flächen bilden. Letztere sind nicht nur für kleinere Anlagen besser geeignet, sondern auch in Kombination mit Stauden. Eine Zuordnung zu höheren Gehölzen ist zu Anfang, bei gleichem Pflanzzeitpunkt, sinnvoll.

Mit dem wachsenden Gehölzschatten verschlechtern sich die Lebensbedingungen der Rosen, so daß etwas anderes an die Stelle der Rosen treten muß. Wurzelunkräuter müssen vor der Pflanzung peinlichst genau ausgelesen werden, denn das Ausjäten von kniehohen Rosenflächen mit stacheligem, dichten Zweiggewirr ist nicht jedermanns Sache. Schon deshalb sollten die Flächen nicht zu umfangreich angelegt werden, um das Problem beherrschbar zu halten, zumal auch das Winterbild kahler Rosenzweige nicht sehr attraktiv ist.

Bodendeckende Gehölze

Diese Pflanzengruppe ist durch *Cotoneaster*- und *Symphoricarpos* 'Hancock'- Wüsten zu Unrecht in Verruf geraten. Man glaubte in den sechziger Jahren, Pflegeleichtigkeit nur durch großflächige Einheitlichkeit erreichen zu können. Da die eintö-

Die Geländeterrassen um den Baumplatz sind vollständig mit Efeu (*Hedera helix*) bewachsen. Trotzdem bleibt die ursprünglich gebaute Geländestruktur sichtbar. Die Einheitlichkeit der bodendeckende Gehölze ist in dieser Situation gerechtfertigt und stützt die Klarheit der Topografie.

Vegetation ansiedeln

nigen Ergebnisse wenig Begeisterung auslösten, denken wir heute inzwischen anders. Das bedeutet nicht einen gänzlichen Verzicht auf bodendeckende Gehölze, vielmehr ein differenzierter Umgang und interessante Kombinationen werden angestrebt.

Als Favorit unter den Bodendeckenden hat sich der Efeu (*Hedera helix*) erwiesen. An schattigen, aber auch an sonnigen Hängen – bei ausreichender Bodenfeuchtigkeit – ist er ein idealer Bodendecker, der nicht nur am Boden bleibt sondern auch vertikale Bauteile und Bäume mit einbezieht. Sommertrockenheit, Staunässe und Wintersonne mag er allerdings nicht. Efeu ist an den Boden anspruchslos, verträgt jeden Schnitt und bleibt immer niedrig, was bei viel *Cotoneaster* und *Symphoricarpos* nicht der Fall ist. Allerdings überrennt er alles andere am Boden, wirkt aber nie eintönig und bietet ein gutes Winterbild.

Weiterhin sind die ganz flachen *Cotoneaster*, wie *Cotoneaster dammeri*, nach wie vor ideale Besiedler von Maueroberkanten. Der beerentragende Überhang auf den Mauerflächen ist sehr zierend. Bodendeckende Pfaffenhütchen (*Euonymus*-Arten) können kleinflächig verwendet auf sonnigen und schattigen Hängen ganzjährig grüne Flächen bilden, die sich locker darbieten.

Auch das Fingerkraut (*Potentilla*) kann mit seinen niedrigen Arten auf sonnigen Hanglagen lange Zeit gelb blühende Flächen erzeugen, wobei das Winterbild leider nicht besonders schön ist.

In besonderen Situationen, ohne differenzierte Pflanzendecke, sind auch Kletterpflanzen als Flächenbegrünung denkbar. Kletterhortensien (*Hydrangea petiolaris*), Immergrünes Geißblatt (*Lonicera henryi*) aber auch *Clematis jouiniana* eignen sich dafür. Nachteilig ist allerdings die unkontrollierte Ausbreitung, wenn nicht ständig eingegriffen wird.

Die Halbsträucher, Johanniskraut (*Hypericum calycinum*) für Sonne und Halbschatten und die kalkarme Böden bevorzugende Dickanthere (*Pachysandra terminalis*) sind sehr ausdauernd. Beide sind wintergrün und durch starken Ausbreitungsdrang nicht verträglich. *Hypericum* muß oft nach Kahlfrost zurückgeschnitten werden.

Stauden

Keine Pflanzgruppe ist so vielgestaltig und

Vegetation ansiedeln

Links: Für die Arten, die eng mit Wildstauden verwandt sind, bieten die unteren Bereiche der flach auslaufenden Böschungen gut geeignete Pflanzplätze. Die Pflegezugänglichkeit bleibt günstig, und das vielfältige Erscheinungsbild dicht am Weg liegt im nahen Blickfeld.

Unten: An mauergefaßten Treppen können pflegerisch anspruchsvollere Stauden einen guten Platz finden. Das Treppensteigen wird dadurch kurzweiliger. Treppenabsätze und Mauerkante erlauben außerdem eine günstige Pflegezugänglichkeit.

variationsreich wie die Stauden. Im wechselnden Erscheinungsbild über die Jahreszeiten verteilt vermitteln diese krautigen, mehrjährigen und ausdauernden Gewächse blütenreiche und stimmungsvolle Pflanzenbilder. Selbst dort, wo nichts mehr wachsen will, finden sich geeignete Arten. Bei richtiger Auswahl kann die Pflege minimal sein. Diese Erkenntnis war in Vergessenheit geraten. Als Stauden galten immer nur die farbenprächtigen Beetstauden mit hohen Pflegeansprüchen. Die klassischen **Rabattenstauden**, wie Pfingstrosen, Rittersporn, Phlox, Türkischer Mohn, Margerite gehören beispielsweise dazu. Sie brauchen die Ebene für intensive Bodenbearbeitung, häufige Düngung und Bewässerung.

Das weite Feld der **Wildstauden** und wildstaudenähnlichen Gartenstauden wird noch nicht so lange »beackert« und deshalb brauchte es lange Zeit, um das Vorurteil des hohen Pflegeaufwands bei den Wildstauden zu korrigieren. Jetzt ist der Grundsatz Allgemeingut, der lautet: Eine Pflanzenauswahl ist »richtig«, wenn Stauden mit gleichen Pflegeansprüchen zusammengepflanzt werden, ohne »Monokulturen« zu sein, um eine gleichartige und damit wirtschaftliche Pflege zu erzielen. Nur so ist eine stabile, langlebige Pflanzendecke am

Hang herzustellen, die sich durch die Jahre zwar wandelt, aber prinzipiell eine funktionsfähige Einheit bleibt.

Gerade für den Hang kann man auf Stauden kaum verzichten, denn sie müssen an diesem Standort vieles leisten:

- Den Boden dauerhaft und dicht bedecken.
- Ein stabiles Wurzelwerk ausbilden, um den Boden zu befestigen.
- Ohne viel Pflege ein harmonisches Wachstumsgleichgewicht der Arten untereinander ausbilden.
- Farbiges Blühen, über das ganze Jahr verteilt.
- Im Winter einen strukturreichen Garten darbieten.

Um die genannten Funktionen zu erfüllen, müssen Wildstauden oder wildstaudenähnliche Gartenstauden verwendet werden, die im **Wuchsrhythmus** übereinstimmen. Das reduziert regulierende, pflegerische Eingriffe. Es pendelt sich mit der Zeit ein stabiles Artengefüge ein, das beständig bleibt. Das Konkurrenzverhalten muß berücksichtigt werden.

Auswahl und Wuchsverhalten von Wildstauden
- Stark wüchsige, sich ausbreitende Arten dürfen nicht neben schwachwüchsigen gepflanzt werden.

Vegetation ansiedeln

Vegetation ansiedeln

Oben: Obwohl an dieser Steilböschung nur zwei Wildstaudenarten (*Geranium endressii, Alchemilla mollis*) gepflanzt sind, wirkt die Staudenpflanzung lebendig. Die freiwachsende Hecke aus *Spiraea bumalda* 'Froebelii' akzentuiert die Böschungskrone am Weg. In früheren Zeiten hat man da nur *Cotoneaster dammeri* 'Skogholm' gepflanzt, inzwischen werden auch Steilhänge wieder differenzierter bepflanzt.

Unten: Hier sind es gerade drei Wildstaudenarten (*Geranium endressii, Geranium magnificum, Chrysanthemum leucanthemum*), die für einen lebendigen, zwischen Haus und Rasen vermittelnden Blütenteppich am Hang sorgen. Die genaue Grenze zwischen Stauden und Rasen pendelt sich mit der Zeit von selbst sein. Um wieviel wäre das ganze Bild ärmer, wenn der Rasen direkt bis an das Gebäude reichte?

- Weil Hänge meist trockenere Pflanzplätze sind, scheiden auch Stauden für feuchte Standorte aus. Es sei denn, der Hangfuß bietet solche Voraussetzungen.
- Weiterhin bestimmt der Neigungsgrad des Geländes, ob ausschließlich ganz robuste Wildstauden in Frage kommen. Auf flachen Hanglagen können durchaus beetstaudenähnliche Wildstauden angemessen sein, weil hier die Pflegezugänglichkeit erleichtert ist und gärtnerische Betreuung intensiver sein kann.
- Man muß auch wissen, wie die Ausbreitung erfolgt: Sind es unterirdische Rhizome, oberirdisch sich bewurzelnde Ausläufer oder Selbstaussaat? Hier helfen nur solide gärtnerische Kenntnisse.
- Grundsätzlich sollen die Arten nicht scharf voneinander abgegrenzt sein, sondern sich ineinander »verzahnen«. Es ist sozusagen ein »offenes System«, bei der jede Pflanzenart ihr Gleichgewicht findet.
- Wildstauden sollen auch keine einheitlich monotonen Flächenpflanzungen bilden, um das Risiko eventueller Wachstumsungleichheiten zu minimieren. Eine vielfältige Artenauswahl ist neben dem lebendigen Erscheinungsbild eben auch ein stabilisierender Entwicklungsfaktor.
- Bei der Auswahl ist zu beachten, daß nicht, wie bei Beetstauden, der Standort den Pflegeansprüchen angepaßt werden kann. Vielmehr muß bei Wildstaudenpflanzungen die Auswahl *genau* den Standortbedingungen entsprechen, da die Voraussetzungen am Hang kaum durch Bodenverbesserung, Düngung und Bewässerung nachhaltig beeinflußt werden können. Ein gewisses Maß an Robustheit und Toleranz gegen »Unkraut« bestimmt ebenfalls die Pflanzenauswahl, denn es ist niemals möglich – und bei Wildstauden nicht erstrebenswert – »klinische Reinheit« zu demonstrieren. Man muß auch dicht genug pflanzen, in der Regel kommen nicht weniger als zehn Pflanzen auf den Quadratmeter. So kann ein zügiges Zusammenwachsen gefördert und die Unkrautbekämpfung minimal gehalten werden.

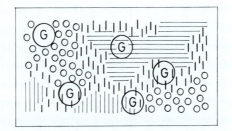

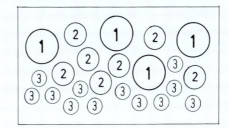

Welche Pflanzanordnungen für Wildstauden sind üblich?

Da gibt es einmal die »**Methode Hansen**« (von Prof. Hansen entwickelte Pflanzanordnung), welche vereinfacht dargestellt davon ausgeht, daß einige Trupps hohe und mittelhohe Leitstauden als Ordnungsträger zu gruppieren sind, und die Flächen dazwischen mit niedrigen Stauden nach Geselligkeit und Verträglichkeit in größeren Einheiten unregelmäßig anzuordnen sind. Das ist die natürlichste Pflanzweise und läßt der Pflanzenentwicklung die größten Spielräume, da zwischen den Pflanzengruppen sich das Gleichgewicht fließend einpendeln wird. Die Pflanzpläne dazu sehen meist sehr kompliziert aus und in der Praxis muß der Planer meist beim Verteilen an Ort und Stelle mitarbeiten.

Oben: »Pflanzprinzip Hansen« für artenreiche Wildstaudenpflanzung. Die Stauden verteilen sich zwar schwerpunktmäßig unregelmäßig, verzahnen sich aber an den Rändern und wachsen dort ineinander. Es gibt keine künstlichen Grenzlinien. Das Ziel ist eine geschlossene, aber vernetzte Pflanzendecke. Hohe Leitstauden (G) ergeben, einzeln oder in Gruppen, das höhere Gerüst. Grundriß.

Unten: Im Vergleich dazu das Prinzip für die klassische Beetstaudenpflanzung, die für den Hang ungeeignet ist: Die Pflanzen bleiben einzeln stehen und verwachsen nicht ineinander. Der Boden dazwischen bleibt offen. Wenigern hohen Stauden (1) werden kleinere Gruppen mittelhoher (2) zugesellt, diesen wiederum größere Gruppen niedriger Stauden. Die Pflanzabstände sind dem Entwicklungsraum angepaßt und folglich unterschiedlich weit auseinander. Grundriß.

Vegetation ansiedeln

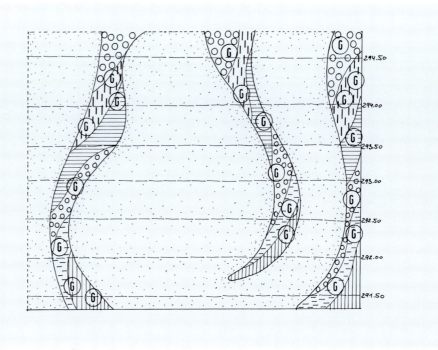

Ein Beispiel für eine formale Anordnung von Wildstauden in schmalen Streifen, die verschieden breit über die mit Rasen angelegte Hangfläche verlaufen. Die mittelhohen und hohen Stauden der Streifen stehen einzeln oder in Gruppen (G). Sie können können gut ineinander verwachsen. Grundriß

Eine andere Methode ist die Anordnung der niedrigen Stauden in schmalen, verschieden breiten **Pflanzstreifen**. Es ergibt sich ein formal deutlicheres Bild schwingender Linien. Hohe und mittelhohe Stauden können dazu streifenübergreifend eingestreut werden. Die Ränder »verzahnen« sich später genauso locker und die Streifen »fransen« sozusagen etwas aus. Diese Methode läßt sich zwar besser im Plan festhalten und besser ins Gelände übertragen, erfordert aber eine genaue Abstimmung der Pflanzenarten untereinander, damit das Bild an den langen Grenzlinien harmoniert. Die unregelmäßigen Grenzlinien der »Methode Hansen« lassen da mehr Spielraum zu.

Nach diesen allgemeinen »Lobeshymnen« über die Wildstauden ist die Frage natürlich immer noch nicht beantwortet, *wie* auszuwählen ist. Leider ist erneut an dieser Stelle festzustellen, daß nur am konkreten Objekt diese Frage beantwortet werden kann, da die örtlichen Verhältnisse und das gewünschte Vegetationsbild entscheidend sind.

Einige bewährte, robuste Staudenarten für den Hang:
Theoretische Gruppierungsmodelle und angenommene Zahlenverhältnisse sind erfahrungsgemäß nicht überall hilfreich. Eine konkrete, auf den Ort bezogene Fachplanung ist der einzige erfolgversprechende Weg. Damit der Leser aber nicht zu sehr enttäuscht ist, möchte ich einige niedrige Staudenarten nennen, die ich aus meiner Erfahrung besonders für größere Hangflächen geeignet halte und immer wieder verwende. Sie haben sich als unverwüstlich, anspruchslos und langlebig, sicher und schön blühend erwiesen.

Alchemilla mollis (Frauenmantel) – wächst in Sonne und Schatten gleich gut, hoher Schmuckwert, starke Selbstaussaat

Anaphalis margaritacea (Silberimmortelle) – für sonnige, auch trockene Standorte, starke Ausläuferbildung

Astilbe chinensis pumila (Niedrige China-Waldspiere) – für sonnige und schattige Flächen, dichter flachstreichender Wuchs

Buglossoides purpurocaerulea (Steinsame) – für trockene und sonnige Flächen, kalkliebend, lange oberirdische Ausläufer

Epimedium-Arten (Elfenblume) – zum Teil wintergrün, Pflanzfläche absonnig bis schattig, langsame aber stetige Ausbreitung durch Ausläufer. Langlebig und robust.

Fragaria vesca (Walderdbeere) – für Sonne und Schatten (blüht im Schatten weniger), starke Ausläuferbildung.

Geranium endressii (rosa Storchschnabel) – Sonne bis Halbschatten, sehr wüchsig, breitlagernde Rhizomenausbildung.

Geranium macrorrhizum 'Spessart' (Balkanstorchschnabel) – wintergrün, aromatisch duftende Blätter, manchmal etwas anfällig für Blattkrankheiten, deshalb nicht zu großflächig pflanzen, Sonne bis Halbschatten.

Hypericum calycinum (Teppich-Johanniskraut) – Halbstrauch, stark ausläufertreibend, nur im Schatten wintergrün, wächst aber auch auf sonnigen Flächen, unverträglich mit anderen Stauden, deshalb nur auf abgegrenzten Flächen verwenden.

Lamiastrum galeobdolon (Goldnessel) – schattenverträglich, überwuchert und verdrängt aber alle Nachbarstauden, deshalb nur auf abgegrenzten Flächen, gut unter Gehölzen.

Symphytum grandiflorum (Kaukasus-Wallwurz) – schattenverträglich, robust, verträgt Trockenheit, dichte Bodendecke durch viele Ausläufer, abgestorbene Blätter im Winter schwarz gefärbt und trocken, der Neuaustrieb im Frühjahr überdeckt die Schwarzfärbung.

Vinca minor (Immergrün) – schattige, auch trockene Lagen, zuverlässige Ausbreitung durch Ausläufer

Waldsteinia ternata (Teppich-Ungarwurz) – wintergrün, für schattige und sonnige, nicht zu trockene Lagen, sehr robust, oberirdische Ausläufer, erholt sich nach Trockenperioden aber wieder gut.

Das Thema Steingarten habe ich mit Absicht nicht erwähnt, weil er etwas für den Spezialisten und den intensiv tätigen Pflegegärtner ist. Bei der Anlage genügt es nicht, wie es oft zu sehen ist, einige Steine zwischen Pflanzen zu verteilen, sondern der Stein ist die Voraussetzung für den besonderen Pflanzplatz. Der Steingarten ist ein umfangreiches Gartenthema, das genug Stoff für ein eigenes Buch bietet. Jürgen Dahl sagt ganz richtig: »Es sind nicht die Steine auf der Erde, sondern die Steine unter der Erde, die einen Steingarten zum Steingarten machen.«

Zwiebeln und Knollen

Unter den allerersten **Frühlingsboten** zählen die Kleinblumenzwiebeln und -knollen zur größten und wichtigsten Pflanzengruppe. Auf stark geneigten Flächen sind sie anzusiedeln, denn sie wollen ihre Ruhe haben, dann breiten sie sich auch ohne unser Zutun aus. Mit Wildstauden bepflanzte Hänge sind dann ideale Pflanzplätze, wenn keine Bodenbearbeitung in den Staudenflächen mehr erforderlich ist. Sommerliche Trockenheit und das Fehlen jeglicher winterlicher Staunässe am Hang sind für das Ausreifen der Zwiebeln und Knollen lebenswichtig.

Der große Vorteil dieser Frühjahrsblüher liegt in ihrer Unempfindlichkeit gegenüber der Wurzelkonkurrenz von Gehölzen und Stauden. Dazu fällt ihre oberirdische Entwicklung genau in eine Lücke, wo der Erdboden noch weitgehend unbedeckt ist. Somit stehen alle Sonnen- und Feuchtigkeitsreserven ihnen allein zur Verfügung. Nur unter Nadelgehölzen, wo ewige Finsternis und Trockenheit herrscht, ist nichts los. Auch in dichten bodendeckenden Gehölzflächen besteht keine Chance zur dauerhaften Ansiedlung.

Um anfangs keine kümmerliche Wirkung zu haben, sollten nicht zu wenige Zwiebeln und Knollen einer Art gesteckt werden. Mit Verlusten durch Fäulnis, unsachgemäße trockenwarme Lagerung beim Lieferanten oder Mäusefraß muß man rechnen. Bei zu sparsamer Ansiedlung ist die Enttäuschung groß, wenn im Frühjahr kaum etwas zu sehen ist.

Großes Foto: Ein Hang präsentiert sich im Frühjahr als gestaltete Tulpen- und Narzissenwiese. Die Gräser sind noch kurz, da haben Blumenzwiebeln eine Chance. Das Wiesenschaumkraut ist keine Konkurrenz.

Kleines Foto: Der gleiche Hang im Frühsommer. Erst wenn die Zwiebeln ganz zur Ruhe gekommen sind, ist eine Wiesenmahd möglich. Sonst währt die Pracht nur wenige Jahre. Trotzdem kann bei Tulpen-Zuchtsorten in der Wiese nicht von langanhaltender Ausdauer gesprochen werden, es muß immer wieder nachgesteckt werden, wenn eine Blütenfülle langfristig erhalten werden soll.

Geeignete Arten für sonnige Flächen sind Winterling (*Eranthis hyemalis*) – allerdings können die großen vergilbten Blätter Frühjahrsstauden stark behindern –, Dalmatiner Krokus (*Crocus tomasinianus*), Schneestolz (*Chionodoxa luciliae*). Die bekannten Schneeglöckchen, Märzenbecher, Blausterne (*Scilla*) brauchen etwas feuchtere Standorte und sind eher am Hangfuß ansiedelbar. Hochgezüchtete Narzissen oder gar Tulpen eignen sich nicht zum Verwildern. Sie finden unter einer geschlossenen Bodendecke aus Stauden kaum Nährstoffreserven und geeignete Lebensbedingungen. Allenfalls mit den botanischen Arten kann es versucht werden.

Obstbäume

Im Abschnitt »Nutzpflanzenbeete im Hang« (siehe Seiten 137, 141, 144, 145) wurde bereits auf die Bewirtschaftungsproblematik hingewiesen, die ohne Terrassierung mühsam und zeitraubend ist. Das trifft ebenfalls für Obstbäume zu.

Extensiv bewirtschaftete **Streuobstanlagen** nutzen zwar die Hanglagen in entsprechenden Landschaften, diese Lösung war aber stets eine Auswirkung des Grenzertrages, da eine landwirtschaftliche Bodenbearbeitung auf den Hangflächen unter wirtschaftlichen Gesichtspunkten sinnlos war. Die Hangwiesen konnten jedoch mit hochstämmigen Bäumen überstellt werden. Das ist im Grunde heute noch immer so. Hinderlich wirken die erschwerten Baumpflege- und Erntearbeiten, besonders am steilen Hang.

Die Wahl der **Baumform** spielt hier auch eine Rolle. Man wird lieber zu niedrigen Baumformen, wie Spindelbusch, Busch oder vielleicht noch Halbstamm greifen, die vom Boden aus oder mit kurzen Leitern zu pflegen und zu ernten sind. Es ist unpraktisch, Hochstämme zu pflanzen, die sich beispielsweise bei Süßkirschen oder Birnen zu riesigen Bäumen entwickeln können. In kleinen Gärten sind diese großen Baumformen wegen der einzuhaltenden Nachbarrechtsabstände ohnehin kaum mehr zu realisieren.

Ein Verzicht auf Obstbäume am Hang muß also nicht zwangsläufig sein, wenn entsprechend niedrige Baumformen gewählt werden.

Wechselflor

Wenn die frisch gesetzte Staudenpflanzung am Anfang noch kümmerlich aussieht, erdige Lücken zwischen den Einzelpflanzen sichtbar sind und es so viele schöne Stiefmütterchen, Vergißmeinnicht oder Tausendschönchen zu kaufen gibt, dazu ab Mai nochmals viele Sommerblumen angeboten werden, dann ist die Versuchung groß, auch den Hanggarten »anzureichern«.

Im ersten Jahr nach der Pflanzung ist dagegen nicht viel zu sagen. Da muß ohnehin Unkraut auf den freien Flächen gejätet werden. Warum soll da anstelle des »Wildkrautes« nicht was »ordentliches« wachsen? Man muß nur aufpassen, daß der meist schnellwachsende Wechselflor mit seiner Üppigkeit nicht die Stauden bedrängt und im Wachstum hemmt. Der Wechselflor steht ja auch in einer Nahrungskonkurrenz zu den Stauden! Da Bodenbearbeitung im Steilhang ohnehin unterbleibt und Wechselflor auch viel Wasser braucht, ist das keine ideale Lösung.

Im zweiten Jahr nach der Staudenpflanzung geht das auf keinen Fall mehr, denn das Zusammenwachsen der Pflanzen würde sonst behindert. Das Stechen von Pflanzlöchern für Wechselflor und das unvermeidliche Betreten der Fläche zwischen den Stauden beschädigt auch deren Ausbreitungsorgane. Damit verzögert sich das Entstehen der so wichtigen, dauerhaft dichten Pflanzendecke. In der Regel ist aus den genannten Gründen vom Wechselflor am Hang abzuraten.

»Ritzengrün«

Fugen zwischen Platten, Pflastersteinen, in

Kleine Hangterrassen mit parallel geführten Pflegewegen sind ideale Orte für Wechselpflanzungen. Die Pflanz- und Pflegearbeiten können ohne große Mühe erledigt werden. Besonders intensiv wirken hier die Farben vor dem jeweiligen grünen Heckenhintergrund, der jede Stützmauer begleitet.

Mauern oder an Nahtstellen zwischen Belägen und aufgehenden Mauern werden immer von selbst grün, wenn die Fugen offen sind und Niederschläge auftreffen. Dieser Umstand wird allerdings ambivalent gesehen. Dem einen gefällt es, der andere bekämpft es. Für den Hanggarten hat aber die Fugenbegrünung den Vorteil einer zusätzlichen Stabilisierung der Beläge (das gilt natürlich nur, wenn wir nicht Gehölze dulden, die den Belag mit ihren Wurzeln auseinander treiben!) und visuell einer besseren Verschmelzung von horizontalen Belägen und vertikalen Mauern. Wir sollten hier die Natur fördern durch »Nichtstun«.

Fugen begrünen sich, weil darin hervorragende Keimbedingungen herrschen. Es sammelt sich mit der Zeit Humus an, Samen wehen über die Fläche und landen in der Fuge, in der bevorzugt Niederschlagswasser versickert. Außerdem ist selten Wurzelkonkurrenz vorhanden. Es entsteht eine vom übrigen Garten völlig unabhängige Pflanzenzusammensetzung: die »**Ritzen-Flora**«. Zusätzlich wandert, wenn Rasen- und Wiesenflächen direkt angrenzen, Gras von den Rändern über die Fugen in die Belags- oder Mauerflächen ein. Die Kanten verlieren die anfängliche Härte, die Übergänge werden weicher, der Garten wird immer schöner.

Viele der krautigen Pflanzen und Gehölzsämlinge dürfen, wie schon erwähnt, nicht bleiben, vagabundieren im Gegenzug von den Fugen ausgehend im Garten umher, halten aber selten lange Zeit aus, wenn sie ein- oder zweijährig sind: An unerwarteten Stellen tauchen sie dann auf, blühen und verschwinden wieder. Ein aufregendes Spiel! Belags- und Mauerfugen sind zusätzliche Freiräume für spontane Ansiedlung krautiger Wildpflanzen, die wir sonst im Garten gar nicht hätten und sie kosten nichts.

Rasen und Wiese

Ein Hanggelände als Rasen oder Wiese, vielleicht spannend modelliert, durch wechselnde Geländeneigungen, Kuppen und Mulden oder auch streng geometrisch geformt, gehört meiner Ansicht nach zum Schönsten, was ein Garten als »kleine Landschaft« bieten kann.

Allein Rasenflächen oder Wiesen schaffen Weite und Großzügigkeit. Deshalb sollten wir überall dort, wo es die Hangneigung zuläßt, versuchen Rasen oder Wiese anzulegen, bevor eine bodendeckende Bepflanzung ins Auge gefaßt wird. Das hängt neben dem gestalterischen Willen selbstverständlich in hohem Maße von der Pflegbarkeit ab. Die Neigung 1:2 ist eigentlich die Nutzungsgrenze für normale Mähmaschinen. Wird es steiler, geht es nur noch mit Motorsense oder der klassischen Handsense.

Ob es **Rasen oder Wiese** sein soll, hängt auch von der Nutzung ab. Daß die Wiese angeblich ökologisch wertvoller ist als Rasen, darauf will ich in diesem Zusammenhang nicht näher eingehen. Auch spielt die visuelle Prägnanz modellierter Flächen eine Rolle. Eine ungleich hoch wachsende Wiese verwischt eher die Geländekonturen als eine regelmäßig kurzgeschnittene. Genauso paßt eine Wiese niemals neben ein sauber gehaltenes Rosenbeet, sondern gehört in den naturnahen Garten. Außerdem ist die Wiese zeitweise mit ihrem hohem Gras nicht begehbar, sondern nur zum Anschauen geeignet. Begeh- oder bespielbar ist nur Rasen. Es kann aber auch differenziert werden: Flache Geländeneigungen, die genutzt werden, sind Rasenflächen und werden mit häufigem Schnitt gepflegt. Steile Gefälle dagegen werden zu Wiesen mit jährlich zweimaligem Schnitt und sind eine pure Augenweide.

Aber da gibt es ja noch die Kategorie **Blütenrasen**: Eine Mischung aus Gras und blühenden Kräutern, die regelmäßig kurzen Schnitt vertragen. Ein Blütenrasen kann sich, wie die Wiese, nur auf einem ungedüngten Boden entwickeln. Voraussetzung ist außerdem, daß die Gräser keinen zu dichten Wurzelfilz bilden, so daß die Kräuter eine Entwicklungschance haben. Die Gräser sind »hungrig« zu halten. Durch entsprechendes Saatgut, mit nur wenigen sich stark ausbreitenden Gräsern und vielen verschiedenen schnittverträglichen Kräutern kann ein Blütenrasen angelegt werden. Ackerwildkräuter, wie Mohn, Konrade oder Kornblume dürfen nicht allein den Kräuteranteil bilden, da sie nur im ersten Jahr auf dem frisch hergerichteten, offenen Boden eine Chance finden. Meist ist auch ein kalkhaltiger Boden wichtig, weil auf saurem Boden die Artenzahl der Kräuter stets geringer ist.

Da die Gräser meist gleichmäßig, die Kräuter dagegen sehr unterschiedlich schnell keimen, bleibt lange Zeit ein unregelmäßiges, lückiges Bild. Im Vergleich zum gleichmäßig sattgrünem Gräserrasen, bietet sich eine nach dem zweiten Schnitt noch nicht begehbare Fläche. Das muß so sein, damit sich die Kräuter, die mehr Zeit brauchen, um sich zu widerstandsfähigen Pflanzen zu entwickeln, auf Dauer gegen das Gras behaupten können. Geduld ist hier gefordert, wenn wir jedes Jahr Blumen zwischen dem Gras erwarten. Gänseblümchen, Ehrenpreis (*Veronica filiformis*), Wegerich, Veilchen und Braunelle (*Prunella*) sind wenigstens zu erwarten, und das ist ja schon etwas.

In diesem Zusammenhang noch einige Hinweise zum **Fertigrasen**. Er ist ideal gegen Erosionen durch Abschwemmungen, denn es entsteht unmittelbar nach der Bodenbearbeitung eine trittsichere Pflanzendecke. Diese Methode hat natürlich seinen Preis, und es wird in der Regel ein reiner Gräserrasen angeboten, der etwa 18 Monate vorkultiviert wird. Die Bahnen sind 40 cm breit (oder breiter). Nach dem Ausrollen wird der Teppich angewalzt und geklopft und intensiv bewässert. Nach etwa vier Wochen ist die Fläche voll strapazierbar.

Kurzlebige Blütenpflanzen

Die krautigen Pflanzen, von denen hier die Rede ist, blühen nicht lange am ausgesäten Ort. Obwohl die dauerhaft stabile Pflanzendecke am Hang immer das Ziel ist, stellen sich die Kurzlebigen entweder von selbst ein, solange der Boden noch nicht vollständig geschlossen ist, oder man sät sie bewußt dazwischen aus. Es sind meist

Zweijährige, die im ersten Jahr heranwachsen, in zweiten Jahr blühen und danach absterben, nicht ohne sich vor dem »Abschied« selbst auszusäen und meist unzählige Nachkommen zu hinterlassen. Da sie meist aufrecht wachsend sind, wird die niedrige Bodendecke kaum beeinträchtigt.

Einmal angesiedelt, vagabundieren sie im Garten umher, um auch an anderen Stellen, die ihnen zusagen, zu verbleiben, solange es ihre Vitalität erlaubt. Selbstverständlich kann so etwas auch lästig werden. Wo unsere Stauden bedrängt werden, müssen wir eingreifen. Aber gerade im naturnahen Garten bieten sich viele Plätze für jährliche Überraschungen.

Durch Samenernten und gezieltes Ausstreuen läßt sich dieser Vorgang etwas steuern. Zu meinen Lieblingen gehört da vor allem die Mondviole (*Lunaria annua*), ebenso das Vergißmeinnicht (*Myosotis sylvatica*). Auch der heimische Fingerhut (*Digitalis purpurea*), der Scheinmohn (*Meconopsis cambrica*), der Islandmohn (*Papaver nudicaule*) und der Kalifornische Mohn (*Eschscholzia californica*) sind schönes »Beikraut«.

In neuangelegten Pflanzflächen können sich solche Pionierpflanzen besonders gut und schnell entwickeln. Dem zunehmenden Staudenvolumen weichen sie von selbst, denn nur im offenen Boden und in Lücken keimen neue Pflanzen. So gesehen sind Kurzlebige ein leicht zu pflegendes Pflanzenabenteuer.

> Eine Hangwiese kann auch künstlerisch inspirieren. Hier sind Eisenreifen installiert, die scheinbar den Hang hinunter in Bewegung sind. Der Bildhauer Robert Schad nennt es »leichte Schwere«.

Pflege mit leichter Hand

Gartenpflege hat nichts mit der wöchentlichen Reinigung einer Wohnung zu tun, »pflegeleicht« ist ein Begriff aus der Pflegemittelindustrie. Aber Achtung, wenn die Arbeit im Garten zum Sauberkeitsritual wird, kann das fatale Folgen haben: Der Garten verliert an Charme, Stimmung, Natürlichkeit. Die Zeit steriler *Cotoneaster*-Böschungen ist noch in schlechter Erinnerung.

Heute wollen wir auch beim pflegeleichten Garten nicht auf Pflanzenvielfalt, wechselnde Blühzeiten und Veränderungen des Vegetationsbildes im Laufe des Jahres verzichten. An diesen Grundsätzen muß sich eine zeitlich und wirtschaftlich vertretbare Pflege orientieren. Jede Pflanzung ist in die Zukunft gerichtet, muß fortgeführt werden, um weiterzuleben und sich nach einer bestimmten Vorstellung zu entwickeln. Pflegen bedeutet folglich zu formen und zu ordnen, und ist eine locker zu handhabende, möglichst spielerische Tätigkeit, wobei die Antworten der Natur darauf stets ungewiß sind. Auch der erfahrendste Gärtner weiß nicht genau, was im nächsten Jahr alles zu tun ist, da kein Pflanzenbild stabil bleibt. Die sich fortschreitend entwickelnde Vegetation erfordert immer neue Denk- und Handlungsansätze. Eine lebendige Vielfalt verlangt vom Pflegenden ständiges Betrachten, dauerndes Abwägen und ein Vorausdenken, wie gegenwärtiges Handeln sich auf das zukünftige Vegetationsbild auswirkt. Man muß sich vorstellen, in welche Richtung die Entwicklung laufen soll. Es muß entschieden werden, was bleiben kann und was entbehrlich ist. Wir müssen umsichtig und behutsam eingreifen, um Wachstum auszugleichen und zu fördern, mit dem Ziel weitgehender Selbstregulation der Pflanzungen. Kurz gesagt: Es gilt, den geplanten Gesamtcharakter einer Pflanzung zu bewahren, ohne das Einzelne zukünftig *genau* bestimmen zu können.

Der Entwerfer des Pflanzplanes sieht, wenn er ein erfahrener Fachmann ist, dieses Bild vor sich. Wichtiger aber ist die Vermittlung an den Pflegenden. In der Praxis bietet deshalb die ausführende Firma des Garten- und Landschaftsbaus eine einjährige **Fertigstellungspflege** an. Diese gehört zur Gewährleistung einer Pflanzung und wird vom Planer beaufsichtigt. Damit kommt das »Kind erstmal aus den Windeln« und der Privatmann oder der öffentliche Auftraggeber übernimmt eine schon eingewachsene Pflanzung, deren weitere Pflegemaßnahmen leichter zu vermitteln sind.

Es können auch noch ein oder zwei Jahre **Entwicklungspflege** beauftragt werden, wenn Eigenpflege nicht gewährleistet werden kann. Niemals darf ein »Pflegeloch« entstehen, denn dann können Verwilderungen eintreten, die im ungünstigen Fall eine Neupflanzung bedeuten können. Leider meinen manche Kunden, nach einem »fertig« abgelieferten Garten kann man sich erst einmal zurücklehnen. Im Gegenteil, da beginnt die Pflege unmittelbar im Anschluß. Was da an Pflege und Unterhalt auf einen zukommt, ist den wenigsten bewußt. Am Hang ist das, wie sollte es auch anders sein, nochmals um einiges schwieriger, aufwendiger und mühevoller. Bei richtiger Handhabung ist aber alles gut in den Griff zu bekommen.

Dazu wieder einige Erfahrungen als eine

Art »allgemeine Richtlinie«, obwohl es auch hier eine DIN-Norm 18919 für Unterhaltungsarbeiten bei Vegetationsflächen gibt, die regelt, was zu tun ist.

Das erste Pflegejahr

Wie im vorigen Abschnitt »Vegetation ansiedeln« beschrieben, ist die richtige Anlage der Vegetation sehr entscheidend für die Pflege. Wurden da keine groben Fehler gemacht, das heißt stets nur Pflanzen gleicher Pflegeintensität und aufeinander abgestimmtem Wuchsrhythmus richtig einander zugeordnet, so daß eine sich gleichmäßige entwickelnde Pflanzendecke zu erwarten ist, beschränkt sich die Pflege im ersten Jahr auf das Jäten störenden Unkrautes und Wässern bei starker Trockenheit.

Jäten. In diesem ersten Jahr muß das Unkraut, das oft durch Anflug und vorangegangenem Bodenauftrag sehr üppig aufläuft, auch sehr sorgfältig beseitigt werden. Besonders Wurzelunkräuter, wie Quecke, Winden, Giersch, müssen peinlichst beseitigt werden. Beginnen diese sich erst einmal wieder einzunisten und auszubreiten, ist kaum mehr eine wirksame Bekämpfung möglich. Unkraut ist es eigentlich nur, weil es dort nicht hingehört. Es ist also kein Wertmaßstab für die Pflanze als Individuum.

Wässern. Dazu ist es natürlich sehr arbeitserleichternd, wenn bequem zu begehende Pflegepfade in der Geländeneigung verlaufen, die Flächen damit besser zugänglich sind. Beim Bewässern sind die Pflanzen stets einzeln zu gießen, das ist wirksamer als eine Flächenbewässerung und verschlämmt bei Lehmböden auch nicht die noch unbewachsenen Bereiche. Für Gehölze am vollsonnigen Hang kann rechtzeitiges Wässern – besonders in der Wachstumszeit von Mai bis August – lebensrettend für die Pflanzen sein, weil die einseitige Austrocknungsgefahr auf der Talseite dort besonders gravierend ist. Es müssen dann ausreichende Mulden um die Gehölze angelegt sein, damit das Gießwasser nicht am Abhang oberflächlich abläuft.

Boden bearbeiten. Auf das Hacken zu verzichten ist sinnvoll, um Auflockerungen, die Abschwemmungen verursachen können, zu vermeiden. Je steiler das Gelände, um so wichtiger ist diese Vorsichtsmaßnahme. Gehölze in Rasen- oder Wiesenflächen erhalten immer eine grasfreie Baumscheibe, das erleichtert das Anwachsen. Später kann die Fläche zuwachsen.

Rasenschnitt. Rasen- und Wiesenflächen werden, wenn sie nicht zu steil sind, genauso gemäht wie auf der Ebene. Zu steiles Gelände muß jedoch mit Handsense oder Motorsense gepflegt werden.

Düngen. Eine organische oder mineralische Grunddüngung wird in der Regel bei sämtlichen Vegetationsflächen mit der Bodenbearbeitung bei der Herstellung der Fläche eingebracht, jeweils abgestimmt auf die künftigen Pflanzungen und Ansaaten.

Das zweite Pflegejahr

Jäten und Wässern. Hier verringert sich der Pflegeaufwand bereits etwas, weil vor allem die Stauden oder bodendeckenden Gehölze die freien Flächen durch Ausbreitung reduziert haben. Trotzdem muß man dem unerwünschten »Beikraut« noch hinterher sein, um eine Ausbreitung zu verhindern. Auch das Bewässern beschränkt sich auf extrem trockene Zeiten, da die Stauden bereits gut und die Gehölze etwas angewachsen sind. Bei letzteren muß aber immer noch beobachtet werden, ob sich Trockenschäden ankündigen.

Blumenzwiebeln setzen. Jetzt ist auch die Zeit gekommen, Blumenzwiebeln im Herbst zwischen den Stauden einzubringen, denn vielleicht bietet das dritte Pflegejahr kaum mehr offene Flächen.

Boden bearbeiten und Rasenschnitt. Das Hacken soll jetzt auch möglichst vermieden werden, weil neben der Bodenerosion auch oft Ausbreitungsorgane (Ausläufer, Rhizome) beschädigt und zerstört werden und dadurch die Pflanzen am Zusammenwachsen gehindert werden. Rasen und Wiese werden gemäht.

Düngen. Während Bäume und Sträucher noch kaum Zuwachs zeigen, ist die krautige Pflanzendecke (Stauden, Rasen) bereits üppig entwickelt. Dieser Unterschied im Wachstum gleicht sich erst allmählich aus. Eine Düngung ist dann nicht erforderlich, wenn eine Grunddüngung vor der Pflanzung beziehungsweise Ansaat eingearbeitet wurde.

Das dritte Pflegejahr

Jäten. Im dritten Jahr nach der Pflanzung reduziert sich der Pflegeaufwand nochmals deutlich. Die Stauden sind nahezu zusammengewachsen, die offenen Flächen nur noch partiell vorhanden, wenn wir das Bestreben der Wildstauden, den Boden immer restlos zu bedecken, nicht behindert haben. Jetzt kann auch beim »Unkraut« differenziert werden: Was einwandert, kann geduldet werden, wenn es nicht stört, also schön ist und zum Gesamtkonzept paßt. Eine unkontrollierte Ausbreitung kann leicht durch Abschneiden der Samenstände verhindert werden. Das gilt natürlich nicht für ausdauernde Wurzelunkräuter. Aber die sollten inzwischen eigentlich verschwunden sein.

Die Gehölze zeigen bereits deutlichen Zuwachs und die Schattenzonen bilden sich langsam aus. Jetzt zeigt es sich, ob die unterpflanzten Wildstauden, die zuerst volle Sonne hatten, auch schattenverträglich sind. Gerade dieser Wechsel schränkt die Pflanzenauswahl für solche Situationen erheblich ein.

Wässern. Das Gießen beschränkt sich auf extreme Trockenzeiten.

Pflege der eingewachsenen Pflanzung

Jäten. Für die bodendeckenden Wildstauden und eventuell partiell gepflanzten, bodendeckenden Gehölze ist ein festgelegter Pflegeplan wie für Beetstauden nicht möglich. Die Entwicklung ist nicht genau voraussehbar. Trotzdem läßt sich sagen, daß keine künstlichen Grenzlinien zwischen den Arten durch Abschneiden oder Ausgraben geschaffen werden. Wenn Pflanzen von gleichem oder ähnlichem Durchsetzungsvermögen ausgewählt wurden, gibt es da auch keine gravierenden Probleme. Aus den inzwischen vollständig bewachsenen Flächen, und solche sind am Hang ja nur sinnvoll, müssen wir die unerwünschten Sämlinge und abgeblühten Teile entfernen.

Wässern. Gießen ist nur noch bei langanhaltender Trockenheit in großen Abständen notwendig. Wenn es zwischen den Sträuchern etwas zu eng, trocken und dunkel wird, sollte man lieber etwas ganz entfernen als daran herumzuschneiden. Damit wird das räumliche Gleichgewicht besser gewahrt und die Wildstauden besiedeln schnell die freigewordene, nun besonnte Fläche.

Rasenschnitt. Die Rasen-und Wiesenpflege kann differenziert betrieben werden. Es muß nicht alles stets gleichmäßig aussehen. So können Rasenwege aus einer Wiese herausgemäht werden oder Flächen in wechselnden Abständen. Letzteres ergibt unterschiedliche Flächen und Farbstrukturen, die sehr abwechslungsreich wirken: Gemähte Bereiche gelbgrün und kurz, noch ungemähte dunkelgrün oder blühend und hoch. Dann wechselt das Ganze: der eine Bereich wächst wieder und der andere wird gemäht. Das kann dann jedes Jahr ein anderes Muster ergeben. Selbstverständlich ist auch die »Blumeninselmethode« praktikabel. Der Phantasie sind keine Grenzen gesetzt und man muß am schwierigen Hang nicht immer alles gleichzeitig mähen.

Rosen pflegen. Bodendeckende Rosen sind kaum vollständig unkrautfrei zu halten, da sie keine absolut dichte Pflanzendecke ergeben. Das schadet aber nicht, so lange das Unkraut-Grün nicht hoch hinaus wächst. Wichtig ist das Ausschneiden von Wildtrieben bei veredelten Sorten, sonst gibt es riesige Wildrosenbüsche. Wurzelechte Bodendeckerrosen vermeiden dieses Risiko.

Herbstlaub. Kleinzwiebelgewächse können sich ungehindert ausbreiten. Sie fühlen sich im Wurzelfilz unter Laubgehölzkronen wohl, die im Frühjahr die Sonne bis zum Boden durchlassen. Das Fallaub der Gehölze kann in der Regel im Herbst liegen bleiben. Jegliches »Gekratze« in der Pflanzung zerstört nur die Vegetationsdecke und verhindert eine Bildung von Dauerhumus über die von den Bodenorganismen übernommene Verarbeitungskette: organisches Material – Rohhumus – Dauerhumus. Ausnahmen sind groß- und hartlaubige Bäume, oder wenn die Laubdecke sich zu hoch auf den Pflanzen aufschichtet. Dies ist besonders bei den Wintergrünen kritisch.

Pflanzen schneiden. Im Herbst sollte man nicht zu viel abschneiden, denn alte belassene Pflanzenteile schützen vor Frosteinwirkungen. Außerdem schmücken im Winter abgeblühte Stengel, gelbe oder braune Gräser und Halbvertrocknetes effektvoll den Garten. Im zeitigen Frühjahr ist immer noch Zeit zum Rückschnitt.

Düngen. Eine Pflanzendüngung ist bei Wildstauden und bodendeckenden Gehölzen nicht nötig, es sei denn, durch starken Rückschnitt muß eine Pflanze wieder aufgebaut werden. Die Düngung sollte dann gezielt erfolgen. Günstig ist auch eine jährliche Kompostgabe. Sie kann dem Humusabbau entgegenwirken, besonders auf Flächen mit geringem Laubanfall im Herbst. Die Komposterde wird einfach locker zwischen die Pflanzen gestreut. Wintergrüne Stauden dürfen dabei nicht überdeckt werden.

Problemflächen verändern. Falls sich eine Staudendecke nicht schließen will, liegt es an den Bodenverhältnissen oder an der Pflanzenauswahl. Mit verstärkter Düngung ist da wenig auszurichten. In solchen Bereichen ist der Boden näher zu untersuchen oder die Pflanzenarten zu ändern. Meist liegt die Ursache bei der Wurzelkonkurrenz durch Gehölze oder am zunehmenden Schatten auf Flächen mit sonnenliebenden Stauden.

Die Pflege ist in der Summe von Einzelmaßnahmen immer dann richtig, wenn für alle Pflanzen ausgeglichene Existenzverhältnisse erreicht werden. Ob das so ist, kann am Erscheinungsbild jeder Pflanze auf einfache Weise abgelesen werden. Eine Pflege zur Erhaltung von Gärten bedeutet immer, daß das Gesamtgefüge der Vegetation unterstützt wird. So wandelt sich der Garten zwar in seinen Einzelteilen, doch seine Form und der eigene räumliche Ausdruck bleiben bestehen.

Gartenentwürfe für Hanggrundstücke

Nach all dem, was bisher in Text, Zeichnung und Foto dargestellt und behandelt wurde, erscheint es mir sinnvoll, das Buch mit farbigen Skizzen ausklingen zu lassen, die zeigen, wie unterschiedlich Hanggärten sein können. Dazu wird ein Gesamtentwurf mit den wesentlichen Strukturen, wie Gebäude, Gelände, Erschließung und räumliche Pflanzungen im Grundriß und Schnitt vorgestellt. Jeweils zwei Entwürfe mit gleichen Prinzipien der Gebäudeanordnung, Lage der Nutzungsebene und Freiraumabfolge sind unter vergleichbarer Hangsituation und gleicher Maßstäblichkeit als Teilthema zusammengefaßt.

Wichtig ist, daß aus den Plänen die Grundstruktur der Freiraumbeziehungen zwischen Gebäude und Gelände deutlich hervortritt, ohne durch Einzelheiten abgelenkt zu werden. Dabei soll erkennbar werden, wie die topografischen Verhältnisse zu nutzen sind. Immer ist es eine neue Situation, die von der vorherigen abweicht und meistens bestimmt das Gebäude die räumlichen Zuordnungen. Die Palette reicht vom kleinen bis zum großen Einzelhausgarten, aber auch Geschoßbauten mit Gärten an Erdgeschoßwohnungen gehören natürlich dazu.

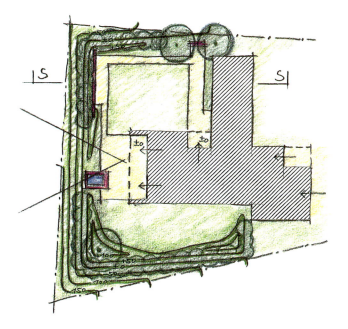

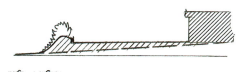

Der weitflächig ein-geebnete, leicht geneigte Hang

Oben: Das stark gegliederte Gebäude mit Geländeanschlüssen auf gleichem Höhenniveau erfordert möglichst weit ausgedehnte, das Haus umschließende Gartenebenen. Die dabei entstehenden nur kurzen Böschungen nehmen die Grenzpflanzungen auf und sind deshalb kein großer Nutzungsverlust. Die leichte, geometrisch streng geformte Geländeüberhöhung an der Böschungskrone bildet eine wichtige räumliche Kante. Grundriß und Schnitt

Unten: Hier ist ebenfalls die nutzbare Gartenebene weit vorgetrieben. In die verbleibende Böschung zum Straßenniveau hin ist der Grundstückszugang eingeschnitten. Die hohe Böschungskrone bietet Sichtschutz für den Garten von der Straße aus. Grundriß und Schnitt

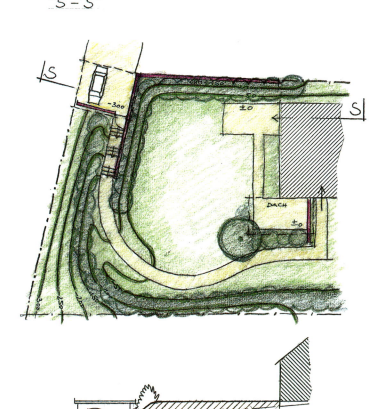

Entwürfe für Hanggärten

Gartenebenen am halbgeschossig versetzten Haus

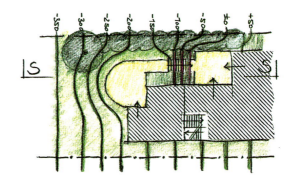

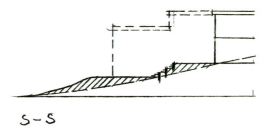

S-S

Oben: Der halbgeschossige Gebäudehöhenversatz durch die Treppe im Hausinneren erlaubt eine Ausnutzung des Hanggefälles auf einer Gartenseite für die zwei niveaugleichen Gartenausgänge. Diese können trotz beengter Grundstücksverhältnisse zu ausreichend aufgeweiteten Terrassen ausgebaut werden. Grundriß und Schnitt

Unten: Die zwei inneren, höhenversetzten Hausebenen werden konsequent zu beiden Seiten des Gebäudes nach außen geführt. Damit ergibt sich eine maximale Ausnutzung des Hanggeländes für eine nutzungsintensive Haus-Garten-Beziehung. Grundriß und Schnitt

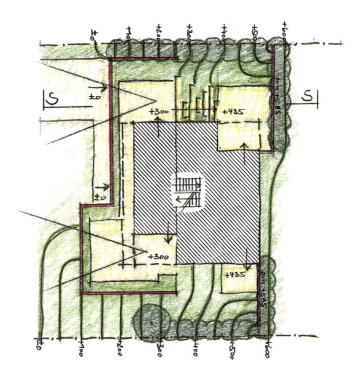

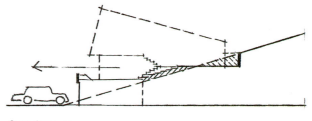

S-S

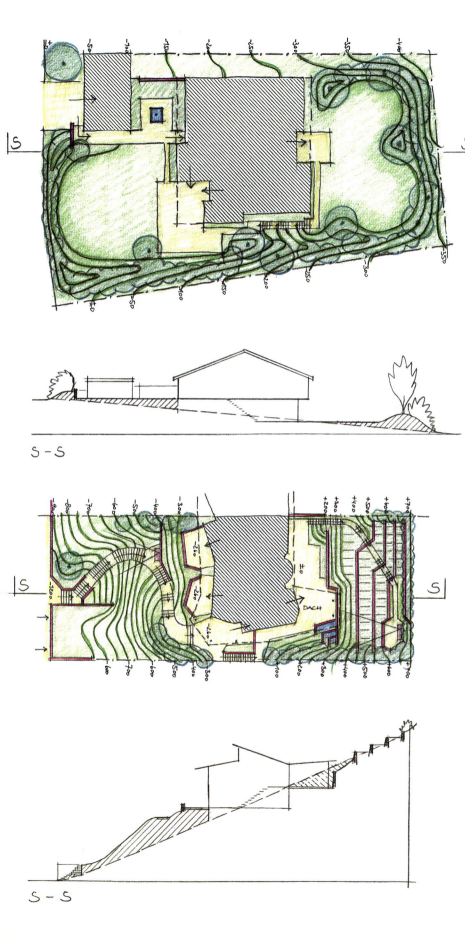

Das Haus auf halber Hanghöhe

Oben: Die Stellung des Hauses in der Mitte des flach geneigten Hanggrundstückes war baurechtlich zwingend. Der sich aus dem Hanggefälle ergebende vollgeschossige Versatz macht aus dem Hang zwei höhenversetzte großzügige Ebenen vor und hinter dem Haus. Bepflanzte wallartige Überhöhungen geben Sichtschutz nach außen und bilden die wichtige räumliche Fassung. Eine Hangsituation besteht nur noch an den Schmalseiten, die ohnehin kaum nutzbar sind. Grundriß und Schnitt

Unten: Der sehr steile Hang ergibt trotz Geschoßversatz im Gebäude nur wenige ebene Flächen um das Haus. Um diese etwas auszuweiten, sind bereits viele Stützmauern erforderlich. Dazu muß sich noch der Hauszugang durch das Gefälle winden. Kleinere Nutzgartenterrassen sind nur auf dem rückwärtigen Hang möglich. Da keine mähbaren Rasenflächen anzulegen sind, muß der gesamte Garten so bepflanzt werden, daß alle schwer zugänglichen Steilflächen sich weitgehend selbst überlassen bleiben und nur gelegentlich von unerwünschtem Gehölzaufwuchs zu befreien sind. Grundriß und Schnitt

Entwürfe für Hanggärten

Hangebene seitlich am Haus

Hier ist der Hang ebenfalls sehr steil. Nur mittels hoher Stützmauern sind ebene, direkt aus dem Haus erreichbare Gartenflächen an zwei unterschiedlich hohen Wohngeschossen herzustellen. Damit ist die Nutzung des kleinen Grundstückes weitgehend ausgeschöpft. Eine weitere Terrasse wäre nur mit unverhältnismäßig aufwendigen weiteren Schutzeinrichtungen realisierbar, somit verbleibt der »Böschungsrest« als extensiv zu pflegende Vegetationsfläche. Grundriß und Schnitt

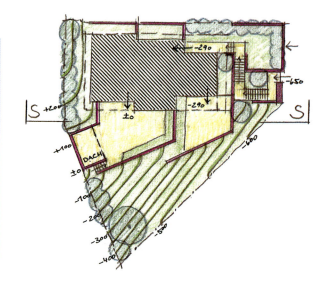

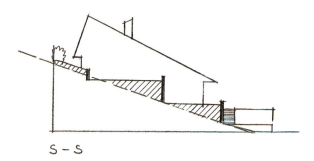

Das Haus steht bereits auf einer schmalen und langen Hangterrasse. Der Höhenunterschied fällt steil zur Grundstücksgrenze ab. Der Garten konnte deshalb nur in der Längsachse des Gebäudes entstehen. Der Geschoßsprung wird für zusätzliche niedrige Mauerterrassen genutzt. Eine talseitige, bastionsartige hohe Stützmauer sorgt für maximale Querausdehnung der Gartenebene und damit einem besseren Flächenzuschnitt. Grundriß und Schnitt

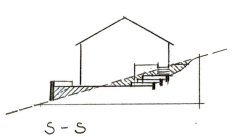

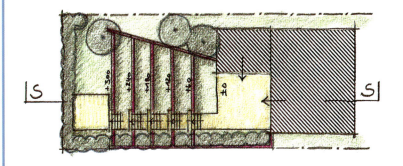

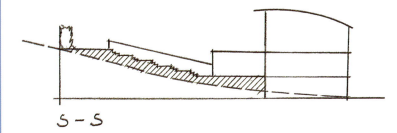

S-S

Garten am Hangfuß

Oben: Hier steht das Haus am Hangfuß des Grundstückes und das Gelände steigt unmittelbar an. Nur direkt am Gebäude ergibt sich eine kleine ebene Fläche. Daher erscheint es konsequent, auf dem oberen kleinen Grundstück den Hang stufig mit niedrigen Mauern zu terrassieren und eine maximale Raumaufweitung mit zwei seitlich hohen Mauern zu erreichen. Das ist zwar keine billige Lösung, aber weitflächig nutzbare Terrassen sind ein gutes Ergebnis. Grundriß und Schnitt

Unten: Das nahezu auf Straßenniveau angehobene Haus, der relativ flache Hang und der Geschoßsprung wirken so günstig zusammen, daß der Wohngarten am Hangfuß keine extrem steilen Böschungen aufweist. Die verfügbare Fläche kann mit vorgeschobenen harten Mauerkanten und weichen eingezogenen Geländeflächen zu einer freiräumlichen, konvex – konkaven Spannung modelliert werden. Vielflächige Nutzungen (vorgeschobene Rasenebenen, Teich am Geländetiefpunkt, Nutzgarten auf nur leicht geneigter Fläche) sind dadurch möglich. Grundriß und Schnitt

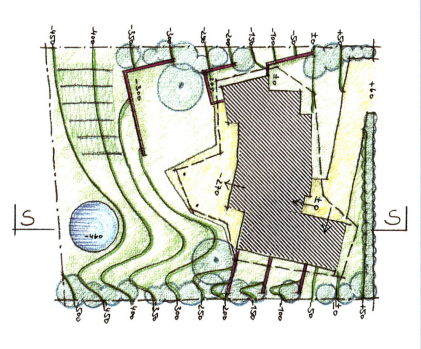

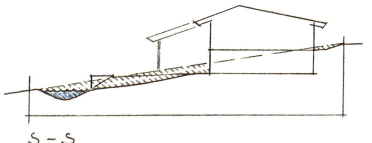

S-S

Gartenebene in den Hang hineingeschoben

Oben: Hier kommt viel für den Garten ungünstiges zusammen. Einmal ist es die Ausrichtung der Wohnräume nach Süden gegen den ansteigenden Hang, zum anderen sind es die beträchtlichen Höhenunterschiede des Geländes und die zusätzliche Flächenbeanspruchung der Garageneinfahrt. Da bleibt für eine Gartenebene wenig Fläche übrig. Deshalb ist auch bei diesem Beispiel eine Terrassierung der Hangfläche mit niedrigen Mauern zur besseren Pflege und damit anspruchsvolleren Pflanzung richtig. Grundriß und Schnitt

Unten: Die Gartenfläche zu einer Werkskantine wurde durch weiten Vortrieb der Innenraumebene in den Hang hinein gewonnen. Die große Terrasse mit Teich liegt folgerichtig in der größten Flächenausdehnung. An den Schmalseiten mit Fensterausblicken schaffen höhengestaffelte Mauern die nötige Distanzebene. Eine Hecke schirmt gegen die Straße ab und begrenzt gleichzeitig den Garten. Die restlichen Steilböschungen sind ausdauernd mit bodendeckenden Stauden bepflanzt. Eine weitere Terrassierung war in diesem Falle nicht erwünscht. Grundriß und Schnitt

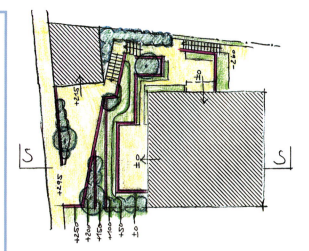

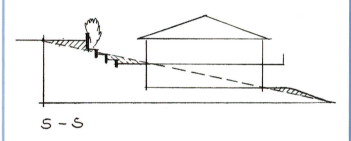

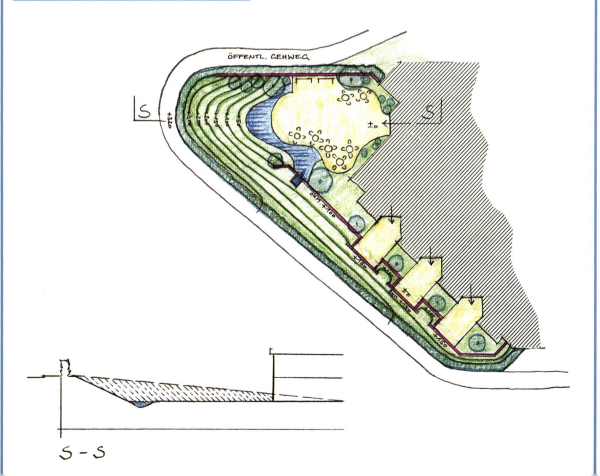

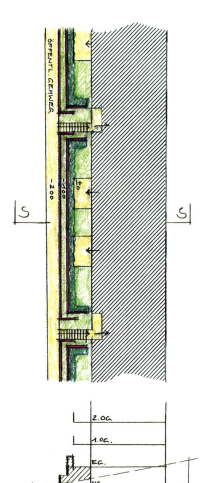

Gartenebene aus dem Hang hinausgeschoben

Oben: An Geschoßwohnungen werden leider oft im Erdgeschoß Balkone angebracht, wenn das Gelände tiefer liegt. Es gibt aber auch bessere Lösungen. In diesem Beispiel wurde durch Hanganfüllung eine, wenn auch schmale Gartenebene auf Höhe der Erdgeschoßebene geschaffen, deren Stützmauern gleichzeitig gegen Einblick vom tieferliegenden Gehweg schützen. Eine niedrige Hecke begrenzt die Kante. Grundriß und Schnitt

Unten: Das Haus steht mit durchgehenden Geschoßebenen im flach geneigten Hang, lediglich das Untergeschoß erhält auf der Talseite Fenster ohne Lichtschächte. Das sehr lange Grundstück und vorhandener Bauaushub ließen eine großzügig modellierte Rasenlandschaft zu. Zwei seitliche, langgezogene Hügel vermitteln zwischen der Erdgeschoßhöhe und dem ursprünglichen Gelände. Sie bilden ein »Tal«, das gleichzeitig zu den UG-Fenstern führt und von dort einen freien Ausblick gewährt. Die Wege fügen sich selbstverständlich und stufenlos ein. Grundriß und Schnitt

Entwürfe für Hanggärten

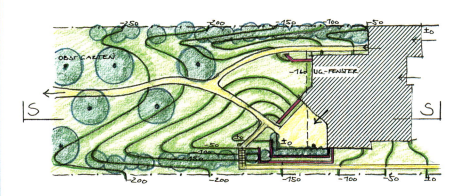

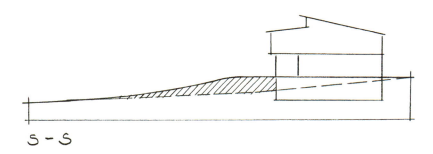

Kleine Gartenebenen von Geschoß zu Geschoß

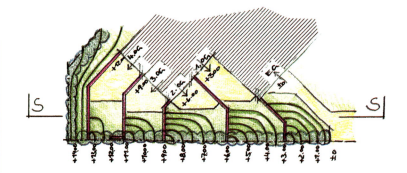

Oben: Ein Appartementhaus am Steilhang. Durch geschickte Ausnutzung des Hanggefälles konnte jede Wohnung einen, wenn auch kleinen Gartenanschluß erhalten. Die Geschoßsprünge mußten allerdings mit jeweils hohen Stützmauern überwunden und die Restböschungen erosionssicher bepflanzt werden. Grundriß und Schnitt

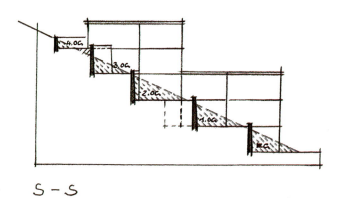

Unten: Hier sind die Reihenhäuser nicht um ein ganzes Geschoß, aber jeweils um ein halbes dem Hangverlauf entsprechend höhenversetzt. Das eröffnet die Chance, auch die Gartenebene versetzt anzuordnen. Auf einfache Weise wird die Stützmauer des Kellerausganges in den Garten hinein verlängert und schafft so die nötige hausnahe Ebene. Im Gegensatz dazu wird die Geländehöhendifferenz am Ende von Garten zu Garten weich verzogen und der Anschluß an den ursprünglichen Geländeverlauf der schräg verlaufenden Grundstücksgrenze nahtlos hergestellt. Abschirmende Gehölzhecken schaffen den nötigen Abschluß nach außen und untereinander. Grundriß und Schnitt

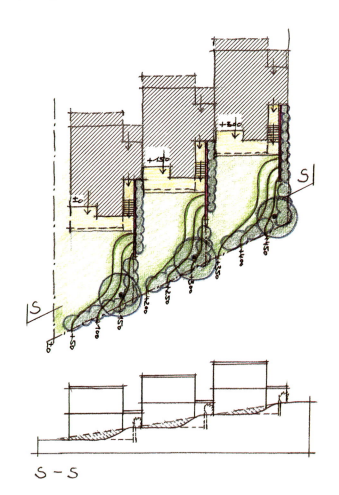

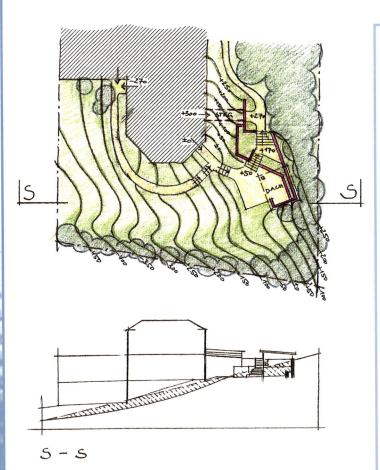

Der Hang »wandert« ums Haus

Oben: Drei verschiedene Stockwerke des Bürogebäudes haben Anschluß an das Gartengelände, das oberste über einen Steg. Ein bereits vorhandener, am waldartigen Baumbestand angelehnter, überdachter Sitzplatz erhielt mit Stützmauern eine bauliche Anbindung an das Gebäude. Treppen und Wege verbinden alles miteinander. Der relativ flache Hang konnte weitgehend als Rasen angelegt werden. Lediglich die Flächen im Mauerbereich sind bepflanzt. Gegen die steile vorhandene Böschung an der Grenze stellt eine leichte wallartige Überhöhung den räumlichen Abschluß her. Grundriß und Schnitt

Unten: Auch ein diagonal fallender Hang kann reizvolle Gartenräume ergeben. Das Gebäude nimmt diesen Geschoßsprung mit einem ungewöhnlichen Längsversatz auf. Dadurch entstehen sowohl eine kleine obere Ebene mit parallel terrassierten Geländesprüngen als auch eine großzügige, weich geformte untere Ebene. Als Übergang zwischen beiden Ebenen läßt sich der restliche Hang durch weit geschwungene breite Bermen und kurze Böschungen nutzbar und prägnant gestalten. Lediglich der untere Hangbereich geht »verloren«. Grundriß und Schnitt

Entwürfe für Hanggärten

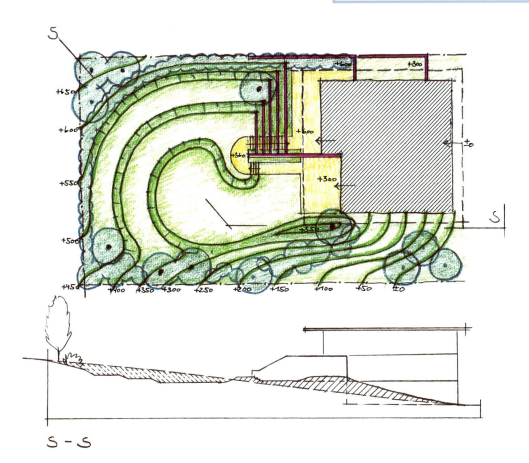

Viele Ebenen auf verschiedenen Höhen am Haus

Oben: Obwohl der Garten sehr klein ist, kann durch Mauern in unterschiedlichen Höhen das Grundstück in drei nutzbare Ebenen ohne dazwischenliegende Böschungen aufgeteilt werden. Die obere und untere Ebene ist jeweils aus dem Haus stufenlos erreichbar, die mittlere über Treppen sowohl aus dem unteren als auch aus dem oberen Geschoß. Es verbleiben nur schmale Randstreifen. Dort kann die schützende Grenzpflanzung stehen. Die Ebenen sind als befestigte Flächen oder Pflanzung nutzbar. Grundriß und Schnitt

Unten: Die Hangneigung und deren geschickte Ausnutzung für die Gebäudeplanung bewirken, daß für alle drei Wohngeschosse ein Gartenanschluß möglich ist. Während Unter- und Erdgeschoßwohnung durchgängig nach zwei Seiten jeweils direkten Geländeanschluß aufweisen, ist das Obergeschoß über einen Steg mit dem, wenn auch kleinen Garten verbunden. Die restlichen Böschungen sind als Rasenböschungen nicht steiler als 1 : 3 ausgebildet. Steilere Geländebereiche sind zur besseren Nutzung mit Steinkanten terrassiert. Grundriß und Schnitt

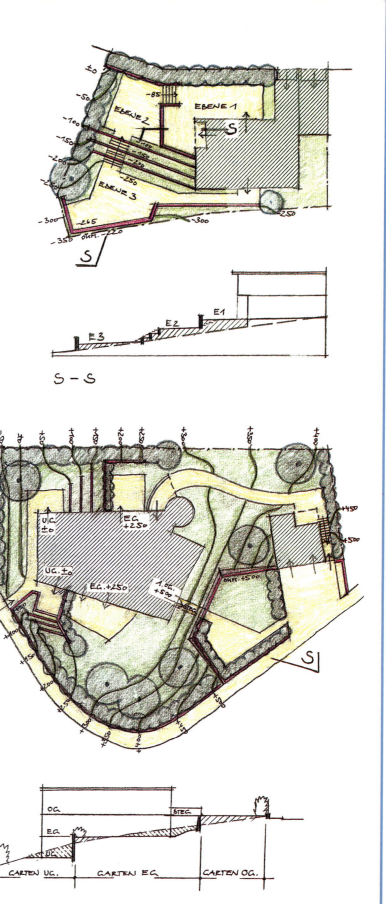

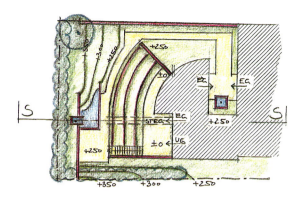

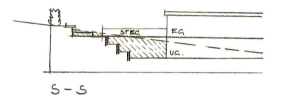

S-S

Künstlich vertiefte Hanggärten

Oben: Am flach geneigten Hang sollte das Wohnhaus mit Unter- und Erdgeschoß voll an den Garten anschließen. Um eine großzügige Lösung für das Untergeschoß zu erreichen, wurde das Gelände weiträumig abgegraben. Es entstand ein künstlich terrassierter, dem Fassadenverlauf formal folgender Hanggarten. Aus dem Erdgeschoß ist der Garten sowohl direkt vom dreiseitig umbauten Innenhof als auch über den Steg erreichbar. Grundriß und Schnitt

Unten: Das Gebäude, ein Bildungszentrum, schließt im Erdgeschoß an das ebene Gelände des Straßenbereiches an. Zum verkehrsabgewandten Innengarten dagegen ist das volle Untergeschoß freigegraben. Eine flach ansteigende mit Bermen terrassierte Rasenböschung vermittelt zur offenen Gartenseite hin den Höhensprung und schafft mit einfachen Mitteln, ohne teure Stützmauern, eine weiträumige, großzügige, halbgeschlossene Gartensituation. Grundriß und Schnitt

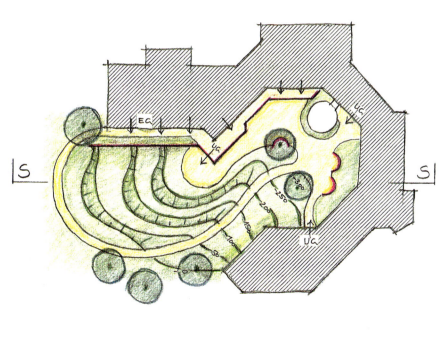

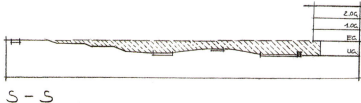

S-S

Entwürfe für Hanggärten

Der Hang »verschwindet« im Haus

Oben: Nicht immer ergibt eine Hangbebauung auch zwangsläufig einen Garten mit Hangneigung. Vielmehr wird das Hanggefälle im Gebäude durch Treppen "neutralisiert", und die Gartenflächen erhalten eine nahezu horizontale Ausprägung. Obwohl demnach kein eigentlicher Hanggarten entsteht, ist ein solcher Garten doch erst durch den Hang entstanden und somit im Rahmen dieses Themas darstellenswert. Dazu ein Beispiel für Reihenhäuser. Grundriß und Schnitt

Unten: Bei diesem Beispiel ist das Gebäude, ein Kurheim, als offenes U gegen den Hang geschoben. Während am Ende der U-Form das ursprüngliche Hanggelände vor dem Waldrand unverändert bleibt, wird der Gartenhof aufgefüllt, somit entsteht eine ebene Fläche. Der Gartenhof ist zwischen den Gebäudeteilen ohne Steigungen nutzbar, nur der Serpentinenweg in den Wald führt bergauf. Der Eindruck eines Hanggartens bleibt erhalten, weil man vom Eingang her, der auf Straßenniveau liegt, zum Garten im Haus hinaufsteigt. Grundriß und Schnitt

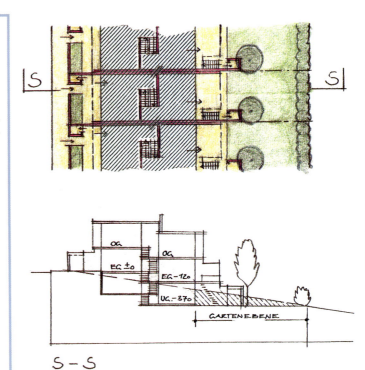

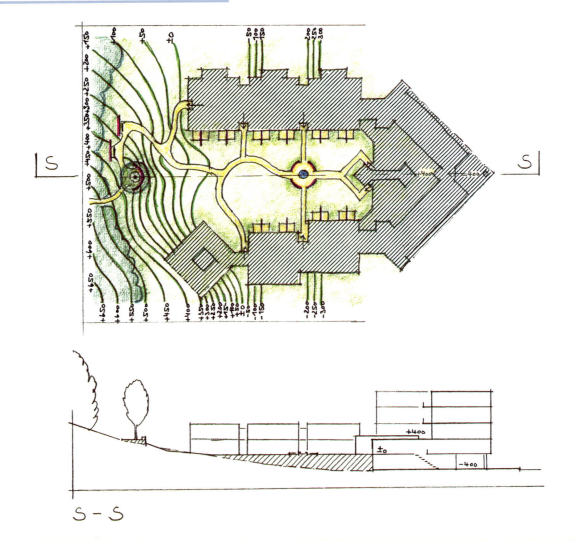

Verzeichnisse

Literaturverzeichnis

Niesel, A.: Bauen mit Grün. Verlag Paul Parey, Berlin und Hamburg 1989.

Dahl, J.: Nachrichten aus dem Garten. Verlag Klett – Cotta, Stuttgart 1985.

Bildquellen

Zeichnungen:
Die Zeichnungen fertigte Peter Wirth, Leinfelden-Echterdingen, nach eigenen Vorlagen und nach Vorlagen aus der Fachliteratur.

Seite 9 oben: Württembergischer Kunstverein Stuttgart: Natur und Bauen. Ausstellung 1977, Katalog.

Seite 9 unten: Brugger, A.: Baden-Württemberg – Eine Landeskunde im Luftbild. Konrad-Theiss-Verlag, Stuttgart, 1979.

Seite 10: Elfgang A.; Kluckert, E.: Schickardts Leonberger Pomeranzengarten. Plakat zur Ausstellung 1988.

Seite 11: Courcelles G.: Führer von Vaux-Le-Vicomte. Umschlagbild

Ein Teil der Grundrißzeichnungen für die Gartenbeispiele sind nach Vorlagen für Gartenplanungen entstanden, die im Büro Luz + Partner (Prof. Hans Luz, Christof Luz, Peter Wirth), Freie Landschaftsarchitekten, Stuttgart, entwickelt wurden.

Farbfotos:
Karsten Kümmerle, Architekt: Seite 33
Ellen Fischer, Weisenheim/ Berg: Seite 7
Alle anderen Farbfotos stammen vom Verfasser.

Register

Kursive Seitenzahlen verweisen auf Fotos.
Seitenzahlen mit Sternchen* verweisen auf Zeichnungen.

Abgrabungen an Bäumen *51*, 51*
Abstandshalter für Rasenpflaster 116, 116*
Anfüllungen von Bäumen 51*
Aufenthaltsplätze in Nischen und auf Bastionen 130, 134, *135*, 136, *136*, *137*, 138*, 139*, 140*
Auf- und Abtrag von Unterboden 52ff.
Ausführungsschritte bei Hanggärten 22*
Aussinterungen durch Mörtel 79, 80
Auswahl von Wildstauden *159*, *160*

Bänke am Hang *135*, 138*
Bänke in Nischen *136*
Bäume am Hang 150*, *151*
Bahnschwellenmauern 89
Bastionen im Gelände 130, *137*, 139*
Baugrundprofilierung für Wege 108, 108*
Bauleitung 47
Baustoffe und Bauverfahren für Stützmauern 74ff.
Bauteile im Hang verankern 21
Beet- oder Rabattenstauden *158*, 161*
Befahrbare Wege 103
- für Feuerwehrzufahrten 103, 104*
- für PKW 103, 104*
Belagsmaterialien 109ff., *109*
- allgemein 109
Belagsränder und Oberflächenentwässerung 120ff.
- funktionelle Grundprinzipien 120, 120*

- Quergefälle 121, 121*
- Wasserführungskante 121*, 122
Bermen in Böschungen 59, *59*, 59*
Betonfertigteile 83ff.
- Gestaltungseignung 83ff.
- Vorteile für Ausführende 83
- Vorteile für Planer 83
Betonoberflächen 81
- nachbehandelte *81*, 82
- unbehandelte *81*, 82
Betonpalisaden 86, 86*
Betonpflaster 114, *115*, 115*
Betonplatten 111, *112*
Betonverbundsteine 116, *116*
Bitumengebundene Beläge 118ff.
- allgemein 118
- auf Fahrbahnen und Gehwegen 118, 118*
- Einbautechnik 119
- gestalterische Bedingungen 118
- Nachteile von Bitumenbelägen 119, *119*
- Technische Voraussetzungen 119
- Vorteile von Bitumenbelägen 119
Blockstufen 97, *98*, 98*
Blütenrasen *168*
Bodenabgrabungen 53
Bodenarten 48ff.
- allgemein 48
- Bodenstrukturen 50
- Oberboden 48
- Unterboden 48
Bodenaufschüttungen 52
Bodenbearbeitung am Hang 56, 57*
Bodendeckende Gehölze *156*, *157*
Bodenerosionen vorbeugen 55
Bodenrutschungen 52*, 53
Bodenverdichtungen an Gebäuden 54, 54*

Bodenverdichtungen an Nahtstelle Belag-Vegetation 53, 53*
Böschungsneigungen 58*
Böschungsüberhöhung 58, *58*, 58*
Böschungsverbau 60ff.
Bruchsteinmauerwerk 75*, 77
Brüstungsmauern 71, *72*, 72*, 73
Bündige Randeinfassungen 123, 123*, 124*

DIN-Normen, allgemein 47
Drainage für Ortbetonmauern 82

Einrichtungen einfügen 129ff.
Entwerfen: »Spielregeln« 25ff.
- Bestand 26, 26*
- Kosten schätzen 32
- Modell bauen *33*, 34
- Nutzflächen und Erschließung 28, 28*
- Räumliche und formale Grundordnung 29, 29*
- Rechtliche Einschränkungen 32
- Teilflächen ausgestalten 30, 30*
- Topografische Grundstruktur 27*, 28
- Vegetation entwerfen 31, 31*
- Zusammenarbeit Architekt/Landschaftsarchitekt 26*, 27
- Zusammenfassung 34
Entwicklungspflege für Pflanzungen 170
Erhöhte Randeinfassungen 123, 124*

Fahr- und Gehwege, als Entwurfseinheit 107
- jeweils getrennt gebaut 107*
Fahrwegprofil mit Gefälleausrundungen 104*, 106, 106*

Fahrwegserpentinen *105*, 106*
Fertigrasen 168
Fertigstellungspflege für Pflanzungen 170
Fließendes Wasser am Hang 130, 131*, 132*, *133*, 134

Gabionen 64, *65*, 65*
Gartenentwürfe für Hanggrundstücke 174ff.
- Ebene aus dem Hang geschoben 181*
- Ebene in den Hang geschoben 180*
- Ebenen von Geschoß zu Geschoß 182*
- Garten am Hangfuß 179*
- halbgeschossig versetzte Ebenen 176*
- Hangebene seitlich am Haus 178*
- Hang »verschwindet« im Haus 186*
- Hang »wandert« ums Haus 183*
- Haus auf halber Hanghöhe 177*
- künstlich vertiefter Hang 185*
- viele Ebenen auf verschiedenen Höhen 184*
- weitflächig eingeebneter flacher Hang 175*
Geländerelief 48ff., *49*
Geotextilien *60*, 60*, 61
Gestaltungseignung von Betonfertigteilen 83ff.
Gestaltungsnachteile am Hang 13ff.
- eingeschränkte Gartenansicht 14, *16*
- hohe Herstellungskosten 16
- keine großen Wasserflächen 16
- mangelnde Großräumigkeit 13, *15*
- schwierige formale Einheit 13
- schwieriger Sichtschutz 14
- zusammenhängende Ebenen problematisch 14
Gestaltungsvorteile am Hang 11ff.
- anregende Unübersichtlichkeit 12
- besondere Pflanzenstandorte 13

- Geländestruktur in Höhe und Tiefe 11, *12*, 13, *13*, *15*
- gestaffelte Kleinräumigkeit 12, *14*
- kleinteilige Flächengliederung 12
- Vor- und Rücksprünge im Gelände nutzen 12
- zusätzliche Mauerflächen 12
Geschwungene Wegführungen 110, 110*, 112, 113*, *115*, 115*
Gehwegserpentinen *105*, 106*
Gelochte Rasenklinker 117*, 118
Grasdurchwachsene Pflasterbeläge 113, 113*
Grenzhecken 125, 126*
- freiwachsend 126, 126*
- geschnitten 125, *125*, 126*
Grundelemente für Hanggärten (Übersicht) 21ff.
- aufgeschüttete Ebenen 21, 23*
- Böschungen 23*, 24
- eingeschnittene Ebenen 21, 23*
- Einschnitt und Aufschüttung 23*, 24
- Mauern 23*, 24
- Treppen 23*, 24
- Vegetation 23*, 24
- Wege 23*, 24

Handläufe an Treppen 98, *100*, 100*
Hangwasser 79
Hecken als Gliederung 155
- freiwachsend 155
- geschnitten 155
Hecken auf Böschungskanten *153*, 154*
Heckennischen *135*, 154*
Hinterbetonierte Natursteinmauern 78, *78*, 78*
Holzmauern 88, *88*, 88*
- Fundamente 89
- Haltbarkeit 89
Hügelmauerwerk 77, 77*

Ingenieurbiologische Sicherungsbauweisen 60
IGA-Mauer 86ff., *87*, 87*

Kalkausblühungen bei Mauerwerk 80

Kesseldruckimprägnierung bei Holzmauern 89
Kinderspielplätze am Hang 136, 143*
Klinkermauern 80, *80*, 80*
Klinkerpflaster *115*, 117, 117*
Knüppelstufen 94, 94*, 95
Kunststoffwaben für Böschungssicherung 61
Kurzlebige Blütenpflanzen 168

Legstufen *96*, 97, 97*
L-Steine aus Beton 83, 84, *84*, 84*
- Brüstungströge 86*
- Fundamente 75*, 85
- gekrümmte Mauern 85, *85*, 86*
- Höhensprünge 85, 85*

Materialien auswählen, allgemein 44ff.
Mauerfundamente 73
- für Betonfertigteile 74, 75*
- für Ortbetonmauern 74, 75*
- für Trockenmauern aus Naturstein 74, 74*
Mauerköpfe auf hinterbetonierten Natursteinmauern 79, 79*
Mauerköpfe bei Betonmauern 82, 82*
Mauern errichten (Übersicht) 66ff.
- Brüstungsmauern 66, 68*
- Grenzmauern 66, 68*
- Stützmauern 66, 67*
Möblierung, am Hang 134, *135* *136*
- in Heckennischen *135*
Mörtelkeile an Wegrändern 122, 122*

Nachbarrecht, allgemein 32
Natursteinpflaster 112
Natursteinplatten 110, *110*. 111*
Nischen im Gelände 130, 136, 139*, 140
Nutzpflanzenbeete am Hang 137, 141, 144, 144*, 145, *145*
Nutzungsnachteile am Hang 19ff.
- eingeschränkte Anlage von Nutzgartenbeeten 19, *19*

Nutzungsnachteile am Hang, eingeschränkte Flächennutzung 19, *19*
- Erosionsgefahr 19
- Gartenbetreuung im Alter 19
- mühsame Pflege 19, *20*
- reduzierte Befahrbarkeit 19, *20*

Nutzungsvorteile am Hang 17ff.
- Ausblickpunkte *17*, 18
- Gehrichtungswechsel 18
- nahe Pflanzenkontakte 18, *18*
- Nischen im Gelände *17*, 18
- vielgestaltige Pflanzenauswahl 18, *18*

Oberboden auftragen 55
Oberbodensicherung 50
Oberflächenentwässerung 120ff.
Obstbäume am Hang 166
Ortbetonmauern 81ff.

Pflanzanordnung, Beetstauden 161*
- Wildstauden 161, 161*, 162*
Pflege am Hang 170ff.
- erstes Jahr 171
- zweites Jahr 172
- drittes Jahr 172
Pflege eingewachsener Pflanzungen 172
Planungsprinzipien für Hanggärten 21
Plattendruckversuch 54
Pomeranzengarten Leonberg 8, 10*
Proctorversuch 53

Quergefälle bei Wegen 121, 121*

Rampen für Kinderwagen und Fahrräder 94, 98, *99*, 99*
Randausbildung bei Wegen 122ff.
Randeinfassungen, bündige 123, 123*, 124*
Randeinfassungen, erhöhte 123, 124*
Rasengitterplatten 113*
Rasenklinker 117*, 118
Rasenpflaster 116, 117*
Rasen und Wiese 167, *169*
Rasenwaben aus Kunststoff 113*

Rigolenbau als Erosionsschutz 57, 57*
»Ritzengrün« 166
Rosen 156

Schalungen für Ortbetonmauern 82
Schichtenaufbau des Geländeprofils 56, 56*
Schichtenmauerwerk 75*, 77
Schwimmbecken am Hang 136, 141*, *142*, 142*
Serpentinenwege 104, *105*, 106*, 107
Sichtschutzwände 127, *129*
Sickerfähigkeit des Bodens 56, 56*
Staudenarten für den Hang 162
Staudenverwendung 157ff., *158*, *159*, *160*, 161*, *162*
Staunässe am Hangfuß 56, 56*
Stege für Gartenausgänge *105*
Steinschichtungen 61ff.
- aus Beton 63, *63*, 64, 64*
- aus Naturstein 61, *62*, 62*, *63*
Stellstufen 95, *95*, 95*
Sträucher im Hang 152, 152*, 155
Stützmauern, hohe 67ff.
- allgemein 67, 70, 71
- als Gelenke für Treppen 70*
- mit Anlauf 70*
- mit Bepflanzung 70, 70*, 71*
Stützmauern, niedrige 67, 68*, 69
Stufenarten 95ff.
- Blockstufen 97, *98*, 98*
- Knüppelstufen 95
- Legstufen *96*, 97, 97*
- Stellstufen 95, *95*, 95*
Stufenmaterialien 100ff.
- Beton 101
- Holz 101
- Klinkerziegel 101
- Naturstein 100

Tiefenlockerung bei Bodenverdichtungen 55
Tränkdecke, bitumengebunden 120, 120*
Tragschichten für Hangwege 108, 108*
- flexible, mineralische Tragschichten 108*, 109

- starre Betontragschicht 108*, 109
Treppen 92ff.
- Laufbreiten 94
- Podeste 91*, 92
- Rampen an Treppen 94, 98, *99*, 99*
- Stufenregelmaße 93, 93*
- Treppengeländer 94, *100*, 100*
- Treppen über niedrige Mauern geführt 91*, 92
- unterschiedliche Stufenlängen 90, 90*, 92
- Weganschlüsse an Treppen 93, 93*
- Wendelungen 91, 92*, 92
- zwischen Mauerwangen mit Anlauf 92, 92*
Treppenfundamente 102ff.
- flexible Gründungen 103, 103*
- Fundamentplatten 102, 102*
- Streifenfundamente 102*, 103
Treppen und Serpentinen 107, 107*
Trockenmauern aus Naturstein 75, 75*, *76*, 77*

U-Steine aus Beton 84

Vaux-le-Vicomte 8, 11*
Vegetation ansiedeln 146ff.
- Ebene als Vegetationsfläche 146
- Gestaltungsansatz 146
- Hang als Vegetationsfläche *147*, 148ff., *148*, *149*
- pflanzenkundlicher Ansatz 146
Vegetationsbestände erhalten 50ff.
Verbundpflaster Beton 116, *116*, 122, 122*
Verlegearten von Natursteinpflaster 113, 114*
Vor- und Nachteile von Hanggärten 10ff.

Warum am Hang siedeln? 8ff.
- Nahrungsmittelerzeugung 8, 9*
- Sicherheitsbedürfnis 8
- Terrassengärten der Renaissance 8, 10*

- Terrassengärten des Barock 8, 11*
Wasserabweisender Anstrich bei Ortbetonmauern 82
Wasserführungskante bei Wegen 121*, 122
Wechselflor 166, *167*
Wegebau im Hang 108ff.
Wegeprofil als Erosionsschutz 57, 57*
Wiese am Hang 167, *169*
Wildstaudenverwendung 158, *158*, 159, *159*, 160, 161*, 162*
Wirkung von Materialien (Beispiele) 46
Wirkung von Pflanzen (Beispiele) 46
Wuchsverhalten von Wildstauden 159, *160*

Zäune am Hang 126
- aus Holz 126, 127*, *128*
- aus Maschendraht 126
Zeichnerische Hilfsmittel 35ff.
- Böschungen 36, 36*
- Geschoßwechsel bei Gebäuden 36*, 37
- Höhenschichtlinien 35, 36*
- Schattenwürfe 37*, 38
- Stützmauern mit Anlauf 36*, 37
- Stützmauern, senkrecht 36*, 37
- Treppen 36*, 37
Zuordnung Gebäude und Freiraum
- abwärtsgestaffelter Hang 40, *40*, 40*
- allgemein 38, 39, 42, 44
- angeschütteter Hang 43, *43*, 43*

- aufwärtsgestaffelter Hang 41, *41*, 41*
- ausgegrabener Hang 42, *42*, 42*
- Dachterrassengärten 45, *45*, 45*
- drei nutzbare Ebenen 42, *42*
- Erdgeschoßwohnungen am Hang 44, *44*, 44*
- Geschoßsprung im Gebäude 40, 40*
- Standardsituation A 38, *38*, 38*
- Standardsituation B 39, *39*, 39*
- Standardsituation C 40, 40*
Zwiebeln und Knollen für den Hang 163, *164*, *165*

Mehr zum Thema finden Sie hier.

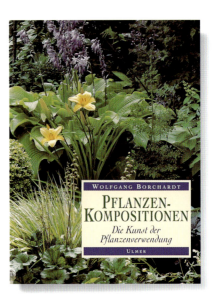

Lebendig schildern die Autoren, welche Ansprüche Tiere an einen Garten stellen, wie sie am liebsten leben und in welchem Umfeld sie sich wohlfühlen. So können Gartenfreunde leicht die richtigen einheimischen Pflanzenarten für ihren Garten auswählen, Blumenwiesen, Hecken mit Staudensaum, Weiher und Trockenmauern anlegen und pflegen. Ein Garten nach diesen Ideen bietet Kindern und Erwachsenen neue Erlebnis- und Betätigungsmöglichkeiten.
Ein Garten für Tiere. Erlebnisraum Naturgarten. A. Oberholzer, L. Lässer. 1997. 223 S., 99 Farbf., 26 Zeichn. ISBN 3-8001-6625-9.

Töpfe, Schalen, Terrakotten. Materialien und Bepflanzung. Peter Hagen. 1998. 192 S., 56 Farbf., 61 Zeichn. ISBN 3-8001-6878-2.
Ausführlich wird auf die gestalterischen und technischen Fragen rund um Töpfe, Tröge und Pflanzcontainer eingegangen.

Der Garten als Komposition, die Pflanzen als Noten. Das Ziel: Kontraste und Spannung schaffen, ein kleines Kunstwerk realisieren. Dieses Buch – eine Gartenbuch-Delikatesse – zeigt, wie man optisch starke Pflanzen mit eher zarten so spannungsreich einsetzt, daß sie wirken wie Harfe und Pauke in einem Orchester. Es zeigt, wie innerhalb begrünter Flächen farbige Akzente gesetzt und damit Höhepunkte geschaffen werden. Und es leitet Gartenfreunde an, geeignete Nachbarschaften nach dem Prinzip von Kontrast und Ausgleich, Ordnung, Wiederholung und Steigerung zu entwickeln. Derart aufeinander abgestimmt, erzielen Farbe, Form und Textur der Pflanzen die angestrebte optimale Wirkung.
Pflanzenkompositionen. Die Kunst der Pflanzenverwendung. Wolfgang Borchardt. 1998. 320 S., 157 Farbf., 91 Zeichn. ISBN 3-8001-6642-9.